괴짜심리학

《怪诞心理学》
作者：白雯婷

바이원팅 지음 · 최인애 옮김

들어가는 말

‘심리학’이란 단어를 들으면 어떤 느낌이 드는가? 아마도 알 듯 모를 듯, 친숙한 듯 낯선 듯 알쏭달쏭한 느낌이 들 것이다. 전공자가 아닌 이상, 보통의 사람에게 심리학이란 그런 존재다. 하지만 알고 보면 심리학은 우리의 실생활과 동떨어진 것이 아니다. 이해를 돕기 위해 한 가지 실험을 해보자.

먼저 눈을 감고 손바닥을 위로 향한 채 양 팔을 앞으로 쭉 뻗는다. 그리고 한쪽 손에는 골프공이, 다른 손에는 스펀지공이 놓여있다고 상상하면서 골프공은 갈수록 무거워지고 스펀지공은 갈수록 가벼워진다고 소리 내어 말한다. 누군가 옆에서 말을 해줄 수 있으면 더 좋다. 그런 뒤 눈을 뜬다. 어떻게 됐을까? 분명히 처음에는 같은 높이로 들고 있던 팔이 한쪽은 아래로, 한쪽은 위로 올라가있는 것을 볼 수 있다. 대체 왜 이런 현상이 일어날까?

양손에 무게가 다른 물체가 얹어져있다는 '말'에 심리적 암시를 받았기 때문이다. 우리의 대뇌에는 과거에 골프공과 스펀지공을 만져본 경험, 즉 공의 질감과 무게가 저장되어 있다. 그 기억이 암시에 반응해서 '무거운 골프공'이 놓여있다고 한 손은 아래로, '가벼운 스펀지공'이 놓여있다고 한 손은 위로 올라간 것이다.

이렇듯 우리는 얼마든지 다른 사람에게 암시나 유도를 받아 '조종의 대상'이 될 수 있다.

사실 알고 보면 일상생활에서 벌어지는 수많은 일들, 특히 이해할 수 없는 일의 배후에는 재미있는 심리적 원인이 있는 경우가 많다. 다만 우리에게 그것을 발견하고 탐지할 레이더가 없을 뿐이다.

남자는 왜 가슴이 큰 여자를 좋아할까? 왜 긴 머리칼의 여성에게 끌릴까? 공돈은 어째서 헤프게 쓰게 될까? 사람이 아무리 많이 모여도 그만큼 역량이 늘지 않는 이유는? 즐거운 척하면 정말 즐거워지는 까닭은? 욕을 하면 통쾌한 기분이 들고, 낮보다 밤에 감성적이 되기 쉬우며, 술집에서 이성의 유혹에 더욱 잘 흔들리는 마음에는 대체 어떤 심리가 숨어있는 것일까?

《괴짜심리학》은 나의 마음과 타인의 심리를 좀 더 알고 싶은 사람들에게 좋은 가이드이자 선생, 친구가 될 수 있다. 이 책은 얼핏 이해할 수 없는 괴상한 현상의 배후에 숨겨진 심리적 비밀과 일상생활 속 심리학을 소개함으로써 독자 여러분을 재미있는 심리의 세계로 인도한다. 또한 심리학자들이 어떻게 인류의 두뇌와 사고, 행동을 연구하는지를 소개함으로써 심리학이라는 학문에 대한 궁금증을 풀어줄 뿐만 아니라 실생활에 적용 가능한 심리학 지식을 알려주어 사람, 더 나아가 인생을 이해할 수 있는 단초를 제공할 것이다.

《괴짜심리학》은 신기하고 재미있는 심리학 지식, 연구사례, 이론 등을 쉽게 풀어 소개한 매우 유용한 심리학 책이다. 또한 일상생활에서 실제로 접하거나 경험할 수 있는 이야기를 폭넓게 활용하여 독자의 흥미를 자극하는 동시에 자칫 딱딱해질 수 있는 심리학 지식을 부담감 없이 받아들일 수 있도록 돕는다.

벽돌을 방불케 하는 무거운 심리학 교재는 내려놓자. 그리고《괴짜심리학》을 펴들고 갑갑한 생활에서 잠시나마 벗어나 내면으로의 여행에 뛰어들어보자. 이제는 자신의 비범함을 탐구해볼 시간이다!

차례

04 소비의 심리 : 물건을 사는 진짜이유

05 인생에서 길을 잃지 않으려면

06 남자와 여자, 그 알 수 없는 세계

07 거짓말과 소문, 우리를 흔드는 말들

08 마음을 움직이는 몸, 몸을 움직이는 마음

09 열 길 물속보다 알기 힘든 한 길 사람 마음

-

10 내 안에 청개구리가 산다

-

11 사람을 움직이는 두 가지 힘, 사회규범과 시장규칙

-

12 인생을 망치는 이상한 마음들

-

13 사랑하는 우리, 함께 있는데 왜 힘들까

-

14 신화의 몰락, 가족 잔혹사

-

15 편향동화의 덫에서 벗어나려면

-

01

잠재의식의 힘,

믿는 대로 이루어지다

내 마음에 그린 자화상, 현실이 되다

•

스스로 자신을 어떤 사람이라고 생각하면 그런 사람의 행동방식에 따라 움직이게 된다. 그리고 아무리 의식적으로 노력해도, 또 아무리 의지가 강해도 이러한 생각에서 벗어난 행동을 하지 못한다. 예를 들어 자기 자신을 실패자로 생각하는 사람은 실패하지 않으려 별 수를 다 써도 반드시 실패할 수밖에 없다. '자아 이미지self-image' 심리가 작용한 결과다. 일단 마음에 '자아 이미지'가 생기면 이것이 곧 사실이 된다.

심리학자 맥스웰 몰츠Maxwell Maltz는 인간의 잠재의식을 일종의 '서비스 메커니즘'이라고 했다. 목표가 있는 컴퓨터 시스템이라는 것이다. 그리고 자아 이미지는 컴퓨터 프로그램으로, 이 메커니즘의 작동 결과에 직접적인 영향을 미친다고 설명했다. 스스로 실패자라는 자아 이미지를 가진 사람은 자기 내면의 스크린에서 큰 임무를 그르치고 좌절한 자신의 모습을 계속해서 본다. 동시에 '나는 가망이 없어, 발전하지 못할 거야'라는 부정적인 정보를 들으며 좌절과 자기비하, 무력감과 무능함을 느낀다. 그 결과 현실생활에서도 필연적으로 실패할 가능성이 높아진다.

반대로 성공자라는 자아 이미지를 가진 사람은 어떨까? 이들은 내면의 스크린에서 의기양양하고 진취적이며 좌절과 강한 압박을 견디고 이겨내는 자신을 본다. 그리고 '난 잘하고 있으며 앞으로 더욱 잘할 것'이라는 고무적인 정보를 얻고 희열과 안정감, 자신감을 느낀다. 이런 사람은 현실에서도 필연적으로 성공하기 마련이다. 이처럼 어떤 자아 이미지를 갖느냐는 매우 중요하다. 자아 이미지가 긍정적인지, 부정적인지에 따라 우리의 삶이 성공으로 향할 수도, 실패로 향할 수도 있다. 결국 자아 이미지는 인생의 핸들이자 나침반인 셈이다.

성공하기를 원한다면, 또 자신의 의식을 완전하게 하고 싶다면 반드시 적절하고 현실적인 자아 이미지를 가져야 한다. 스스로를 수용하여 건전한 자존감을 세우고, 자기 자신을 믿어야 한다. 또한 자신의 가치를 끊임없이 강화하고 긍정하며 자아를 창조적으로 드러낼 수 있어야 한다. 자아를 숨기거나 가리는 것은 금물이다. 자아는 반드시 현실과 부합해야 한다. 그래야 현실세계에서 효과적으로 역할을 발휘할 수 있다. 그러려면 자신의 장점과 약점을 명확히 알고 이를 솔직히 대하는 것이 중요하다. 자아 이미지가 완전해지고 안정되면 스스로에 대해 긍정적인 기분이 들고 자신감이 생긴다. 뿐만 아니라 자유롭게 '나 자신'으로 존재하며 스스로를 드러낼 수 있게 된다. 반대로 자신의 자아가 도망치고 부정해야 할 대상이 되어버리면 개인은 자아를 숨기고 어떻게든 드러나지 않게 하려고 애쓴다. 그 결과 창조적인 자기표현도 어려워지고, 내면에 강한 방어기제인 억압이 형성되면서 대인관계까지 문제가 생긴다.

사람이 자신의 습관이나 성격, 생활방식 등을 바꾸기 어려운 까닭은 변하고자 하는 노력을 전부 원의 중심이 아닌 원의 둘레에 집중하기 때문이다. 즉 주변 환경을 바꾸려고만 하지, 자기 심리를 바꾸려고 하지 않기 때문이다. 그러나 자기암시는 생각보다 훨씬 중요하다. 한 사람의 모든 행위를 좌우할 수 있을 정도다. 따라서 반드시 자아 이미지의 중요성을 깨달아야 한다. 그래야 부단한 노력을 통해 성공적인 인생을 만들어나갈 수 있다.

자신의 행동을 통제하지 못하는 사람들

일상생활 중에 자신의 행동과 감정을 전혀 통제하지 못하는 아이가 상당히 많다. 이들은 하지 말라고 하는 일일수록 더욱 하려는 경향을 보이는데, 이러한 현상을 일컬어 '주의력 결핍'이라고 한다. 대개 부모에게 버려진 아이, 혹은 부모가 양육권을 박탈당한 아이에게서 나타나는 현상으로 이를 통해 아이들이 어린 마음에 얼마나 큰 상처를 입었는지 짐작할 수 있다.

테레사와 맷은 불임 부부다. 테레사는 소아과 간호사인데 어느 날 병원에서 데이비드와 대니라는 쌍둥이 형제를 만나게 되었다.

"응급실에서 아이들의 엄마를 보자마자 도저히 아이를 키울 수 있는 상태가 아니라는 것을 알았어요. 내가 돌봐주러 갔을 때, 아이들은 흥분해서 내게 기어올랐지요. 결국 저희가 아이들을 입양했습니다."

테레사는 말했다.

"아이들은 에너지가 넘치고 충동적이며 낮잠을 자지 않으려 했어요. 또 어떤 물건이든 갖고 싶으면 무조건 가져가고 하고 싶은 일은 맘대로 했지요. 밖에 나가서 2미터 높이의 장대를 타고 올라가 위에서 뛰어내리고 싶다, 그러면 조금도 망설이지 않고 실행에 옮겼어요. 겨우 네 살짜리

들이 말이에요! 아이들은 자신의 행동을 전혀 통제하지 못했어요."

"데이비드와 대니는 스스로 자제할 마음이 전혀 없는 그런 아이들이었어요. 어른이 제한을 둘수록 데이비드와 대니는 더욱 반항했죠. 집에 돌아오면 늘 오늘은 누가 코피를 흘렸다는 말을 했어요. 선생님이 통제하려고 아이를 잡다가 애 얼굴이 땅에 부딪히는 일이 다반사였거든요. 우리 부부도 종종 흥분한 데이비드와 대니를 잡아 땅에 눕혀야 했어요. 한 사람은 손을, 한 사람은 다리를 잡아서 말이죠. 일 년이 지나자 아이들은 자제력 잃은 사람을 다루는 법을 나보다 더 잘 알게 됐지요."

"이 두 아이……. 만약 우리가 처음부터 아이들을 어떻게 도와줘야 할지 알았더라면 이 아이들은 일찌감치 영재가 되었을지도 몰라요. 하지만 그 사람들은 우리가 두 아이에게 심리적으로 문제가 있다고 믿게 만들었어요. 당시에 그들이 그렇게 말했거든요. 우리는 속으로 생각했지요. 세상에, 우리가 대체 무슨 짓을 한 거지? 이 녀석들을 계속 키워야 하잖아! 그러나 지금은 아이들에게 무한한 잠재력이 있다고 믿어요. 흥미를 느끼기만 한다면 우리 아이들은 어떤 일도 해낼 수 있답니다."

데이비드와 대니의 이야기는 우리에게 많은 시사점을 준다. 만약 두 형제의 문제가 무엇인지 끝까지 정확히 밝혀지지 않았다면 아마 누구도 감당하기 어려운 상황이 벌어졌을 것이다. 다행히 테레사와 맷은 강인한 부모였고, 기꺼이 희생할 준비가 되어있었다. 이는 매우 중요하다. 비록 아이들이 주의력 결핍 장애로 진단되고 치료를 받기 시작했지만 문제가 완전히 사라지기란 어려운 일이기 때문이다.

주의력 결핍 장애는 누구의 잘못도 아니다. 우리는 이 점을 정확하게 인지하고 있어야 한다. 옳지 못한 교육방식은 주의력 결핍 장애를 악화시키는 요인일 뿐 결코 원인이 아니다. 똑똑하고 성적이 좋은 아이를 보고 그 아이가 주의력 결핍 장애를 갖고 있으리라 생각할 사람은 많지 않다. 그러나 현실은 정반대다. 알고 보면 똑똑한 아이 중 상당수가 주의력 결핍 장애를 갖고 있다. 만약 이런 아이들이 정확한 진단을 받지 못한다면 학습에 집중하지 못하고 똑똑한 머리로 오히려 더 많은 문제를 일으킬 확률이 높다.

주의력 결핍 장애 환자는 대부분 자신에게 문제가 있다고 느낀다. 따라서 선생님과 부모님은 이런 아이들이 건강한 심리를 기르고 유지할 수 있도록 반드시 도와주어야 한다. 적절한 치료가 이뤄지기만 한다면 이들도 얼마든지 장점과 잠재력을 발휘할 수 있다.

원발성 주의력 결핍 장애의 증상은 산만함, 충동성, 불안함 등이다. 성인 중에도 주의력 결핍 장애를 갖고 있지만 스스로 자각하지 못하는 사례가 많다. 이런 경우에는 주로 참을성이 부족하고 충동적이며 불안감이 높은 모습을 보인다. 또한 직관력이 강하고, 무슨 일이든 시작만 할 뿐 마무리를 제대로 맺지 못하며 장기적으로 친밀한 관계를 맺지 못하는 등의 특징을 나타낸다.

주의력 결핍 장애의 증상은 다양하며 얼마든지 변할 수 있다. 보통 주의력 결핍 장애가 학습에 미치는 영향에 대한 관심이 높은데, 알고 보면 인간관계에도 상당한 악영향을 미친다. 실제로 환자는 다른 사람의 세밀한 표정 변화나 암시에 비교적 둔감한 탓에 대인관계에 적잖은 어려움을 겪는다.

왜 마음이 산란해질까?

●

수업 중에 자꾸 딴 생각이 들고 일을 할 때 주의가 자주 흐트러진다면, 심지어 대화를 할 때도 집중하기가 어렵고 쉽게 마음이 산란해진다면 이것은 환경 탓일까 아니면 내 탓일까?

46세의 엘리자베스는 어려서부터 읽기장애가 있었다. 그러다 최근에야 자신이 주의력 결핍 장애를 앓고 있다는 사실을 깨달았다.

"저는 텍스트를 읽는 게 늘 힘들었어요. 아예 못 읽는 건 아닌데, 잘 읽을 수가 없었죠. 게다가 내 삶은 항상 엉망진창이었어요. 왜 그런지 이해할 수가 없었죠. 그냥 스스로 쓸모없는 인간이라고 생각했어요. 그러다 한 여성성장단체에 참여했는데, 그곳에서 주의력 결핍 장애에 대해 알게 됐어요. 그 순간 모든 것이 명확해지더군요. 내가 왜 항상 일을 미룰 수밖에 없는지, 왜 이렇게 믿음이 없는지, 왜 대화 도중에 자꾸 딴 생각에 빠지는지, 왜 모든 게 엉망인지……. 지금은 그저 원인을 좀 더 빨리 이해하고 싶을 뿐이에요."

마음이 분산되는 상황에서는 이를 극복하기 위해 더 많은 노력을 해야 한다. 잭은 잡지 편집자다. 일은 꽤 잘하는 편이지만 주변 사람 모두가 그를 예의 없고 퉁명스럽다고 느낀다. 회의 도중에 갑자기 인사도 없이 가버리고, 전화를 잘 받지 않으며, 툭하면 작가의 미움을 사는 일이 잦기 때문이다. 또한 그는 지루한 감정을 숨기지 못했으며 이야기 도중에 별안간 화제를 바꾸는 등 대인관계 기술도 부족했다. 한 동료는 잭을 이렇게 평가했다.

"잭은 똑똑하지만 언제 무슨 짓을 벌일지 예측할 수가 없습니다. 같이 이야기를 나누다가 잠깐 눈을 돌린 사이에 말도 없이 사라지는 식이지요. 이게 얼마나 짜증나는 일인지는 당해봐야 압니다. 그런데 희한하게 가끔은 또 그가 괜찮은 사람으로 느껴질 때도 있습니다. 왜냐하면 잭은 언제나 아이디어와 에너지가 넘치거든요."

피로나 신체적 불편함, 불안정한 정서 등도 마음을 분산시킬 수 있다. 분산된 마음을 극복하려면 집중에 방해되는 요소를 제거하려고 노력하고 의지를 발휘해야 한다. 성인 주의력 결핍 장애의 증상으로는 구체적으로는 다음의 몇 가지 상황을 들 수 있다.

❓ 집중력 결핍 장애의 증상

- **성과가 크든 작든 자신이 잠재력을 발휘하지 못했다고 느낌**

  '나는 어떤 일도 제대로 해내지 못해'라는 말을 습관적으로 한다. 객관적으로는 이미 성과를 거두었을 수도, 실제로 삶과 일 모두가 엉망일 수도 있다. 공통점은 어쨌든 자신의 잠재력을 충분히 발휘하지 못했다고 느낀다는 것이다.

- **체계성 부족**

  주의력 결핍 장애를 가진 성인은 누군가의 재촉이 없으면 일상생활을 규칙적으로 유지하지 못한다. 특히 어떤 일이든 시작 자체를 어렵고 불안하게 느끼는데, 자신이 제대로 해내지 못할 것을 두려워하기 때문이다. 문제는 그러한 두려움 때문에 시작을 미룰수록 불안함이 더욱 가중된다는 점이다. 반대로 여러 가지 일을 동시에 벌여놓고 한 가지도 제대로 마무리 짓지 못하기도 한다.

- **시기나 상황을 고려하지 않고 생각나는 대로 말함**

  일단 머릿속에 어떤 생각이 떠오르면 참지 못하고 즉시 입 밖으로 내뱉는다. 시기나 상황이 적절한지는 고려하지 않는다.

- 항상 자극을 추구함

  언제나 자극적이고 새로운 경험을 추구한다.

- 무료함을 견디지 못함

  주의력 결핍 장애 환자는 무료함을 절대 견디지 못한다. 무료하다고 느끼면 곧장 새로운 일을 찾는다.

그 밖에도 많은 성인 환자가 일을 할 때 쉽게 주의가 분산되거나 집중하지 못하고, 멍해지거나 딴생각이 생겨서 대화나 독서를 끝까지 하지 못하는 등의 모습을 보인다. 그러나 이와 동시에 어떤 순간에는 일반인보다 훨씬 뛰어난 집중력을 발휘하기도 한다. 또한 창의력과 직관력이 강하고, 꽤 똑똑하며, 조직적이지 않거나 혼란한 상황에서 왕왕 놀라운 창조력을 발휘한다. 이들은 권위에 반항한다고 오해받는 경우가 많은데, 알고 보면 이들이 반발하는 대상은 권위가 아니라 무료함과 좌절감이다. 이들에게는 정해진 규율에 따라 일하는 것 자체가 무료함이며, 자신의 뜻대로 하지 못하는 것 자체에서 좌절감을 느낀다. 이들은 좌절을 잘 견디지 못하는데, 어떤 종류의 좌절이든 자신이 과거에 겪은 모든 실패를 상기시키기 때문이다. 돈을 마구 쓰거나 자주 계획을 바꾸는 등 충동적 행동을 하는 것도 성인 주의력 결핍 장애 환자의 특징이다. 또한 현재 생활이 아무리 안정적이어도 상당수는 불안해하며 자신의 세계가 언제든 무너질 수 있다고 여긴다. 평소에도 정서 불안을 겪지만 특히 친밀한 사람과 헤어지면 정도가 더욱 심해진다. 그렇기 때문에 알코올, 약물 등에 의존하거나 도박 같은 행위에 중독될 가능성이 높다.

주위를 돌아보면 전형적인 주의력 결핍 장애 증상을 가진 사람이 의

외로 많다. 특히 여성의 비율이 높은 편이다. 하지만 마음이 분산되는 것은 어느 누구의 잘못도 아니며, 누구나 많든 적든 주의력 결핍 증상을 갖고 있다. 핵심은 적시에 발견하고 적절히 치료해서 일과 일상생활에 아무런 문제도 생기지 않게 하는 데 있다.

자발적 하우스푸어가 되는 이유

•

평범한 사람은 평생을 애써도 작은 아파트 한 채 마련하기 힘들 만큼 천정부지로 집값이 치솟는 요즘이지만, 여전히 많은 이가 집을 사기 위해 기꺼이 부담을 진다. 심지어 엄청난 액수의 대출을 받고 이를 갚느라 등골이 휘면서도 내 집을 샀다는 사실만으로 기뻐한다. 왜일까?

베이징에 사는 독신여성 장양(張陽)은 소형 아파트를 산 뒤 먹고 입고 쓰는 것을 전부 절약하기 시작했다. 일단 옷을 사지 않았고, 친구들과 약속을 줄였으며, 아이쇼핑조차 함부로 하지 않았다. 그리고 별다른 일이 없으면 집에서 자는 편을 택했다. 자는 게 제일 쉽게 돈을 아끼는 방법이었기 때문이다. 취미처럼 찾아다니던 맛집이나 노래방, 술집도 가지 않았고 원래 쓰던 고급 브랜드 화장품 역시 가능한 한 로드샵 제품으로 대체했다. 그럼에도 장양은 내 집을 마련했다는 사실에 만족했다. 매달 은행에 적잖은 대출금을 상환하느라 고생했지만 그래도 기뻤다. 집값이 빠르게 오르고 있어서 더욱 기뻤다. 겨우 몇 달 만에 평당 5천 위안 가량이 올랐던 것이다. 당장 내 손에 쥐어지는 돈은 아니었지만 집값이 오른 것만으로도 장양은 충분히 행복했다.

장양처럼 지금 당장 큰 부담을 지더라도 집을 사겠다는 사람이 많다. 현실은 하우스푸어일지언정 그래도 내 집이 있는 편이 심적으로 안정된다는 게 가장 큰 이유다. 여기에는 지금 집을 사지 않으면 앞으로 아예 못 살 수도 있다는 불안함도 존재한다. 실제로 우리가 너무 비싸서 못 사겠다고 불평하던 그 순간에도 집값은 꾸준히, 날개를 달고 올라가지 않았던가. 이처럼 집값의 오름폭이 월급의 오름폭을 크게 뛰어넘는 상황에서 아직 집을 사지 않은 사람들은 더 큰 압박감을 느낄 수밖에 없다.

그렇다면 왜 집을 빌려서 살 생각은 하지 않는 것일까? 어째서 우리에게는 내 집을 마련한다는 일이 그토록 중요할까?

그 이유를 알려면 먼저 중국에서 수천 년간 뿌리 깊게 이어져온 전통을 살펴보아야 한다. 중국의 전통 사상에서 '집'은 매우 중요한 위치를 차지한다. 집은 중국인의 마음에 새겨진 따스함의 정서 그 자체이며 정과 문화를 담는 그릇이다. 또한 집은 가족을 물질적으로 형상화한 것이기도 하다. 가족은 인류 특유의 감정적 안식처이며 마음의 위로를 얻는 보금자리다. 그리고 추상적 개념으로서의 가족을 물질적으로 구현하는 게 바로 집이라 할 수 있다. 집은 사회에 속한 한 개인이 마음 편히 쉴 수 있는 곳인 것이다. 그래서 중국인은 집을 매우 중요하게 생각한다. 돈만 있으면 집과 땅을 사는 까닭도 이 때문이다.

집의 중요성과 집값의 상승에는 온 사회의 기대가 반영되어 있다. 중국인은 서구인에 비해 주택을 구매하고자 하는 열정과 간절함이 몇 배나 강하다. 집을 사는 것보다 빌리는 편을 선호하는 서구인은 이런 열망을 잘 이해하지 못한다. 실제로 프랑스의 경우 '자가'에 사는 비율은 채 30프로도 되지 않으며 다른 서방국가 역시 이 비율이 50프로가 넘지 않는다. 그에 비해 중국인의 자가거주율은 80프로를 넘는다. 또 남의 집을 빌려 사는 것은 여전히 '어쩔 수 없는 일'로 여긴다. 이 같은 현상을 한 심리학자는 다음과 같이 설명했다.

"내 집을 소유하는 것이 이토록 중요해진 원인은 이 사회가 자기 집을 소유하고 있는가, 그렇지 않은가를 사회적 기대로 만든 탓이 큽니다. 더욱 깊이 파고들자면 집이 있고 없고가 하나의 기준이자 훈장이 된 것이죠. 젊은이들도 자기 집을 가져야 한다는 강박을 가질 수밖에 없습니다. 사회가 그렇게 느끼도록 압박하니까요. 학술계에서도 사회계층을 분화할 때 집을 여러 가지 기준 중 하나로 꼽습니다. 집 자체가 단순한 주거 공간이 아니라 타인이 나를 보는 관점에 영향을 미치는 요소가 된 것입니다."

그밖에 토지가 사회의 희소자원인 까닭에 주택 역시 희소 상품으로 여겨지면서 '희소할수록 비싸진다'는 소비심리가 생긴 것도 주택 구매를 부추기는 요인이다. 확실히 장기적으로 볼 때 집값의 합리적 상승은 필연적이다. 사회학 관점에서 생각해보자. 중국은 오랫동안 도시와 농촌이 이원화된 구조였고, 이 때문에 사회 발전이 더뎠다. 도시화는 현대화의 중요한 지표이며 중국은 현재 도시화 과정이 가속화되는 단계에 처해있다. 따라서 어느 정도 부동산 가격 상승 압박이 있는 게 사실이다. 그러나 그 와중에 투기 세력의 농간이 더해졌다는 점도 부정할 수는 없다. 수많은 전문가가 부동산 가격 상승을 예견하고, 매스컴이 각지의 높은 부동산 가격을 매일같이 보도하는 식으로 말이다. 그 결과 집값이 더 치솟기 전에 사야 한다는 조급함에 엄청난 빚을 내서 집을 구매하는 사람들이 많아졌다. 자발적으로 하우스푸어가 되기를 선택한 것이다.

마지막 요인은 집을 신분의 상징으로 여기는 사람이 의외로 많다는 점이다. 이들은 자신이 원하는 이상적 집을 소유하는 것이야말로 최고의 영광이자 가장 확실한 성공의 증거라고 생각한다. 주택 구매는 기본적으로 소비행위다. 소비사회학의 기본 이론에서는 소비를 '사회 참여 체험'의 생산 활동으로 본다. 이러한 사회 참여와 체험은 개인의 자아정체성과 사회정체성에 직접적인 영향을 주기 때문에 소비활동은 곧 특정한 사회구성원으로서의 신분의식을 확인하는 방법이라 할 수 있다. 또한 소비는 사회적 지위의 생산 활동이자 일종의 사회적 언어다. 사회적 지위는 소비행위를 통해 생겨나며, 이러한 행위의 지속을 통해 복제되고 공고해진다. 일례로 상류계층은 자신의 계층적 우위를 드러내고 다른 계층의 열세한 지위를 상대적으로 부각시키기 위한 수단으로 소비를 이용한다. 사치 소비가 대표적인 예인데, 계층 지위의 문턱을 높이려는 것이 목적이라 할 수 있다. 그런가 하면 중하류계층은 자신의 실질적 계층 지위보다 높은 '가상 지위'를 만들기 위해 상류계층의 소비방식을 모방하려 애쓴다. 이 역시 집값이 고공 행진하는 데 심리적 토양을 제공했다.

결국 집값이 하늘 높은 줄 모르고 치솟는 이유는 각종 전통적, 사회적, 심리적 요소가 복합적으로 작용했기 때문이다. 우리 삶에서 집의 중요성은 부정할 수 없다. 그러나 집을 구매하는 궁극적 목적은 행복하기 위해서지, 숨도 쉴 수 없을 만큼 엄청난 부담을 짊어지기 위해서가 아니다. 따라서 과도하게 남과 비교하거나 경쟁하지 말고 자기 형편과 능력에 맞게 움직여야 한다. 스스로에게 맞는 생활방식을 찾아야 비로소 진정한 행복을 누릴 수 있다.

마늘을 고기보다 비싸게 만드는 예언의 힘

●

언젠가부터 마트나 청과시장을 갈 때마다 하루가 다르게 치솟는 물가에 놀라게 된다. 돼지고기 값도 오르고, 식용유도 비싸지고, 컵라면에 심지어 세제 가격까지 슬금슬금 오른다. 그렇다 보니 언젠가부터 사람들도 서로 만나면 인사말처럼 물가 이야기를 꺼내고, CPI(소비자 물가지수)를 오늘의 유행어처럼 입에 올리는 일이 잦아졌다.

하지만 일부 농산품, 예를 들어 마늘이나 녹두처럼 평소 눈길도 끌지 못하던 농산품의 값이 질세라 미친 듯 오르고 심지어 육류보다도 비싸게 팔리는 상황은 아무래도 이해하기 어렵다. 작년까지만 해도 한 근에 1위안에도 팔리지 않던 마늘이 눈 깜짝할 사이에 모두가 앞다투어 사고 싶어 하는 인기품목이 된다고 하면 누가 믿겠는가. 그런데 2010년, 중국에서 실제로 이런 일이 일어났다.(2010년 중반, 중국에서 마늘과 녹두의 가격이 비정상적으로 급등해 돼지고기 가격을 추월하는 사태가 벌어진 적이 있다.)•

이해할 수 없는 채소 가격 급등 탓에 가장 큰 피해를 본 것은 서민이었다. 채소나 마늘, 녹두 등은 모두 서민이 즐겨 찾는 식재료이기 때문이다. 당연히 대중의 불만은 높아졌고, 원인을 찾아내라는 원성이 빗발쳤다. 대체 평범한 식재료의 값이 급등한 이유는 무엇일까? 이에 대해 관련 전문가들은 저마다 답을 내놓았다. 어떤 학자는 주식시장과 부동산시장의 불경기 때문에 갈 곳을 찾지 못한 투기자금이 농산물 시장에 유입되어 채소 값 상승을 비정상적으로 부추겼다고 설명했다. 그런가 하면 '마늘을 먹으면 신종플루를 예방할 수 있다'는 언론 보도 탓에 마늘 수요

• 연합뉴스, 2010.9.8. "中 마늘, 생강 '금값'… 올들어 7배 급등"

가 단기간에 급등하면서 시장의 수급 불안정으로 가격이 올랐다고 보는 사람도 많았다.

너무나도 다양하고 분분한 원인 분석에 대중은 오히려 혼란스러워졌다. 그래서 대체 누구의 설명이 맞는다는 말인가?

사실 마늘과 녹두의 가격 상승 원인에 관한 여러 가지 해석과 설명을 차분히 객관적으로 분석해보면 그중 상당수가 인간의 심리와 연관되어 있음을 알 수 있다. 즉 사람의 심리가 마늘과 녹두 가격을 왜곡시킨 가장 큰 원흉이라는 뜻이다.

사회학자와 사회심리학자가 종종 언급하는 내용 중에 이런 것이 있다. 이 세상에 벌어지는 사건 중 상당수는 그 일에 관한 개인의 관점이 아무런 영향력도 발휘하지 못하지만, 일부 사건은 우리가 어떤 관점이나 심리(모종의 예언도 포함)를 갖고 있느냐에 영향을 받는다. 다시 말해 사람들이 어떻게 생각하고 예상하느냐에 따라서 사건이 변하기도 한다는 의미다. 이렇게 예언 자체가 예언한 사건의 출현을 야기하는 경우를 심리학에서는 '자기실현적 예언', 혹은 '자기충족적 예언'이라고 한다.

마늘 가격 상승이라는 사건은 '자기실현적 예언'의 위력을 다시 한 번 확인한 사례라 할 수 있다. 2009년 초, 수많은 중개상이 연말 마늘 가격 상승을 예상했다. 그래서 줄지어 산지로 달려가 미리 마늘을 사재기하고 가격이 오르길 기다렸다. 농민도 마늘 가격이 오를 것으로 예상하고 출하량을 줄였다. 기다렸다가 적절한 시기에 더 좋은 값을 받고 팔고자 한 것이다. 그 와중에 언론은 중간상의 사재기와 농민의 출하량 조절에 관한 기사를 내보냈고, 일부 전문가는 마늘 가격 상승세를 분석하면서 알게 모르게 대중에게 향후 마늘 가격 상승을 암시했다. 이런 상황이 반복되면서 어느새 마늘이 비싸질 것이라는 공통된 인식이 사회에 조성되었고, 대중은 마늘 공급이 부족해질지도 모른다는 염려 때문에 비싼 가격에도 불구하고 마늘을 샀다. 그리고 실제로 연말이 되자 '모두가 예상했던 대로' 마늘 가격이 상승했다. 여기에 사재기와 출하량 조절이 더해져 수급 불균형이 현실화되었고 결국 마늘 값은 단기간에 무서울 만큼 올라버렸다.

위 사례는 대중의 눈이 언제나 밝은 것은 아니며 대다수가 공유하는 인식 또한 단지 상상에 불과할 수도 있다는 점을 보여준다. 그러니 다음번에 마트에서 사람들이 앞다투어 쌀이나 식초 따위를 쟁이는 모습을 보게 된다면 무작정 따라하지 말고 그러한 표상 뒤에 숨어있는 진짜 원인이 무엇인지 차분히 생각해보자. 그리고 좀 더 이성적이고 현명하게 행동하자. 그래야 실체 없는 허망한 '예언'에 끌려가지 않을 수 있다.

깨진 유리창을 그냥 두어선 안 되는 까닭

●

어느 집의 창문이 깨진 채 방치되어 있다고 가정해보자. 대개의 경우, 오래 지나지 않아 나머지 창문도 깨진 모습을 보게 된다. 왜 이런 일이 벌어질까? 심리학에서는 이러한 현상을 '깨진 유리창의 법칙'으로 설명한다. 사실 조금만 생각해보면 우리 주변에서도 '깨진 유리창의 법칙'이 적용되는 사례를 쉽게 찾을 수 있다. 깨끗한 담벼락을 누군가 더럽히면 얼마 안 가 그 담벼락은 온통 낙서와 광고물 따위로 뒤덮인다. 본디 깨끗했던 길에 누군가 함부로 쓰레기를 버렸는데 아무런 제지를 받지 않았다면 그 길거리는 곧 쓰레기투성이로 변한다. 방치된 쓰레기가 사람들에게 '저렇게 쓰레기를 버려도 아무도 책임지지 않으니, 나 역시 책임질 일이 없을 것'이라는 신호를 주기 때문이다. 이처럼 질서가 한 번 깨지면 사람들은 쉽사리 무책임하게, 아무 거리낌 없이 깨끗한 담벼락과 깔끔한 거리를 엉망진창으로 만든다.

이런 '괴현상'이 벌어지는 이유는 무엇일까? 이를 이해하기 위해 심리학자 필립 짐바르도Philip Zimbardo의 자동차 실험을 살펴보도록 하자.

1969년, 미국 스탠퍼드 대학의 심리학 교수인 짐바르도는 흥미로운 실험을 진행했다. 똑같은 차량 두 대를 마련한 뒤 한 대는 팔로알토의 중산층 거주지에, 다른 한 대는 우범지역인 브롱크스에 세워둔 것이다. 브롱크스에 세워둔 차량은 번호판을 제거한 상태였다. 그 결과, 첫 번째 차량은 일주일이 지나도록 멀쩡히 그 자리에 있었지만 두 번째 차량은 불과 반나절 만에 도난당해 사라져버렸다. 짐바르도는 이에 그치지 않고 망치로 첫 번째 차량의 유리창 하나를 깨뜨린 뒤 그대로 방치했다. 그러자 이번에는 채 몇 시간 지나지 않아 이 차량도 없어지고 말았다.

두 번째 차의 경우 번호판도 없이 우범지역에 세워져 있었으니 없어진 게 이상한 일은 아니다. 그러나 첫 번째 차가 사라진 점은 고개를 갸우뚱하지 않을 수 없다. 중산층 거주지에 일주일 넘게 아무 탈 없이 세워져있던 차가 단순히 창문 하나 깨졌다고 몇 시간 만에 도난당하다니? 범죄학자 조지 켈링George L. Kelling과 정치학자 제임스 윌슨James Q. Wilson은 이러한 현상을 다음과 같이 설명했다. 흠집 없이 온전한 상태인 차량은 훔치고 싶다는 심리를 자극하지 않지만 유리창이 깨진 후에는 사람들에게 전혀 다른 메시지, 즉 '이 차는 유리창이 깨져도 아무도 신경 쓰지 않는다'라는 암시를 주게 된다. 깨진 유리창 자체가 '이곳의 질서는 생각하는 것만큼 완전하지 않으며, 잘못된 일을 저질러도 뒷감당을 하지 않을 수 있다'라는 생각에 근거를 제공하는 셈이다. 다시 말해 유리창을 깬 사람이 아무런 대가도 치르지 않았다는 사실이 다른 창문마저 깨버리고 차량을 훔치고자 하는 욕망을 자극했다고 설명할 수 있다.

물론 '깨진 유리창의 법칙'이 늘 모든 상황을 엉망으로 만들기만 하는 것은 아니다. 이를 역으로 활용하면 얼마든지 긍정적인 효과를 이끌어낼 수 있다. 그런 의미에서 다음은 매우 바람직한 모범 사례다.

1980년대, 뉴욕시의 도시 환경과 치안 상황은 매우 안 좋았으며 지하철의 위생상태도 엉망이었다. 이렇듯 혼란하고 비위생적인 상황을 해결하기 위해 뉴욕시 정부는 가장 먼저 지하철 내부 청결 유지와 검표 강화에 착수했다. 물론 당시에는 이에 대해 '배가 침몰하는데 갑판을 닦는' 식의 아무 의미 없는 조치라는 회의적 시각이 지배적이었다. 그러나 조치가 시행된 지 얼마 지나지 않아 기적 같은 일이 벌어졌다. 도시의 전체 면모가 정리되고 깔끔해지면서 사람들의 범죄 욕구가 크게 낮아진 것이다. 경찰이 지하철에서 검표를 할 때 무기 소지 여부도 함께 조사했는데, 언젠가부터 무기를 휴대한 사람 역시 확연히 줄어들었다. 결과적으로 뉴욕시의 치안 및 환경이 크게 개선되었다.

지하철 내부를 깨끗이 치우고 경찰이 검표를 했을 뿐인데 뉴욕 전체가 환골탈태할 수 있었던 까닭은 무엇일까? 간단하다. '깨진 창문'을 그냥 두지 않았기 때문이다. 창문이 깨진 채 방치되어 있으면 사람들은 질서가 사라졌다고 느끼고 아무런 부담 없이 다른 창문까지 깨버린다. 일종의 나쁜 질서가 만들어지는 셈이다. 그러나 깨진 창문을 고치고 주변을 정리하면 이러한 악순환의 고리가 끊어진다. 사람들 사이에서도 환경을 보호하고 안전을 수호해야겠다는 의식이 환기되며 일련의 변화가 생긴다. 바로 이러한 변화 덕에 뉴욕은 과거의 모습에서 벗어나 전혀 다른 도시로 변모할 수 있었다.

'깨진 유리창의 법칙'의 원리를 잘 이해하면 일상생활과 일에 적용해서 악순환을 끊고 끊임없이 발전하는 선순환의 고리를 만들 수 있다. 예를 들어 당신이 리더라면 부하직원이 작은 문제를 일으켰을 때 절대 그를 무시하는 태도를 보여선 안 된다. 얼핏 대수롭지 않아 보이는 한 번의 무시가 깨진 유리창이 되어 생각지도 못한 병폐를 낳을 수 있기 때문이다. 당신에게 무시당한 직원이 기분이 상했다는 이유로 일을 소홀히 하고, 또 이런 불량한 태도가 다른 사람에게까지 영향을 미쳐 전체적인 업무 분위기를 망칠지도 모른다. 따라서 이런 종류의 문제가 생기면 즉시 해당 직원과 면밀하게 소통할 필요가 있다. 특히 회사의 이익과 직결된 실수를 했다면 이후의 더 큰 화를 막기 위해 더더욱 시급하게 처리해야 한다.

일상생활에서도 마찬가지다. 꼭 고치고 싶은데 단숨에 고쳐지지 않는 나쁜 생활습관들이 있는가? 그렇다면 습관 한 가지를 먼저 고치려고 시도해보자. 예를 들어 아침식사를 거르고, 자주 밤을 새고, 운동을 하지 않는 점을 고치고 싶다면 그중 한 가지만이라도 개선해보는 것이다. 나쁜 습관의 질서를 깨뜨리는 경험을 하고 나면 자연히 다른 습관들도 바꾸려 노력하게 된다. 물론 이 원리는 좋은 습관에도 적용할 수 있다. 좋은 습관 한 가지를 만들면 또 다른 좋은 습관이 뒤따른다. 다시 말해 일에서든 삶에서든, '깨진 창문'을 무시하거나 방치하지 않고 작은 부분부터 제대로 해내려고 노력하라는 것이다. 그래야 일과 생활 속에 좋은 질서를 확립할 수 있다.

진실한 자아를 되찾기 위한 훈련

●

오늘 당신은 많은 물건을 만졌을 것이다. 일단 잠자리에서 일어나 옷만 입어도 양말, 윗도리, 바지, 신발 등을 만지게 된다. 이 물건들은 하루 동안 만지게 되는 수많은 사물 중 극히 일부에 불과하다. 우리의 감각은 하루에도 수백 가지 자극을 받는 셈이다. 그런데 그중에서 우리가 진정으로 '느끼는' 감각은 얼마나 될까?

프랜시스(미국의 자아초월심리학 전문가인 프랜시스 본Frances Vaughan 박사)는 '감각 정체성 시스템을 활용해 더욱 효율적인 부모 되기'라는 보고에서 자신의 경험을 사례로 들었다. 그녀의 아들은 심한 ADHD로, 불안함에 사로잡혀 과잉행동을 하기 시작하면 진정시키기가 매우 힘들었다. 그럴 때마다 프랜시스는 아들의 몸 위로 손가락 걷기를 했다.

"사실 뭘 알고 한 게 아니라 저절로 터득한 방법이었어요. 그렇게 해야만 아들이 진정됐거든요. 그런데 나중에 보니 그게 바로 아들의 정체성 시스템을 멈추는 행동이었더라고요!"

우리는 너무 쉽게, 습관적으로 머릿속 생각에 사로잡힌다. 그리고 생각에 사로잡힌 나머지 나의 몸, 주변을 둘러싼 현실과 멀어진다. 정체성 시스템Identity System이 발동하는 것이다. 정체성 시스템은 감각을 과도하게 위축시키고 감각기관의 민감성을 떨어뜨려서 우리를 현실과 동떨어지게 만든다.

정체성이란 '내가 나라고 믿는 나'다. 정체성이 외부의 도전을 받으면 걱정과 긴장, 기능장애 및 인식의 축소 등이 생기는데 이러한 기제가 바로 정체성 시스템이다. 만약 정체성이 외부의 도전을 이기지 못하고 좌절하면 우리는 스스로 자아가 손상됐다고 착각하고 더 큰 고민과 좌절에 빠진다. 쉽게 말해 정체성 시스템에 부작용이 생긴다. 이러한 착각에서 벗어나려면 손상된 자아에 대한 '내재적 믿음'을 놓아버리고 실제적인 몸의 감각에 집중해야 한다. 예를 들어 심신이 불안하거나 불면증에 시달릴 때 손가락으로 관자놀이를 가볍게 누르며 문질러보자. 단순한 방법이지만 정신세계에 매몰되어있던 스스로를 다시 감각의 세계로 돌아오게 해서 심신의 안정을 얻을 수 있다.

촉각에 감각을 집중하는 것은 매우 중요한 훈련으로, 이른바 몸과 마음 사이에 '다리 놓기'라고 한다. 잘 찾아보면 바쁜 일상 중에도 다리 놓기 훈련을 할 기회가 매우 많다. 예를 들어 샤워할 때의 멋진 느낌을 그저 흘려보내지 말고 하나하나에 집중해보자. 물방울이 몸 위를 춤추듯 굴러갈 때의 기분, 손가락으로 두피를 가볍게 문지를 때의 느낌, 흘러내린 물이 배수구로 빨려 들어갈 때의 소리 등에 집중하는 것이다. 이런 느낌과 소리를 충분히 즐길 줄 아는 사람은 샤워라는 행위뿐만 아니라 앞으로 다가올 삶의 모든 것을 새롭게 느끼고 경험할 수 있다.

다리 놓기 훈련은 섭식 장애 치료에서도 효과적이다. 마음과 몸의 실제 감각이 연결되면 심리적, 정신적 요소에 속지 않고 몸의 갈망과 배고픔의 감각을 있는 그대로 느낄 수 있기 때문이다. 방법은 어렵지 않다. 음식의 냄새를 맡고, 포크나 손으로 들었을 때의 모양과 무게감에 집중하며, 한 입 한 입 먹을 때마다 맛을 충분히 음미하면 된다.

두 아이의 엄마인 지현은 올해 서른일곱 살이다. 출산 후 체중이 20킬로그램 넘게 늘어난 탓에 안 해본 다이어트가 없었다. 영양학 전공이라 건강한 식이습관에 대해서는 누구보다 잘 아는 그녀였지만 식욕을 효과적으로 조절하는 방법은 도무지 알 수가 없었다. 지현의 가장 큰 문제는 체중 조절을 결심할 때마다 부정적 생각과 긍정적 생각이 번갈아가며 자신을 찾아온다는 점이었다. 부정적 생각(억압자)은 그녀에게 이렇게 속삭였다.

'난 너무 뚱뚱해서 보기 싫어, 난 해내지 못할 거야, 난 유전적으로 뚱뚱할 수밖에 없어, 난 자제력이 없어, 안 해본 다이어트가 없는데 다 실패했잖아…….'

그러나 다음 순간, 긍정적 생각(개선자)이 나타나 이런 말로 기운을 북돋았다.

'다른 일들은 전부 잘해냈잖아. 그러니 성공할 거야. 하루 1,400칼로리 이하로 섭취하고 매일 자전거를 타고 운동하면 목표를 달성할 수 있어. 포기하지 말자…….'

머릿속에서 두 가지 목소리가 싸우는 동안 그녀가 느낀 몸의 감각은 어깨의 긴장감과 등의 통증이 전부였다. 몸을 바꾸고 싶다면서 머릿속 생각에 사로잡힌 나머지 정작 몸의 감각에는 전혀 신경을 기울이지 않았던 것이다.

자아를 자연스럽고 자유롭게 풀어주면 지속적인 힘을 얻게 된다. 그 힘은 결코 작지 않다. 그런데 정체성 시스템은 나와 현실을 자꾸 분리시킨다. 순간마다 이런 부자연스러운 분리에서 벗어나 지금 당장 내가 있는 곳, 하고 있는 일, 나를 둘러싼 환경과 사물, 감각으로 끊임없이 돌아와야 한다. 일부러 편안하거나 느긋한 상태가 되려고 애쓸 필요도 없다. 지금 당장 어떤 상황에 처해있든 다리 놓기를 통해 바로 그 상황으로 돌아와 집중하면 된다. 만약 긴장된다면 그 긴장감과 싸우지 말고 그저 그것의 존재를 느껴라. 호흡이 짧고 거칠다고 해도 애써 가다듬으려 하지 말고 자신의 그런 상태를 인지하고 감각에 집중하면 그만이다. 그 어떤 것도, 그 어떤 일도 바꾸거나 고치려 할 필요가 없다.

현실의 감각으로 돌아올 다리가 있으면 자아가 숨 쉴 공간이 생기고 삶이 훨씬 편안해진다. 또한 자연스레 정체성 시스템의 통제에서 빠져나올 수 있다. 이러한 훈련은 공포심과 불안함, 긴장을 낮추고 자아가 자연스러운 상태로 돌아가도록 돕기 때문에 불안한 심리를 치유하는 효과도 크다.

일상생활 속 숨겨진
불가사의한 비밀 파헤치기

02

보고도 못 본 척,

거짓을 진실로 믿게 만드는 착각들

왜 즐거운 시간은 항상 빨리 지나갈까?

●

흔히 '즐거운 시간은 빨리 흐르고 괴로운 시간은 느릿느릿 흐른다'고 한다. 어떤 활동을 하고 어떤 감정을 느끼는지에 따라 시간의 흐름에 대한 인식이 달라진다는 뜻이다. 같은 시간이라도 즐겁고 행복했다면 금방 흘러가고, 지루하거나 힘들었다면 고통스러우리만치 느리게 흘러간다. 그래서 한창 사랑에 빠진 연인은 일주일을 함께 있어도 하루처럼 느끼고, 하루만 만나지 못해도 몇 주는 못 만난 것처럼 느낀다. 그야말로 일각이 여삼추다. 이런 현상은 왜 생길까?

사실 이는 일종의 착각이다. 감정이 우리의 대뇌를 속여서 객관적 사실과 전혀 다른 느낌을 만들어내는 것이다.

착각이란 우리가 어떤 사물을 관찰할 때 주변 환경에 간섭을 받거나 스스로의 생리적, 심리적 요인에 영향을 받아 실제와 부합하지 않는 감정적 오차가 생기는 것을 말한다. 착각은 일상생활 전반에 걸쳐 흔하게 일어나며 종류도 다양하다. 기차를 탔을 때를 생각해보자. 내가 탄 열차는 멈춰있어도 옆에 나란히 서있던 열차가 출발하면 마치 내가 탄 열차도 움직이는 것처럼 느껴진다. 또 한창 달리는 열차에서 창밖을 바라보면 움직일 리 없는 들과 산, 나무가 오히려 뒤로 빠르게 날아가는 것처럼 보인다. 일명 운동착시로, 이 역시 착각의 일종이다. 솜 1킬로그램과 쇠 1킬로그램 중 어느 쪽이 더 무겁겠느냐는 질문에 사람들은 무심코 쇠가 더 무겁다고 대답할 확률이 높다. 크기-무게의 착각 때문이다. 사랑도 착각을 일으킨다. 열애 중인 남녀는 '콩깍지'라는 착각에 단단히 빠진 탓에 자신의 연인을 가장 멋있다거나 가장 예쁘다고 느끼고, 아이는 자신의 엄마가 세상에서 가장 예쁘다고 생각한다. 비슷한 예는 수도 없이 많다. 창문이 큰 방은 실제 면적보다 더 넓어 보이고, 가로줄무늬 옷을 입으면 세로줄무늬 옷을 입은 것보다 뚱뚱해 보이며, 같은 사람이어도 검은 옷을 입었을 때가 다른 색의 옷을 입었을 때보다 날씬해 보인다. 이 모두가 전체와 일부분, 기하학적 형태, 색채 등이 일으키는 착각이다.

위의 예에서 알 수 있듯이 착각은 매우 보편적이고 정상적인 현상이다. 조건만 맞으면 누구나 똑같은 착각을 할 수 있다. 마찬가지로 상황이 달라져도 일정한 조건이 갖춰지면 한 사람이 이전에 느꼈던 것과 비슷한 착각을 또다시 할 수도 있다. 심지어 착각을 일으키는 게 정상적인 지각 반응이고 착각이 생기지 않는 것이 비정상인 경우도 존재한다.

그렇다면 착각을 일으키는 요소로는 어떤 것이 있을까? 통상적으로 다음의 몇 가지를 꼽을 수 있다.

착각을 일으키는 요소

- **첫째**

생활환경과 조건이다. 가난한 집에서 자란 아이와 부유한 집에서 자란 아이는 밥 한 그릇을 먹어도 서로 다르게 느낀다. 다시 말해 똑같은 음식을 먹어도 전자는 더욱 맛있게, 후자는 그저 그렇게 느낄 공산이 크다. 또 가난한 집 아이와 부잣집 아이가 느끼는 돈 만 원의 가치는 다를 수밖에 없다. 이를 생활환경과 조건의 차이가 만들어내는 착각이라고 한다.

• 둘째

생리적 구조에 따른 착각이다. 예를 들어 기하학 도형을 볼 때 생기는 착각은 시각 분석 기관 내부의 흥분 혹은 억제 상태에 따라 생겨난다.

• 셋째

과거의 경험이 현재 상태에 영향을 미쳐서 착각을 유발하기도 한다. 사람은 과거의 경험을 토대로 사물을 지각하기 마련이다. 그런데 만약 현재 발생한 상황과 과거의 경험이 상충하는 경우에 오직 과거의 경험에 따라 현재를 판단하면 착각이 생기기 쉽다.

착각을 전혀 하지 않을 수는 없다. 하지만 그렇다고 외부환경을 객관적이고 정확하게 인지하는 것이 불가능하다는 뜻은 아니다. 오히려 착각을 통해 자신을 둘러싼 세계를 더욱 분명히 인식할 수도 있다. 최근에는 착각 현상을 연구한 '착각 이론'을 상품 개발 및 판매에 접목시키려는 시도가 활발하다. 실제로 TV 프로그램 및 영화, 광고 제작, 의류 디자인, 상품 포장, 군사 프로젝트 등 다방면에서 광범위하게 응용되는 중이다. 이처럼 착각의 원리를 잘 이용하면 우리의 감각적 체험에 훨씬 잘 부합하는 세계를 구현할 수 있다.

그녀가 거울 속 모습에 만족할 수 없었던 진짜 이유

●

살다 보면 작은 결점이 한없이 크게 보일 때가 있다. 그 때문에 고민하느라 일상생활에 지장이 생길 정도다. 하지만 실제로 문제가 될 만큼 큰 결점을 가진 경우는 그리 많지 않다. 심지어 나만 알지, 남들은 내게 그런 결점이 있는지도 모른다. 그런데도 혼자 전전긍긍하는 이유는 무엇일까? 자신이 엄청나게 큰 결점을 갖고 있다는 착각에 사로잡혔기 때문이다. 사실 이런 현상의 배후에는 심리적 요인이 있다. 아무리 사소한 결점이라도 심리적 요인의 영향을 받아 점점 크게 부풀면 무시할 수 없는 골칫거리가 되고 만다.

현미는 뛰어난 미인은 아니어도 꽤 괜찮은 용모의 소유자다. 날씬한 몸매에 단정한 생김새, 거기에 패션 감각도 좋은 편이라 어딜 가나 예쁘다는 소리를 듣는다. 그런데 정작 현미는 양쪽 눈이 짝짝이라는 생각에 벌써 몇 년째 시달리고 있었다. 물론 자세히 보면 양쪽 눈의 크기가 조금 달랐지만 남들이 쉽게 알아차릴 정도는 아니었다. 사실 양쪽 눈의 크기가 완벽히 같은 사람은 매우 드물다. 대개는 어느 한 쪽이 크거나 작기 마련이었고, 그녀 역시 지극히 정상인 범주에 속했다.

하지만 현미는 양쪽 눈의 크기가 달라서 시력에 악영향을 끼칠까봐 늘 전전긍긍했다. 평소에도 양쪽 눈의 느낌이 다르지는 않은지, 똑같이 보이는지에 과도하리만치 신경을 썼다. 그렇다 보니 책 한 권, TV 드라마 한 편 마음 편하게 보지 못했다. 나중에는 얇은 잡지를 읽는 것조차 어려워졌다.

물론 안과도 가봤다. 그녀의 고민을 들은 의사는 양쪽 눈을 꼼꼼하게 검사한 뒤 전혀 문제가 없다고 선언했다. 이 정도 눈 크기 차이로는 시력에 악영향이 생기지 않는다는 말까지 했다. 그녀도 머리로는 의사의 말이 옳다고 생각했지만 여전히 두려움에서 벗어나지 못했다. 그러더니 어느 날부터는 정말로 사물이 제대로 보이지 않는 지경에 이르렀다.

왜 이런 이상한 증상이 나타난 것일까? 현미와 가족은 혼란에 빠졌고, 결국 심리치료실의 문을 두드렸다. 그리고 마침내 문제의 뿌리를 찾아냈다.

원인을 알 수 없는 신체 증상의 기저에는 내면의 불안이나 걱정, 두려움 등 심리적 원인이 자리한 경우가 많다. 심리상담가는 이에 따라 현미의 평소 생활과 최근의 심리상태를 파고들기 시작했다. 그 결과 현미는 스스로에 대한 기대치가 매우 높지만 실제로는 언제나 그 기대치에 못 미치게 살아왔다는 점이 밝혀졌다. 고등학교 때 그녀는 좋은 4년제 대학에 가기를 꿈꿨지만 실력이 모자란 탓에 전문대를 졸업했다. 또 학력 콤플렉스를 채우기 위해 고학력자와 결혼하기를 바랐지만 기대와 달리 자신보다 학력이 낮을 뿐 아니라 여러 면에서 만족스럽지 못한 남자와 결혼했다. 게다가 최근에는 부부 사이의 갈등이 심각했다. 결혼 전까지만 해도 현미의 제멋대로인 성격에 비교적 잘 맞춰주던 남편이 결혼 후 태도가 바뀌었는데, 현미는 그 점이 불만이었다. 그렇다고 직장 생활이 순탄하지도 않았다. 그 와중에 현미는 매우 중요한 시험까지 앞두게 되었다. 말 그대로 스트레스 받을 일이 첩첩산중이었던 셈이다. 그러던 어느 날, 그녀는 거울을 보다가 자신의 눈이 짝짝이라는 사실을 알았다. 처음에는 조금 신경 쓰이던 정도였지만 이상하게 갈수록 그 '결점'에 집착하게 됐고, 결국 도무지 공부에 집중할 수 없는 상태까지 이르렀다.

현미의 삶은 스트레스로 가득했다. 그녀는 언제나 현실에 불만을 느꼈으며 매사에 걱정이 많았다. 하지만 스트레스 때문에 숨도 못 쉴 만큼 벅차하면서도 자신과 타인에 대한 높은 기대를 버리지 못했다. 그녀는 자신의 결혼생활이 위기에 봉착했다는 사실도, 일적으로 원하는 목표치에 도달하지 못한다는 사실도 인정할 수 없었다. 그래서 무의식중에 다른 문제, 즉 눈 크기에 문제가 있다는 착각을 만들어내서 현실의 문제들을 회피했던 것이다. 자신이 '만들어낸' 문제에 집착하는 동안 그녀는 자신의 진짜 문제를 외면할 수 있었다. 눈 문제가 일종의 도피처가 된 셈이다. 현미는 눈 때문에 고통스럽다고 하면서도 차마 거기서 벗어날 엄두를 내지 못했다. 어찌 보면 그 고통 덕분에 진짜 걱정과 고통을 잊을 수 있었기 때문이다. 눈에 관한 걱정이 해결되면 그녀는 그동안 회피해온 고통스런 현실과 직면할 수밖에 없었다.

이 상황을 해결하려면 어떻게 해야 할까? 먼저 심리 상담을 통해 눈 크기에 대한 비정상적인 집착부터 내려놓아야 한다. 그와 동시에 진짜 문제를 직시하고 해결책을 찾아야 한다. 문제를 외면하면 잠깐은 괜찮을 수 있지만 스트레스는 여전히 존재하기 마련이다. 하지만 진짜 문제가 해결되면 눈 문제는 자연스레 사라질 가능성이 높다. 또 한 가지 중요한 것은 자존감을 회복하고 자신감을 되찾아야 한다는 점이다. 외모 때문에 고민하는 여성 중에는 알고 보면 자신감과 안정감에 문제가 있는 경우가 상당히 많다. 즉 부족한 자신감과 불안함이 외모 콤플렉스로 나타난다고 볼 수 있다. 따라서 스스로의 가치를 깨닫고 자존감과 자신감을 회복하는 것이 무엇보다도 중요하다.

울리지 않은 핸드폰,
그런데도 진동이 느껴진다?

•

가끔은 전화도, 문자도 오지 않았는데 핸드폰 진동이 느껴질 때가 있다. '징징' 하는 소리가 들리고 심지어 몸에 미세한 진동까지 느껴졌는데 막상 핸드폰을 꺼내보면 잠잠하기만 하다. 누구나 한두 번쯤은 이런 종류의 착각을 할 수 있다. 그런데 어떤 사람은 심각할 정도로 자주 이런 착각을 느낀다. 경우에 따라서는 이것이 무시해서는 안 될 징조가 되기도 한다.

현철은 반 년 전부터 청력에 이상을 느꼈다. 분명히 핸드폰 진동 소리가 들려서 확인해봤는데 아무 연락도 없다던가, 일하다 누군가 부르는 소리가 들려서 고개를 들었는데 사무실 안에 자기 혼자 있었다던가 하는 일이 연달았다. 처음에는 단순히 스트레스 탓으로 여기고 심각하게 생각하지 않았지만 상황은 더욱 심각해져서 최근에는 아예 환청이 들리기 시작했다. 자꾸 누군가 자신에게 욕을 퍼붓는 소리가 들리는 것이다. 그 때문에 일상생활이 마비될 정도였다. 현철은 극도의 불안감에 시달렸다. 대체 귀에 문제가 생긴 것일까, 아니면 다른 원인이 있는 것일까?

먼저 환청이라는 현상을 알아보자. 환청이란 실제로 소리가 나거나 그런 소리가 날 만한 원인이 없는 상황에서 어떤 소리가 들리는 것을 말한다. 환청 환자들이 일반적으로 많이 듣는 소리는 대화나 말소리이며, 자기 이름을 부르는 소리도 자주 듣는다. 통상적으로 과도하게 피로하거나 극도의 정신적 긴장, 공포를 느끼는 상황에서 환청이 잘 생기는 것으로 알려져 있다.

임상 심리학 및 의학 자료를 종합해보면 초기에는 환청이 나타나는 횟수도 적고 현실 세계에 있을 법한 소리가 들리지만 병세가 심해지면 환청의 빈도가 늘고 내용 역시 기괴해진다. 뿐만 아니라 안면 근육 경련, 심한 감정 기복 등의 증상이 동반되기도 한다. 이렇게 비현실적 자극을 계속 받다 보면 환자의 정신은 극도로 쇠약해지며 점차 현실과 비현실을 구분할 수 없게 된다. 때로는 비난, 명령, 위협 등의 환청을 듣고 자신이나 타인을 해치는 상황이 벌어지기도 한다. 이런 경우는 환자가 사회에 위험한 인물이 될 수 있기 때문에 조속한 치료가 필요하다. 특히 조현병으로 인한 환청은 절대 자연적으로 사라지지 않으며 병세가 깊어질수록 더 심해진다. 물론 치료를 통해 조현병 자체가 나아지면 환청 역시 호전될 수 있으며 환자에 따라 아예 사라지기도 한다. 그러다 환청이 다시 나타나기도 하는데, 이는 대부분 정신적 병증이 악화되거나 재발했음을 암시한다.

환청의 임상소견은 가성 환청과 진성 환청으로 나뉜다. 일반적으로 가성 환청 환자는 소리가 외부가 아닌 자신의 신체 내부, 즉 복부나 머릿속에서 들린다고 느낀다. 자신의 배를 가리키며 '들어보세요, 그놈들이 여기서 나를 어떻게 죽일지 의논하고 있다니까요!'라고 말하는 식이다. 그에 비해 진성환청 환자는 실제 존재하는 소리를 듣는 대신 내용을 자기 멋대로 받아들인다. 자신에게 한 말이 아닌데 자신한테 말한 것으로 받아들이거나 욕을 하지 않았는데 욕을 했다고 주장하는 식이다. 참고로 조현병 환자는 대부분 진성환청을 겪는다고 한다.

환청은 왜 생기는 것일까? 대체 무엇이 우리의 청각을 교란하는가?

심리학에서는 대뇌의 청각중추가 신호를 잘못 처리하면 환청이 생긴다고 설명한다. 우리는 청각적 자극으로 가득한 세상에 살고 있다. 정상인은 여러 가지 소리를 합리적으로 가공하여 받아들이지만 환청 환자는 소리를 엉뚱하게 가공하고 이해한다. 즉 소리를 객관적으로 판단하지 못하고 지극히 주관적으로 재구성하며, 청각적 자극을 과거의 엉뚱한 기억과 연결시켜서 시간 감각에 혼란을 겪는다. 그 결과 내적 세계와 외부 세계가 뒤엉키며 잘못된 판단을 내리고 비정상적인 행동을 하는 것이다.

만약 핸드폰이 울리지 않았는데도 자꾸 진동 소리가 들린다면 단순히 웃어넘기지 말고 진지하게 스스로를 돌아보고 점검해보자. 만약 이런 증상이 계속되거나 또 다른 환청이 동반된다면 되도록 빨리 심리 상담을 받거나 정신과를 찾아가 진단을 받는 편이 좋다. 무엇보다 초기에 원인을 찾고 증상을 억제하는 것이 중요하다. 그래야 존재하지 않는 소리 때문에 고통 받는 일을 미연에 방지할 수 있다.

색채형 인간, 형태형 인간

●

우리는 물건을 고를 때 대개 직감적으로 마음에 드는 것을 고른다. 그런데 직감에도 근거가 있다는 것을 아는지? 게다가 그 근거는 사람마다 다르다. 사물을 볼 때 우리가 가장 먼저 인지하고 영향을 받는 요소는 색깔과 모양이다. 하지만 둘 중 어느 쪽에 더 큰 영향을 받는가는 개인차가 있다. 만약 색깔에 영향을 받는다면 '색채형 인간', 모양에 영향을 받는다면 '형태형 인간'이다.

소희는 네다섯 살 때부터 색채에 민감했다. 수많은 놀이 중에서도 색칠놀이를 가장 좋아했고, 엄마가 사준 24색 색연필로 하얀 종이를 알록

달록 채울 때가 가장 즐거웠다. 심지어 깨끗한 벽지를 거대한 도화지 삼아 장엄한 작품 세계를 펼치기도 했다.

하지만 이상하게도 자라면서 소희의 취향은 180도 달라졌다. 예전처럼 다양한 색을 쓰지 않았고 때로는 아예 연필로만 그리기도 했다. 색채가 사라진 대신 소희의 그림에는 다양한 형태가 나타나기 시작했다. 소희의 취향이 변한 이유는 무엇일까?

사실 지각 발달 측면에서 볼 때 이는 지극히 정상적인 과정이다. 현재까지의 연구 결과에 따르면 뇌 발달 과정에서는 색채 인지가 형태 인지보다 더 빨리 발달한다고 한다. 따라서 통상적으로 만 9세 이전에는 대부분 색채형 인간이라 볼 수 있다. 이 연령대의 아동은 색깔에 상당히 민감하며 색 이름도 비교적 빨리 기억하고, 여러 가지 색을 다양하게 써서 표현하는 데 관심이 많다. 색깔이 외부 세계를 인식하는 가장 직관적인 통로인 셈이다. 그러나 만 9세를 전후로 대다수의 아동이 형태형 인간으로 바뀌며, 색깔보다 모양에 끌리기 시작한다. 이때부터 아이는 색채가 아닌 형태를 중심으로 세상을 관찰하고 받아들인다. 이러한 성향은 성인이 될 때까지 이어지기 때문에 대부분 성인은 형태형 인간에 속한다고 볼 수 있다.

물론 성인이어도 형태보다 색깔을 더 '선호'할 수 있다. 예를 들어 기능과 품질, 가격이 완전히 같은 두 개의 제품이 있다고 해보자. 당신은 무엇을 근거로 둘 중 하나를 고르겠는가? 색깔인가, 모양인가? 사람에 따라 누군가는 색깔을, 누군가는 모양을 보고 선택할 것이다. 즉 성인이라고 해서 무조건 모양을 '편애'한다고 단정지을 수는 없다.

한 심리학 조사연구에 따르면 남성 중에는 형태형 인간이 많고 여성 중에는 색채형 인간의 비율이 좀 더 높다고 한다. 연령대별로 분석해보면 20, 30대 여성 중에 색채형 인간이 많은데 특히 30대 여성의 경우 그 비율이 70퍼센트에 달한다. 성인은 형태형 인간이 많다는 과학적 근거를 고려했을 때 생각 외로 높은 비율이다. 이에 대해 심리학자들은 현대사회의 특성을 이유로 꼽는다. 현대사회에는 일상생활에서 접할 수 있는 사물의 색채가 과거에 비해 훨씬 다채롭고 자극적인데 바로 이 때문에 색채형 인간이 늘어났다는 것이다. 오색찬란한 세계에 살다 보니 자연히 색깔에 민감해지면서 성인 중에서도 색채형 인간이 늘어났다는 의미로 이해할 수 있다.

또 하나 흥미로운 사실은 자신이 하는 일에 따라 색채나 형태에 대한 민감도가 달라진다는 점이다. 예를 들어 업무적으로 색채가 풍부한 디자인을 자주 접하는 사람은 그렇지 않은 사람에 비해 색채와 관련된 세포가 발달하며, 장기간 특정 형태를 보아온 사람은 해당 형태에 반응하는 세포가 상당히 발달한 것으로 나타났다. 색채 및 형태에 대한 민감도도 환경과 경험에 영향을 받는 셈이다.

사실 이처럼 환경에 반응해서 변화하는 대뇌 시스템은 인류의 전유물이 아니다. 동물도 환경에 따라 색채나 형태에 반응하는 세포의 민감도가 달라진다. 일례로 가로줄무늬가 있는 공간에서 길러진 동물은 가로줄무늬에 민감하게 반응하는 대신 세로줄무늬는 거의 인지하지 못했으며 반대의 경우는 반대의 결과가 도출됐다.

생활환경이 같은 사람들 – 부부나 형제자매, 친구나 동료 – 이 같은 유형일 가능성이 큰 이유도 여기에서 찾을 수 있다. 서로 같은 색채와 형태에 자주 노출되면 이에 반응하는 세포 역시 대체적으로 비슷하게 발달된다. 그래서 색채나 형태를 보는 취향이나 선호도 또한 서로 비슷해질 확률이 높다.

성장 경험과 생활환경이 색채와 형태를 감지하는 능력에 영향을 미친다면 반대로 색채와 형태를 감지하는 능력은 개인의 성장에 어떤 영향을 줄까? 색채형 인간과 형태형 인간은 어떻게 다를까?

독일의 정신의학자 에른스트 크레치머Ernst Kretschmer는 성격 분석 연구 분야에 상당히 공헌한 인물로, 제자들은 그의 연구를 이어받아 색채형 인간과 형태형 인간의 성격 차이에 관한 가치 있는 자료를 대량으로 수집했다. 이 연구 결과에 따르면 형태에 영향을 쉽게 받는 사람은 말주변이 부족하고 사교적이지 못한 반면, 색채에 영향을 잘 받는 사람은 성격이 명랑하고 사람 사귀기를 좋아한다고 한다. 그러나 이와 정반대의 주장을 펼치는 학자들도 있다. 이들은 색채형 인간이 내향적이고 신경질적이며 형태형 인간은 쾌활하고 활달하다고 주장한다.

여기서는 이러한 인식상의 차이를 깊이 다룰 필요가 없다. 원리를 이해하고 평소 생활하면서 색채와 형태에 대한 감각을 의식적으로 높일 필요성만 깨달으면 된다. 특히 어릴수록 풍부한 색채와 다양한 형태를 충분하게 접하는 것이 중요하다. 색채와 형태를 감지하는 대뇌의 특정부분을 자극하면 지적능력이 전체적으로 향상되는 데 기여할 수 있기 때문이다.

내 인생의 빅데이터, 직감

●

사람은 눈(시각), 귀(청각), 코(후각), 혀(미각), 피부(촉각)라는 감각기관(오관)을 통해 외부 세계를 인지한다. 그런데 어떤 사람은 이 다섯 가지 감각이 아닌 다른 종류의 감각이 탁월하게 발달해서 주변 사물을 남다르게 감지하기도 한다. 이른바 '심각(心覺)'이라고도 하는 여섯 번째 감각, 육감이다.

우리의 삶을 유심히 돌아보면 육감 혹은 초능력이라고 할 만한 능력이 보편적으로 존재하고 있음을 인정하게 된다. 예를 들어 방에 들어갔을 때 어떤 부분이 잘못됐는지, 뭐가 달라졌는지, 무슨 문제가 생겼는지 직감적으로 느끼는 때가 있다. 비록 말로 설명할 수는 없지만 전체적인 인상으로 알아차리는 것이다. 혹은 어떤 일을 준비하는 과정에서 무슨 일이 생길 것 같다는 예감이 들고, 나중에 그 예감했던 일이 실제로 벌어지기도 한다.

육감이나 직감을 일반적인 감각 범위를 벗어난 신비한 능력으로 여기는 사람이 많다. 하지만 알고 보면 육감과 직감도 나름의 설명 가능한 원인이 존재한다. 먼저 우리 몸의 감성은 이성보다 훨씬 민감하게 주변 환경을 인지한다. 또한 잠재의식은 우리가 의식하지 못하는 순간에도 쉴 틈 없이 정보를 수집하고 총합하여 결론을 내린 후 이를 대뇌 어딘가에 저장해둔다. 이처럼 우리 몸에 일어나는 모든 일의 배후에는 반드시 대뇌의 무형적인 활동이 있다. 즉 직감은 대뇌가 무의식중에 얻은 정보를 엮고 추론하고 연역한 결과다. 다만 이 과정이 대뇌의 인지영역이 아닌 감각영역에서 이뤄지는 탓에 왜 그런 '느낌'이 들었는지 이성적으로는 설명하지 못한다. 그래서 신비하다고 느끼는 것이다.

이에 대해 17세기 철학자이자 수학자인 파스칼은 이런 말을 남겼다.

"마음의 활동에는 그 나름의 원인이 있지만 이성으로는 그것을 전혀 알 수 없다."

그로부터 4세기가 흐른 후, 파스칼의 말이 옳다는 것이 과학적으로 증명되었다. 사실 우리의 사고활동에는 의식적이고 능동적인 부분보다 무의식적이고 자동적인 부분이 훨씬 많다. 내가 생각하려고 해서 하는 생각보다 저절로 드는 생각이 압도적으로 많다는 뜻이다. 나의 의지와 상관없이 저절로 생겨나는 생각은 파악하기조차 힘든데, 이러한 자동적 사고가 겉으로 드러나 형성된 것이 바로 생활 속의 직감이다.

우리가 살면서 축적한 경험도 직감이 생겨나는 '토양'을 제공한다. 위험한 일이나 상황이 다가올 때, 대뇌는 여태껏 쌓아놓은 정보를 토대로 경고를 보낸다. 예를 들어 위험한 사람과 마주쳤을 때 우리의 몸은 대뇌의 지휘 하에 불편함을 표현한다. 소름이 돋고, 손바닥에 땀이 나고, 가슴이 떨리고, 구역질이 난다. 반대로 안전한 사람을 만났을 때는 어깨의 긴장이 풀리고 몸이 따스해지며 전체적으로 이완되는 등 전혀 다른 반응이 나온다.

직감은 효과적인 감각이지만 내가 원한다고 아무 때나 발휘할 수는 없다. 직감은 우연히 얻어지는 것이 아니라 우리의 뇌가 오랜 기간 데이터를 축적해 얻어낸 결과물이다. 따라서 새로운 상황에서 직감이 신속하게 발동되려면 그만큼 생활의 경험이 쌓여있어야 한다. 바둑 고수가 한눈에 중요한 수를 알아보는 것은 직감 때문이다. 바둑 초보가 이러한 직감을 가지려면 오랜 시간을 들여 수만 개의 돌을 놓고, 수백 번의 성패를 경험하며 감각을 길러야 한다. 그렇다면 일상생활에서 직감을 기르려면 어떻게 해야 할까? 심리학자들은 직감을 단련하고 계발하는 비결로 다음의 방법을 추천한다.

❓ 직감을 단련하고 계발하는 비결

- 자신의 경험 돌아보기
- 용감하게 모험하기
- 작은 수첩을 가지고 다니며 순간의 감각을 포착해 기록하기
- 날선 사고력 기르기
- 타인의 경험에도 귀 기울이며 함께 나누기
- 문제를 자세히 서술하기

결국은 직감도 하나의 감각기능이기 때문에 과학적으로 훈련한다면 얼마든지 발달시킬 수 있다. 인생을 살아가다 지성과 이성으로 해결할 수 없는 문제에 빠졌을 때, 어쩌면 그간 훈련해온 직감이 가장 올바르고 현명한 선택을 하도록 도와줄지도 모른다.

한 눈에 열 줄을 읽는 비결

●

'한 눈에 열 줄'이라는 관용구가 있다. 책 읽는 속도가 매우 빠른 사람을 표현할 때 주로 쓰인다. 그런데 어떻게 한 눈에 열 줄이나 읽을 수 있을까? 한 글자 한 글자 정확하게 보지 않고도 내용을 전부 파악하는 게 가능할까? 놀랍게도 가능하다! 이를 뒷받침하는 이론도 있다. 바로 지각심리학의 맥락효과다.

다음의 문장을 읽어보자.

"번둥천개가 치던 날 문썹눈신 후 곱은 졸목에 위치한 편의점에서 꽁조림 통치를 사서 길고양이에게 줬다. 노인코래방을 갈까 고민하다가 배가 고파서 집에 돌아와 피즈치자를 먹었다."

어딘가 이상하지만 어쨌든 읽힌다. 자세히 보면 단어의 글자 순서가 뒤죽박죽임을 알 수 있다. 천둥번개는 번둥천개, 눈썹문신은 문썹눈신으로 적혀있다. 그런데도 자연스럽게 읽히는 까닭은 무엇일까? 문장을 읽을 때 무의식적으로 맥락에 따라 읽기 때문이다. 머릿속에 이미 저장되어있는 단어가 맥락을 만들어서 '작은 오류'쯤은 무시할 수 있게 되는 셈이다. 우리는 단순히 단어뿐만 아니라 문장이나 글을 읽을 때도 맥락에 따라 앞으로 이어질 내용을 끊임없이 유추하는데, 그 덕에 '한 눈에 열 줄'씩 읽어도 비교적 올바르게 내용을 파악할 수 있다.

글자를 읽는 것뿐만 아니라 도형 인식과 청각 등 인지 영역에도 맥락효과가 존재한다. 예를 들어 ○와 ▽를 그저 늘어놓으면 단순히 동떨어진 도형으로만 보인다. 하지만 그 주변에 얼굴의 윤곽을 그려 넣으면 어떻게 될까? 우리는 단숨에 ○를 눈으로, ▽를 입으로 인식한다. 아예 작정하고 눈, 코, 입을 그려도 마찬가지다. 전체를 연결해줄 수 있는 '맥락'이 없으면 웬만큼 잘 그리지 않는 한 눈, 코, 입으로 보이지 않는다. 그런데 얼굴 형태를 함께 그려 넣으면 아무리 못 그린 눈, 코, 입도 제대로 된 이목구비가 된다. 얼굴이라는 맥락이 생기기 때문이다.

맥락효과의 '위력'은 생각보다 크다. 우리는 자신도 모르게 삶의 많은 부분에서 맥락효과의 영향을 받으며 살아간다. 예를 들어 너무 흘려 써서 '13'인지 'B'인지 헷갈리는 글씨도 전후 문장을 읽어보면 어느 것인지 금방 알 수 있다. 또 가끔은 우편번호나 주소 따위를 쓸 때 분명히 틀린

곳이 없는지 확인했는데도 나중에서야 잘못 쓴 것을 발견하기도 한다. 이 역시 작은 오류를 무시하게 만드는 맥락효과에 영향을 받은 탓이다.

이런 종류의 실수를 하면 꼼꼼하지 못하고 덜렁대는 자신을 탓하기 마련이지만 사실 지나치게 자책하거나 절망할 필요는 없다. 알고 보면 자신도 어쩔 수 없는 인지 체계의 특성 때문이니 말이다. 실수를 줄이고 싶다면 중요한 글이나 문서, 업무를 확인할 때 무조건 빨리 하려고 하지 말고 시간을 들여 한 글자, 한 문장 자세히 살펴야 한다. 그래야 맥락효과의 영향 때문에 실수하는 일을 줄일 수 있다.

처음인 듯 처음 아닌 처음 같은 묘한 느낌, 데자뷔

●

살다 보면 분명 처음 만난 사람, 처음 겪는 일, 처음 보는 광경인데도 마치 이미 경험한 듯한 느낌이 들 때가 있다. '예전에 분명히 이런 적이 있었던 것 같은데'라는 기분, 마치 했던 행동을 또 하고 있는 듯한 묘한 친숙함, 심리학에서는 이를 기시감(데자뷔)이라고 한다.

중국 고전 《**홍루몽**》의 주인공이자 비극의 연인인 보옥(寶玉)과 대옥(黛玉)은 첫 만남부터 서로에게 친숙함을 느낀다. 처음 만나는 게 분명한데도 마치 예전에 어디선가 본 것 같기도 하고 오랫동안 서로 잘 알아온 사이인 것 같기도 한 친밀함이 든 것이다. 실제 우리에게도 가끔씩 어디선가 본 듯한 느낌, 언젠가 경험한 듯한 그런 순간이 찾아온다. 이런 현상은 왜 생길까? 사람들의 말대로 전생이 정말 존재하는 것일까?

전생의 존재 여부에 대해서는 확인할 도리가 없으니 의학자와 심리학자들이 이 현상을 어떻게 설명하는지 살펴보자. 다행히도 이 현상에는 상당히 믿을 만한 과학적 근거가 있다.

과학적 근거

• **첫째**

기시감은 대뇌가 정보를 잘못 저장해서 생긴다. 사람의 두뇌에는 기억저장소가 있고, 감각기관을 통해 외부에서 들어온 정보는 일단 이곳에 보관된다. 그런데 가끔 대뇌가 분류 과정에서 새로운 정보를 잘못된 곳, 즉 과거에 경험한 일을 저장하는 곳에 분류하기도 하는데 바로 이 때문에 기시감이 생긴다. 신체적, 정신적으로 피로할수록 이런 현상이 더 자주 발생한다.

• **둘째**

과거의 기억 때문에 기시감이 든다. 심리학적 설명에 따르면 과거에 받아들인 수많은 정보 중 출처가 기억되어있지 않은 정보가 기시감을 만들어낸다고 한다. 우리는 살면서 많은 일을 경험한다. 그 중 일부는 일부러 기억해두지만 일부는 전혀 의식하지 않고 흘려보내는데 이런 정보들이 무의식적인 기억으로 변한다. 그러다 어떤 일이나 광경을 만났을 때 이에 관한 무의식적인 기억이 있다면 기시감이 생긴다.

• **셋째**

현실에 허구의 정보가 더해지면 기시감이 생긴다. 기시감이 든다고 해서 반드시 그와 '매치되는' 경험을 했다고 단정 지을 수는 없다. 언젠가 그런 꿈을 꾸었거나 비슷한 내용의 소설, 영화, TV 프로그램을 봤을 수 있기 때문이다. 머릿속에 남아있는 허구의 정보와 부합하는 광경을 현실에서 만나면 갑자기 잊고 있던 꿈이나 소설, 영화의 한 장면이 떠오르고 그 결과 기시감을 느끼게 된다. 실제로 여행을 자주 다니거나 영화, 소설 등을 좋아하고 상상력이 풍부한 사람일수록 일상생활에서 기시감을 자주 느낀다고 한다.

그런데 정상적 범주를 넘어설 만큼 기시감을 훨씬 쉽게, 더 자주 느끼는 사람이 있다. 대표적으로 정서가 불안정한 사람이 그렇다. 이는 정서와 관련된 기억일수록 강렬한 인상을 남기기 때문이다. 수년간 연애를 했어도 연애 때의 추억보다 헤어지기 직전에 나눈 대화나 당시의 장면이 더욱 생생한 떠오르는 것을 보면 감정이 기억에 얼마나 큰 영향을 미치는지 알 수 있다.

청소년기와 갱년기를 겪는 사람도 기시감을 잘 느낀다. 이는 신체 변화와 큰 관련이 있다. 내분비계에 극심한 변화가 생기면 정서가 크게 불안해지고 기억 역시 활발해진다. 그 결과 무의식의 기억까지 표면에 떠오르며 기시감이 잦아지는 것이다.

그러나 강렬한 기시감이 지나치게 자주 생긴다면 기억 저장을 담당하는 뇌세포가 강한 자극을 받고 있다는 뜻이기에 주의를 기울여야 한다. 실제로 심한 기시감은 뇌전증의 전조증상이다. 따라서 단순히 신기한 현상으로 여기거나 무시해서는 안 된다. 만약 기시감이 지나치게 자주 생긴다면 심리 상담을 받거나 관련 의료 전문가를 찾아가 보아야 한다. 그래야 혹시 있을지도 모르는 질병에 선제적으로 대처할 수 있다.

눈으로 보았다고 다 믿을 수 있을까?

●

'백문이 불여일견'이라는 말이 있다. 백 번을 들어도 한 번 본 것만 못하다는 뜻이다. 또한 다른 사람의 말을 함부로 믿지 말라는 경고인 동시에 내 눈으로 본 것만이 진실이라는 뜻도 된다. 물론 사람의 감각기관 중 가장 직접적이고 즉물적인 기관이 눈인 것은 맞다. 그러나 과연 눈으로 보았다고 모두 사실이라 확신해도 되는 것일까?

시각은 빛이 시각기관에 감지되고 시세포를 자극하면 그에 따라 수집된 정보가 시신경을 거쳐 뇌로 전달, 해석되면서 생겨난다. 사람은 시각을 통해 가장 많은 정보를 얻는다. 통계에 따르면 다섯 가지 감각기관 중 시각으로 얻는 정보량이 전체의 80퍼센트에 달한다. 하지만 안타깝게도 시각 정보를 전부 믿어서는 곤란하다. 왜냐하면 심리가 시각의 정상적인 활동에 간섭하는 일이 종종 벌어지기 때문이다.

범죄 조사에서 목격자 진술만큼 중요한 것은 없다. 그런데 때로는 목격자가 사실과 다른 진술을 하기도 한다. 예를 들어 어떤 사람이 범인이라는 선입견을 가진 목격자가 있다고 해보자. 이 목격자는 상대의 손에 들린 것이 무엇인지 제대로 보지 못했으면서도 흉기를 들고 있었다고 진술할 수 있다. 그가 범인이라는 선입견 때문에 무언가를 든 모습만 보고도 흉기를 봤다고 착각하는 것이다. 이런 경우에는 목격자의 증언이 오히려 사건을 잘못된 길로 이끌기도 한다.

이러한 시각적 착각은 의외로 자주 생긴다. 물론 객관적인 상황 자체가 착각을 일으키기도 하지만 관찰자의 생리적, 심리적 요소 때문에 착각이 생기는 경우도 적지 않다. 여기서 생리적 요소란 감각기관의 구조 및 특성을, 심리적 요소란 개인의 생존 조건 및 생활 경험 등을 가리킨다.

'한눈에 반한다'라는 말이 있다. 이 말은 우리가 사물을 인식하는 방식이 얼마나 모호한지를 잘 보여준다. 처음 사물을 인식할 때는 대개 시각신호에 의존한다. 그런데 시각신호는 몇몇 주된 특징만 포착할 수 있다는 한계가 있다. 다시 말해 그 이상의 디테일, 숨겨진 본질까지 인지하지는 못한다는 뜻이다. 따라서 사물이든 사람이든 실질적으로 알고 이해하려면 한 번 휙 보고 판단하지 말고 여러 번 반복해서 접해보아야 한다. 그렇지 않으면 첫 인상에 속아 잘못된 판단을 내릴 공산이 크다. 눈에 보이는 것이 전부는 아니라는 사실을 반드시 기억하자.

일 년 같은 하루 - 시간적 착각

●

내가 즐거운 일을 할 때는 언제나 시간이 날아가는 듯하다. 반대로 즐겁지 않은 일을 할 때는 가시방석에 앉은 듯 일분일초가 영겁 같다. 한 시간쯤 흘렀나 싶어 시계를 보면 이제 겨우 10분쯤 지나있기 일쑤다. 왜 그럴까? 시간 지각에 착각이 생겼기 때문이다. 이처럼 시간의 길고 짧음에 대한 느낌은 개인의 심리와 상황, 주변 환경에 따라 얼마든지 달라질 수 있다.

시간 지각의 착각이란 여러 가지 요인에 영향을 받아 시간의 흐름에 대한 인지가 실제와 부합하지 않는 현상을 말한다. 예를 들어 흥미로운 활동을 하면 시간이 실제보다 빨리 흐른 것처럼 느껴지지만 단조롭고 지겨운 활동을 하면 실제보다 느리게 흐른 듯 느껴진다. 즐거운 시간은 쏜살같이 흘러가고, 불쾌한 시간은 좀처럼 지나가지 않는다. 시간 지각에는 개인차가 존재하는데, 일반적으로 아동이 성인보다 시간의 흐름을 더 쉽게 착각하는 것으로 알려져 있다.

시간의 흐름에 대한 착각을 이야기하다 보면 자연히 아인슈타인의 '상대성이론'으로 연결되기 마련이다. 아인슈타인이 상대성이론을 설명하기 위해 든 비유는 아주 절묘하다.

"아름다운 아가씨와 함께하는 2시간은 1분처럼 짧지만 숨 막히게 더운 여름날 활활 타오르는 아궁이 앞에 앉아있는 1분은 2시간처럼 길다. 이것이 바로 상대성이론이다."

아인슈타인의 비유처럼 천천히 지나갔으면 하는 시간은 빨리 흐르고, 빨리 지나갔으면 하는 시간은 느리게 흐른다. 개인의 주관적인 바람과 실제 상황의 차이가 이렇듯 상반된 시간 착각을 만들어낸다.

그밖에도 하나의 시간 주기 안에서는 전반은 느리게, 후반은 빠르게 흐른다고 느끼기 쉽다. 일주일을 예로 들어보자. 월요일부터 수요일까지는 천천히 지나가는데 수요일만 지나면 금세 일요일이다. 휴가도 마찬가지다. 초반 며칠이 흐르는 체감속도와 후반의 체감속도는 전혀 다르다. 뒤로 갈수록 시간이 날아가는 것 같다. 왜 이런 현상이 생기는 것일까? 일정한 시간 주기 내의 전반부에는 심리적으로 여유가 있어서 시간이 천천히 흐르는 것처럼 느껴진다. 하지만 후반부에 다다르면 남은 기간이 얼마 되지 않는다는 생각에 마음이 조급해져서 시간도 덩달아 빨리 흐르는 듯한 착각이 들기 때문이다.

인생 역시 이러한 규칙에 따라 흐른다. 생각해보자. 어렸을 때는 하루가 너무나 길지 않던가? 일 년이라는 시간이 까마득하고 앞으로 남은 세월이 무한하게 느껴지지 않았는가? 그러던 것이 나이가 들면, 특히 서른 살을 넘긴 다음부터는 시간에 날개가 달린 듯 무섭게 세월이 흘러간다. 살아온 날보다 살아갈 날이 적다는 생각에 마음이 조급해진 탓이다. 사실 시간은 자신만의 속도로 변함없이 흐른다. 그런 시간을 빠르게도, 느리게도 만드는 것은 결국 우리의 마음가짐이다.

증류수에 맛이 생기는 마법

●

이탈리아의 작은 마을, 한 이층 주택의 발코니 앞이 여행객으로 북적거린다. 아무리 봐도 평범하기만 한 이곳에 관광객이 몰려와 기념사진을 찍고 젊은 연인들이 방명록에 사랑의 맹세를 남기는 이유는 단 하나, 이곳이 셰익스피어의 희곡 〈로미오와 줄리엣〉에 등장하는 줄리엣의 집이라 여겨지기 때문이다.

여기에는 특수한 사회적 효과가 반영되어있다. 바로 유명인 효과다. 유명인 효과란 유명인의 후광을 힘입어 특정 사물이나 장소, 사회 현상 등에 대중의 관심과 주목이 쏟아지는 현상을 가리킨다. 유명인을 모방하고자 하는 경향도 포함된다.

유명인의 영향력은 상상 이상으로 엄청나다. 여기, 재미있는 실험을 하나 소개한다. 미국의 심리학자가 한 대학의 심리학과 학생들을 대상으로 강연을 열면서 세계적으로 유명한 화학자를 강연자로 초빙했다. 단상에 오른 화학자는 자신이 발견한 새로운 화학물질이라며 학생들에게 투명한 액체가 담긴 병을 보여주었다. 그리고 이 물질은 인체에 무해하나 아주 강한 냄새가 난다고 설명한 뒤, 학생들의 후각을 테스트해보겠다며 병뚜껑을 열고 액체를 공기 중으로 천천히 휘발시켰다. 잠시 후, 냄새를 맡은 사람은 손을 들라고 하자 적지 않은 수가 손을 들었다. 그런데 사실 병 속에 담긴 액체는 무색무취의 순수한 증류수였다. 소위 '화학자'라는 강연자도 화학과 전혀 관련이 없는, 독일어 교수였다. 강연실 안에는 실제로 아무 냄새가 나지 않았지만 많은 학생이 강렬한 냄새를 맡았다고 느꼈다. 어째서일까? 강연자가 '화학자'라는 심리적 암시에 '세계적으로 유명하다'는 후광이 더해지면서 코가 마음에 굴복해버렸기 때문이다. 심지어 아무 냄새도 맡지 못했지만 다른 사람에게 웃음거리가 되기 싫다는 생각에 거짓으로 손을 든 학생도 있었다. 그리고 몇몇 손을 들지 않은 학생들은 감기 탓에 냄새를 맡지 못했다며 구차한 변명까지 늘어놓았다.

유명인 효과는 여러 방면에서 다양하게 활용된다. 실제로 유명인이 대중에게 미치는 영향력을 올바르게 이용하기만 한다면 긍정적인 효과를 얻을 수 있다. 가장 대표적인 예가 광고다. 하루에도 수십, 수백 개씩 쏟아지는 광고 중 95퍼센트는 유명인 효과에 기대고 있다 해도 과언이 아니다. 광고 제작 시 소위 '셀럽'을 기용하는 가장 큰 목적은 유명인을 좋아하고 신뢰하며 모방하려는 대중의 심리를 상품에 대한 선호와 구매로 연결시켜 판매를 촉진하는 것이다. 특히 화장품이나 바디제품 등 미용제품 판매에서는 가수나 배우 등의 연예인을 기용했을 때와 그렇지 않을 때의 효과가 확연히 다르다. 운동용품도 마찬가지다. 대개는 세계적으로 유명한 스타 선수를 이용해 광고를 만든다. 스타 선수와 브랜드를 연결시켜서 영향력을 넓혀가는 방식은 이미 너무나 당연한 마케팅 전략이 된 지 오래다.

영화나 TV 프로그램 시장에도 유명인 효과가 광범위하게 접목된다. 유명인의 영향력을 빌려 영화의 인지도를 높이고, 유명인의 개인적 매력으로 관객을 끌어들이는 식이다. 영화가 개봉할 때마다 빠지지 않고 진행되는 배우들의 무대인사도 같은 맥락으로 이해할 수 있다. 그밖에 기업체 공공기관 학교 등의 홍보물에 연예인의 사진과 이름을 넣는 것도, 제품을 소개할 때 유명 의사나 유력 정치인 등의 추천사를 끼워 넣는 것도, 서점에서 작가의 친필 사인회를 여는 것도 전부 유명인 효과를 바라는 전략이다. 인간관계에서도 마찬가지다. 처음 만난 사람에게 내가 얼마나 대단한 인물과 친분이 있는지를 자랑하거나 심지어 직접 아는 사이가 아니어도 '내 친구의 친구가 아무개'라며 뽐내는 사람이 있는데, 이 역시 모두 유명인의 후광을 빌려 자신의 영향력을 높이려는 의도에서 비롯된 행동이다.

물론 아무리 유명인 효과가 엄청나다고 해도 무조건 대형 스타를 기용하기만 하면 원하는 결과를 얻을 수 있는 것은 아니다. 마케팅에서 유명인 효과를 활용할 때는 광고 내용과 유명인의 이미지가 서로 어울리는지를 반드시 따져보아야 한다. 유명인의 유형에 따라 결과가 달라지기 때문이다. 예를 들어 어느 대학교가 학교를 대표하는 인물로 유명가수를 선정했다고 해보자. 초반에는 대중의 호감과 유명세를 얻을 수 있을지 몰라도 시간이 흐를수록 효과가 떨어지게 되어있다. 교육 및 학문 수양을 목적으로 하는 학교의 본질과 대중의 즐거움을 목적으로 하는 가수의 본질이 서로 맞지 않기 때문이다. 그러나 만약 아주 유명한 학자가 학교를 대표하는 인물이 된다면 세월이 흐르고 세대가 바뀔 때까지도 유명인 효과를 톡톡히 누릴 수 있을 것이다.

03

알 듯 모를 듯

심오한 꿈의 세계

꿈에서 본 광경을 현실에서 또 보는 이유

꿈이란 무엇일까? 꿈을 꿀 때 우리에게는 어떤 일이 일어날까?

꿈은 수면, 특히 렘수면 중에 일어나는 신경활동의 결과물이다. 또한 일종의 심리활동이며 의식의 한 측면이 움직였다는 증거이기도 하다. 꿈은 일부 대뇌피질 세포가 깨어 활동할 때 생긴다. 즉 평소에는 대뇌피질의 조절을 받던 세포가 수면 도중 통제에서 벗어나 제멋대로 활동하기 시작하면 기억의 편린들이 제약 없이 살아나면서 기상천외한 꿈을 만드는 것이다. 만약 이때 흥분상태에 들어간 세포가 언어 및 운동과 관련된 신경세포라면 잠꼬대, 몽유병 같은 증세가 나타날 수도 있다. 꿈은 수면 보호, 심리 조절, 기억 강화 등의 역할을 하는 동시에 영감을 주고 놀랍게도 얼마간은 미래를 보여주기도 한다.

1988년 8월 28일, 보스턴의 한 신문사 기자인 샘슨은 당직을 서고 있었다. 그런데 그날 밤 그는 묘한 꿈을 꿨다. 자바섬 인근의 작은 섬에서 화산이 폭발해 마을이 화산재에 매몰되고 엄청난 해일이 일어나 큰 배 여러 척이 침몰되는 꿈이었다. 잠에서 깬 샘슨은 방금 꾼 꿈의 내용이 흥미로운 소재라고 생각했고, 재미삼아 그 내용을 기사로 작성했다.

다음날 아침, 샘슨은 기사 원고를 자신의 책상에 올려놓고 퇴근했다. 그런데 우연히 원고를 본 편집장이 지난밤에 실제로 사건이 발생한 것으로 오해하고 그만 조간신문에 기사를 내고 말았다. 나중에서야 실제가 아니라는 사실을 알았지만 이미 때는 늦은 뒤였다. 신문사 사장이 다급히 각 부문 책임자를 소집해 대책을 궁리했지만 뾰족한 수가 나오지 않았고, 결국 어쩔 수 없이 다음 날 신문에 오보를 낸 것에 대한 공개사과문을 싣기로 결정했다.

그런데 바로 그때, 놀라운 소식이 전해졌다. 자바섬 인근 작은 섬에서 진짜로 화산이 폭발하고 해일이 일어나는 바람에 현지에 심각한 피해가 발생했다는 것이다. 그 소식을 듣고 다들 놀라 할 말을 잃었다. 당사자인 샘슨도 마찬가지였다. 어찌된 영문인지 설명할 수 없지만 결과적으로는 그가 예지몽을 꾼 셈이었다.

실제생활에서도 이와 비슷한 일이 가끔씩 벌어진다. 이렇듯 이해하기 어려운 현상을 설명하기 위해 심리학자와 정신의학자는 '기억의 착각'이라는 이론을 제시했다. 무의식 깊은 곳에 숨어있던 단편적 기억이 현재의 어떤 광경이나 상황에 자극을 받아 떠올랐으나 당사자가 이를 외현기억으로 인지하지 못해 이런 현상이 발생한다는 것이다.

예를 들어 동료와 이야기하다가 문득 이런 대화를 나눈 적이 있다는 기시감이 들었다고 해보자. 이 경우는 대화 중에 스쳐 지나간 단어나 생각이 과거의 대화와 관련된 암묵기억을 자극했을 가능성이 크다. 여기서 암묵기억이란 스스로 떠올리거나 자각하지는 못하지만 분명히 존재하면서 행동이나 사고 등에 영향을 주는 기억을 말한다.

비록 인지할 수 없다고 해도 암묵기억이 일상생활에 미치는 영향은 생각보다 크다. 이를 파헤치기 위해 심리학자들은 여러 가지 조건에서 다양한 실험과 연구를 진행했다. 그 결과 사람은 자신에게 특정 기억이 있다는 점을 전혀 인식하지 못하면서도 마치 그것을 기억하는 것처럼 생각하거나 행동할 수 있다는 사실을 밝혀냈다. 이러한 암묵기억들은 평소에는 존재조차 드러나지 않다가 특정한 임무가 생기면 자동으로 튀어나와 나름의 역할을 담당한다. 현실의 어떤 특정한 광경을 미리 꿈에서 본 듯한 기분이 드는 까닭도 암묵기억이 작용한 결과라고 할 수 있다.

길몽과 예지몽의 비밀

●

길몽이나 예지몽을 꿔본 적이 있는가? 자주는 아니어도 한 번쯤 경험해 보았거나 다른 사람에게 그런 꿈을 꿨다는 말을 들어보았을 것이다. 그도 아니면 큰 인물이 태어날 때 범상치 않은 태몽이 있었다는 이야기 정도는 들어본 적이 있으리라. 길몽과 예지몽의 정체는 무엇일까? 사람은 꿈을 꾸는 동안 가벼운 최면 상태에 놓인다. 이때는 마음이 편안하면서도 정신이 집중되어 있기 때문에 잠재의식의 직관적인 인도를 더욱 쉽게 받아들일 수 있다. 그렇다면 혹시 길몽과 예지몽은 잠재의식이 우리에게 보내는 신호가 아닐까?

A씨에게는 노름꾼 백수 친구가 한 명 있었다. 노름을 잘하기라도 하면 모르겠는데, 만날 잃기만 하는 통에 여러 모로 한심하고 안쓰러운 친구였다. 어느 날, A씨는 낮잠을 자다가 그 친구가 나오는 꿈을 꿨다. 내용은 단순했다. 친구가 마작을 하고 있는데 옆에서 누군가가 "오백만 원!

오백만 원!"이라고 외치는 것이다. 다음날 아침 일찍 A씨는 친구에게 전화를 걸었다.

"내 예감인데, 너 조만간 마작판에서 오백만 원을 따게 될 거야. 그때 가서 나한테 한 턱 내는 것 잊지 마, 알았지?"

사실 A씨는 농담 삼아 한 말이었다. 친구가 마작을 자주 하는 것은 사실이었지만 몇 백 만원이나 달 수 있을 만큼 판돈이 크지 않았다. 몇 십만 원이면 모를까, 오백만 원이나 딸 수 있을 리 만무했다. 그래서 정작 본인은 그 일을 까맣게 잊고 있었다.

그런데 몇 달 후, 갑자기 친구에게서 연락이 왔다. 친구는 흥분한 목소리로 A씨에게 한 턱을 내겠다고 했다. 무슨 일이냐고 묻자 네 '예언'처럼 마작판에서 오백만 원을 땄다는 대답이 돌아왔다. A씨가 정말로 예지몽을 꾼 것이다.

길몽과 관련된 이야기 중 가장 흔한 것은 꿈을 꾸고 복권에 당첨되었다는 이야기다. 미국 플로리다에서는 한 남자가 사고로 죽은 딸이 꿈에 나와 불러준 번호로 복권을 샀다가 거액에 당첨되는 일이 있었다. 그런가 하면 한 50대 남성은 태어나서 한 번도 복권을 사본 적이 없었는데, 돌아가신 어머니가 복권을 사주시는 꿈을 꾼 뒤 생전 처음 복권을 샀다가 1등에 당첨되기도 했다.

길몽과 예지몽은 의외로 진실과 가깝다. 예지몽의 경우, 세부적인 부분은 다를 수 있지만 전체적 흐름은 현실과 같을 때가 많다. 어찌 보면 세부적으로 다른 부분도 꿈꾼 사람의 잠재의식에서 약간의 왜곡이 일어난 탓으로 이해할 수 있다. 그런데 예지몽과 비슷한 것 같지만 본질이 다른 꿈도 있는데, 바로 텔레파시 꿈이다. 만약 꿈과 사건이 동시에 발생했다면 텔레파시 꿈이라 볼 수 있고, 꿈이 사건보다 먼저 출현했다면 예지몽이라고 볼 수 있다.

어떤 꿈들은 현대 과학으로 설명할 수 없다. 물론 이런 종류의 꿈은 극소수에 불과하다. 예지몽 같았는데 알고 보니 그저 우연의 일치이거나 다른 심리적 원인이 있는 경우도 많다. 그러나 어떠한 이유로도 설명할 수 없고, 단순한 우연의 일치로 치부하기도 힘든 예지몽이 존재한다는 것은 분명한 사실이다. 꿈을 연구하는 과학자 중에는 길몽이나 예지몽을 부정하는 사람도 많지만 이런 현상이 실재한다고 믿는 사람 또한 적지 않다. 가장 보수적인 과학자조차 미래를 예견하는 꿈이 존재한다는 사실을 부정하지 못한다. 어느 쪽이든, 쉽게 결론 내릴 수 없는 문제인 것만은 확실하다.

꿈은 영혼의 여행일까?

●

꿈자리가 뒤숭숭하다는 말이 있다. 이는 이상한 꿈을 꿨다는 뜻일 수도 있고, 기분 나쁜 꿈을 꿨다는 뜻일 수도 있다. 또 어떤 꿈은 너무 기상천외해서 당혹스럽다. 어쨌든 꿈자리가 뒤숭숭하면 아침부터 기분이 상쾌하지 못하다. 우리는 대체 왜 이런 꿈을 꾸는 것일까? 이번에는 심리학에서 기상천외한 꿈들을 어떻게 설명하는지 알아보자.

꿈의 발생 원인을 이해하려면 먼저 잠을 이해해야 한다. 당연한 사실이지만 사람은 잠을 자야 살 수 있다. 어떤 의미에서는 잠이 식사보다 훨씬 더 중요하다. 먹을 것을 주지 않은 개는 한 달가량 살아남았지만 잠을 재우지 않은 개는 2주도 버티지 못했다는 실험 결과만 봐도 잠이 얼마나 중요한지 잘 알 수 있다.

인체가 정상적인 생명활동을 유지하기 위해서는 반드시 휴식이 필요한데, 잠은 가장 필수적이고 자연스러운 휴식이다. 잠을 잘 때 우리의 대뇌피질에서는 세포의 회복과 재정비가 이뤄진다. 세포의 노화와 파괴를 막는 것 역시 수면의 역할이다.

이처럼 중요한 잠을 자는 동안 우리는 종종 꿈을 꾼다. 사람은 잠을 잘 때 두 가지 상태를 번갈아가며 겪는다. 하나는 뇌와 몸이 모두 쉬고 있는 상태이고 다른 하나는 몸은 쉬고 있지만 뇌가 깨어있는 상태다. 꿈은 주로 두 번째 상태, 즉 뇌가 깨어있는 상태일 때 발생한다. 하지만 최근 연구에 따르면 뇌가 쉬고 있을 때도 꿈을 꿀 수 있다고 한다. 결론적으로 이 세상에 꿈을 아예 꾸지 않는 사람은 없다. 게다가 꿈을 꾸는 시간도 우리의 생각보다 훨씬 길다. 성인은 전체 수면시간의 4분의 1, 유아는 무려 수면 시간의 절반을 꿈을 꾸며 보낸다.

어떤 문화권에서는 꿈이 '영혼의 여행'이며, 여행을 나간 영혼이 길을 잃고 돌아오지 못하면 잠자듯 세상을 뜨게 된다고 믿는다. 하지만 과학계의 설명은 다르다. 잠을 잘 때 대뇌피질은 순차적으로 억제 상태에 들어가며 대뇌의 모든 영역이 억제되면 비로소 수면상태가 된다. 그런데 억제가 불균형할 경우, 즉 일부 영역의 신경세포가 제대로 억제되지 않거나 아예 억제 받지 않고 미세한 흥분 상태에 놓이게 될 경우 꿈을 꾸게 된다. 이때 어떤 영역들이 흥분상태에 놓이느냐에 따라 기상천외하고 말도 안 되는 기묘한 꿈을 꾸게 되는 것이다.

일반적으로 정상적인 꿈은 수면에 영향을 주지 않는다. 꿈은 렘수면 상태에서 꾸는데, 렘수면은 인간의 정상적인 생리 및 심리 상태 유지에서 중요한 역할을 차지한다. 만약 지속적으로 렘수면을 방해한다면(렘수면에 접어들 때마다 누군가 깨우는 식으로) 수면부족 및 수면장애가 나타날 뿐만 아니라 기억능력에도 직접적인 악영향을 줄 수 있다. 사람들은 꿈이 숙면을 방해한다고 오해하지만 알고 보면 꿈은 가장 중요한 렘수면 단계에서 발생하기 때문에 오히려 숙면에 도움이 되는 셈이다.

낮에 한 생각이 밤에 꿈으로 나타난다는 말이 있다. 실제로 깨어있는 동안 반복해서 생각한 문제들이 꿈에 나오는 일은 매우 흔하다. 또 깨어있을 때는 다른 자극에 가려져 알아차리지 못했던 생리적, 심리적 변화가 수면을 틈타 그 존재를 드러내어 꿈이 되기도 한다. 그밖에 수면 시 신체 내외부적으로 받은 자극에 따라 꿈을 꾸는 경우도 있다. 추운 방에서 자다가 눈밭을 헤매는 꿈을 꾼다던가, 배고픈 상태로 잠이 들었다가 하루 종일 먹을 것을 찾아다니는 꿈을 꾸는 식이다. 자는 동안 반려동물이 가슴 위에 올라와 앉는 바람에 밤새 괴한에게 목이 졸리는 꿈을 꿨다는 사람도 있다.

어떤 꿈은 예지몽처럼 느껴지기도 하는데, 사실 알고 보면 이 역시 객관적 사실에 뇌가 반응한 결과에 불과하다. 단지 깨어있을 때는 의식하지 못한 것이 꿈으로 나타났을 뿐이다. 예를 들어 낮에 낯선 사람 몇몇이 집 주변을 어슬렁거리는 모습을 봤다고 해보자. 당시에는 대수롭지 않게 넘겼지만 이상하게 그날 밤 도둑이 드는 꿈을 꾸었다. 그리고 며칠 후 정말로 집에 도둑이 들어 세간을 싹 쓸어갔다. 이런 경우 사람들은 흔히 예지몽을 꾸었다고 생각하기 쉽지만 사실은 무의식중에 수집한 정보(낯설고 수상한 사람들)가 꿈으로 구현되었다(도둑이 집에 드는 꿈)고 보는 편이 타당하다. 다만 꿈을 꾸게 된 원인은 기억하지 못하고 꿈의 내용만 기억하는 탓에 예지몽이라고 하는 것이다.

선명한 꿈, 기억나지 않는 꿈

•

아무리 과학적으로 원리를 설명할 수 있다고 해도 꿈은 여전히 신비하고 알 수 없는 것이다. 누구나 매일 꿈을 꾼다고 하는데, 어느 날은 간밤에 꾼 꿈이 생생히 떠오르는가 하면 어느 날은 꿈 한 자락 꾸지 않은 듯 아무것도 생각나지 않는다. 꿈의 내용 역시 가지각색이다. 현실에서 도저히 있을 수 없는 일이 펼쳐지기도 하고, 반대로 너무 있을 법한 일이 벌어져서 이게 꿈인지 현실인지 헷갈릴 때도 있다. 어떤 꿈은 온통 뒤죽박죽에 도무지 이해할 수가 없고, 어떤 꿈은 논리적인 것 같은데 자세히 생각해보면 이상하며, 어떤 꿈은 퍼즐조각처럼 단편적이고 모호하기만 하다. 왜 이런 현상이 나타나는 것일까?

프로이트는 인간의 내면 깊은 곳에 숨겨진 욕망이 있으며, 깨어있을 때는 이 욕망이 의식에 억눌려 있다가 잠이 들고 의식의 통제가 느슨해지면 꿈으로 형상화된다고 했다. 하지만 아무리 수면 중이라고 해도 의식의 통제가 아예 사라지는 것은 아니다. 깨어있을 때에 비해 느슨할 뿐이다. 그렇기 때문에 지나치게 자극적이거나 도무지 받아들일 수 없는 수준의 꿈은 의식의 통제를 받아 내면 깊은 곳에 감춰진다. 잠에서 깬 뒤 꿈을 기억하지 못하는 이유는 대개 이 때문이다. 즉 꿈도 안 꾸고 잔 게 아니라 꿈꾼 것조차 기억하지 못할 뿐이다. 실제로 우리는 매일 평균 네댓 개의 꿈을 꾼다. 사람은 본능적으로 자신의 안위를 최우선으로 생각하기 때문에 스스로에게 좋지 않은 영향을 줄 수 있는 꿈은 일부러 잊어버린다. 일종의 자기보호인 셈이다. 따라서 자신은 꿈을 꾸지 않는다고 주장하는 사람도 기억을 못해서 그렇지, 실제로는 매일 악몽에 시달리고 있을 수 있다.

인간의 두뇌는 매우 정밀한 컴퓨터와 같아서 눈 깜짝할 사이에 수천만 번의 연산을 해낸다. 따라서 아주 짧은 순간에도 내용이 엄청나게 길고 풍부한 꿈을 꿀 수 있다. 사실 아무리 긴 꿈이라고 해도 실제로 꿈을 꾼 시간은 길지 않다. 일명 '꿈수면'이라고 하는 렘수면은 길어봤자 평균 20분 정도밖에 되지 않는다. 렘수면과 달리 꿈을 꾸지 않는 수면상태인 서파수면slow-wave sleep은 대략 90분 정도 지속된다고 알려져 있다. 한 번 잠이 들면 두 가지 수면상태가 교차하며 대여섯 차례 반복되기 때문에 하룻밤동안 꿀 수 있는 꿈의 개수는 최대 대여섯 개를 넘지 않는다. 꿈꾸는 시간을 죄다 더해도 2시간도 되지 않는 셈이다. 게다가 우리가 기억할 수 있는 꿈은 가장 마지막 렘수면 때 꾸었던 꿈의 일부분에 불과하다.

꿈을 꾸는 동안은 자신이 꿈꾸고 있다는 사실을 자각하지 못한다. 잠에서 깨고 나서야 '꿈이었구나'라고 할 뿐이다. 그런데 꿈속에서 자신이 꿈꾸고 있다는 사실을 깨달을 때가 있는데, 이런 꿈을 '자각몽'이라고 한다. 과학계에서는 대뇌에서 언어와 운동을 주관하는 부분이 반쯤 깨어나면 자각몽을 꾸게 된다고 설명한다. 따라서 자연적으로 자각몽을 꾸는 사람은 많지 않지만 누구나 정확하게 훈련하기만 하면 원하는 대로 자각몽을 꿀 수 있다.

자각몽에서는 모든 일을 내 마음대로 통제할 수 있다. 좋아하는 활동을 할 수도 있고, 현실에서는 불가능한 소원을 이룰 수도 있다. 생각만 해도 신나는 일 아닌가! 실제로 자각몽을 꾸는 사람들은 꿈속에서 소원을 이뤘을 때 엄청난 행복과 만족을 느꼈다고 답했다.

그렇다면 어떻게 해야 자각몽을 꿀 수 있을까? 먼저 평소에 자기암시를 자주 한다. '꿈꿀 때 내가 꿈꾸고 있다는 사실을 깨달을 수 있다'라고 스스로에게 암시를 거는 것이다. 그런 뒤 매일 일기 쓰듯 꿈 내용을 기록한다. 그리고 꿈을 해석한 책 등의 도움을 받아 자신의 꿈을 파헤쳐본다. 굳이 자각몽을 꾸지 못하더라도 꿈을 통해 나의 내면을 알아가는 재미 또한 쏠쏠하니, 한번 시도해보자.

백일몽에 빠지다

●

한밤도 아닌 대낮에 멀쩡한 정신으로 꿈을 꾸는 사람들이 있다. 남몰래 이것저것 떠올리며 혼자 배시시 웃기도 하고, 현실에서는 실현되지 않을 일을 상상하며 즐거워하기도 한다. 그야말로 낮에 꾸는 꿈, '백일몽'이다. 백일몽은 달콤하다. 복권에 당첨되어 벼락부자가 되는 백일몽도, 떠나간 연인이 다시 찾아와 내 발을 붙들고 용서를 비는 백일몽도 꿀처럼 달기만 하다. 그러다 문득 깨어나면 한동안은 어리둥절하다. 백일몽에서 빠져나와 마주한 현실은 언제나 황망하기 그지없다.

한 법대생이 시험을 하루 앞두고 동네가게에 먹을 것을 사러 갔다. 나이든 가게 할머니는 거스름돈이 없다며 대신 복권 두 장을 주었다. 복권을 들고 돌아온 법대생은 책상 앞에 앉아 공부를 계속했지만 평소와 달리 머릿속은 백일몽으로 가득했다. 그는 복권에 당첨된다면 무엇을 할지, 당첨금을 어떻게 쓸지 상상하며 저도 모르게 실실 웃었다. 상상에 살이 붙고 몸집이 거대해지자 심지어 당장 내일 볼 시험을 준비하는 일이 시시하게 느껴졌다.

백일몽은 이처럼 기분을 좋게 해주지만 반대로 절망이나 공포를 느끼게 만들기도 한다. 물론 통계적으로 불안이나 걱정을 유발하는 백일몽은 전체의 3퍼센트 정도에 불과하다. 쉽게 말해서 굳이 테러리스트에게 공격받거나 직장에서 해고당하는 상상을 해가며 불안에 떠는 사람은 그리 많지 않다는 뜻이다. 대개 백일몽은 좋은 일에 관한 것이 훨씬 더 많다.

일반적으로 백일몽을 허황된 망상으로 치부하며 시간 낭비라고 보는 시선이 많다. 그러나 심리학에서는 오히려 창의력과 문제해결력을 높여주고 잠재력 개발에 도움이 된다며 긍정적으로 평가하는 편이다.

일본의 저명한 심리학자 가와이 하야오(河合隼雄)는 작가 무라카미 하루키(村上春樹)와의 대화에서 이렇게 말했다.

“사람들이 이야기를 만들지 못하는 이유는 마음에 문제가 생겼기 때문입니다.”

이야기의 본질은 백일몽이며, 백일몽을 꿀 수 있다는 것은 마음이 건강하다는 증거다. 실제로 백일몽은 임상심리치료에서 매우 중요한 주제인 동시에 심리 건강의 기초다. 백일몽에는 한 사람의 삶과 생활에 대한 환상이 녹아있으며, 수많은 가능성이 담겨있다. 따라서 백일몽을 꾼다고 너무 불안하게 여기지 마시라. 아무 것에도 묶이지 않고 마음이 흘러가는 대로 상상의 나래를 펼치는 일은 즐거울 뿐만 아니라 심신의 건강에도 유익하니 말이다.

백일몽은 앞으로 일어날 일을 미리 생각하게 함으로써 익숙한 환경에서 벗어나 앞으로의 삶과 미래를 계획할 수 있도록 도와준다. 또한 과거의 경험을 자세히 돌아보고 유익한 깨달음을 얻게 해준다. 백일몽 안에서는 좋지 않았던 사건도 부정적인 영향을 주지 못한다. 긍정적인 일을 상상하면 자신감을 높일 수 있고, 반대로 부정적인 일을 자세히 상상하면 앞으로의 행동을 바꿀 수 있기 때문이다.

영국 심리학자 클리프 아널Cliff Arnall은 말했다.

"백일몽을 통해 허구의 부정적 사건을 미리 생각하고 경험하면 앞으로 어떻게 난관을 극복하고 대처할 것인지에 대한 아이디어를 얻을 수 있다."

백일몽은 지극히 개인적인 체험이며 자기만족이다. 억눌린 자아심리의 해소 및 돌파구가 될 수 있을 뿐만 아니라 정서적 긴장을 누그러뜨려 좀 더 유연한 사고를 하는 데 도움을 준다. 그래서 일각에서는 백일몽을 일종의 심리적 방어기능으로 보기도 한다. 때로 백일몽 자체가 치유 효과를 내기도 하는데, 상상을 통해 스스로 마음을 편안하게 하고 기쁨을 찾을 수 있기 때문이다. 특히 안정감과 유쾌함을 주는 백일몽은 현실의 어려운 상황에 대응할 수 있는 힘을 준다.

스트레스와 좌절, 실패를 만났을 때도 백일몽은 큰 도움이 된다. 잠시나마 또 다른 세계, 이상적인 환경으로 도피해서 만족감과 위로를 얻을 수 있으니 말이다. 뿐만 아니라 부정적인 정서를 해소하고 건강한 심리를 갖는 데 도움을 주고, 또 어느 정도 창의력을 자극함으로써 문제를 해결할 실마리를 찾게 해준다. 순기능이 이토록 많은데 백일몽을 꾸지 않을 이유가 있겠는가!

평소 상상력이 부족한 사람이라도 훈련하면 얼마든지 백일몽을 꿀 수 있다. 다음의 방법을 시도해보자.

먼저 편안하게 호흡한다. 억지로 무언가 생각하거나 생각하지 않으려 애쓰지 말고, 머릿속에 떠오르는 상념을 자연스레 따라간다. 듣기 편한 경음악을 틀어놔도 좋고, 아예 아무 소리도 들리지 않게 귀를 막아도 좋다. 머리나 얼굴, 특히 눈 주위와 관자놀이를 가볍게 마사지하는 것도 도움이 된다. 이처럼 외부의 자극을 최소화한 상태에서 무의식적이고 느릿한 생각의 여행을 떠난다. 상상 속에서는 어디든 갈 수 있다. 백일몽의 세계에서 잠시나마 행복한 시간을 누리길 바란다.

시험 보는 꿈에 숨겨진 심리

●

학생이든 아니든 누구나 한 번쯤은 시험 보는 꿈을 꾸며 괴로움에 시달린 적이 있을 것이다. 이런 꿈을 꾸는 이유는 현실의 시련이 마음 깊은 곳에 자리한 걱정과 불안을 자극했기 때문이다.

[요즘 악몽을 자주 꿔요. 일어나면 꿈이라는 것을 알지만 그래도 꿈속에서 겪은 괴로움이 너무 생생해서 힘들어요!]

한 대학생이 한 인터넷 커뮤니티에 이런 호소를 올렸다.

[꿈의 내용은 늘 같아요. 대학에 들어와서 굉장히 어려운 일을 겪었는데, 바로 그때로 돌아가는 거예요. 당시에는 기적이 일어나지 않는 이상 그 문제를 해결할 수 없을 것 같았지요. 하지만 어떻게든 해결하지 않으면 모든 게 물거품이 될 수도 있었어요. 그야말로 절체절명의 위기였어요. 다행히 2년 정도 죽을힘을 다해서 문제를 해결했어요. 게다가 오히려 그 일이 전화위복이 되어서 생각지도 못한 기회를 얻기도 했고요. 하지만 꿈속에서는 여전히 문제가 해결되지 않은 상태고, 그때 느꼈던 무력감과 공포가 고스란히 되살아나서 너무 괴로워요. 최근 몇 년 동안 그 꿈을 얼마나 많이 꿨는지 몰라요.]

이 학생의 글 밑으로 비슷한 경험을 토로하는 댓글이 주르륵 달렸다.

이미 지나간 시험, 해결된 문제를 다시 겪는 악몽에 시달리는 사람이 그만큼 많았던 것이다.

시험 보는 꿈에는 두 가지 의미가 내포되어 있다. '초자아'의 징벌과 원초아의 격려가 바로 그것이다. 초자아는 도덕적 자아로 규범적, 이상적 영역에서 힘을 보인다. 원초아가 욕구에 따라 마음대로 하려 하면 초자아는 원초아를 통제하려 하고, 자아는 초자아와 원초아 사이에 균형을 잡는 역할을 한다. 초자아가 강한 사람은 대체적으로 불안 성향이 짙은데, 이때의 불안은 생존을 위한 것이라기보다 징벌에 가깝다.

우리는 평생 기대와 요구에 부합해야 한다는 부담을 느끼며 살아간다. 어린 시절에는 저도 모르게 부모의 기준에 맞추려 애쓰고, 청소년기에는 학업을 잘해야 한다는 기대에 부합하려 애쓴다. 타인의 기대, 스스로의 기대에 대한 부담이 최고조에 달하는 시기는 역시 대입 시험을 앞둔 때다. 우리 사회에서 대입 시험은 가장 중요한 동시에 가장 고통스러운 시험이다. 평생에 걸쳐 수많은 시험을 보지만 그중 대입 시험만큼 긴장되고 부담스러운 시험은 없다. 시험 보는 꿈 중에서도 대입 시험을 보는 꿈이 가장 흔한 이유도 아마 이 때문일 것이다.

시험 보는 꿈은 강력한 초자아가 원초아에게 주는 징벌이지만 동시에 원초아의 격려, 혹은 초자아에 대한 원초아의 반항이기도 하다. 대개 꿈속에서는 시험에 통과하지 못해 쩔쩔맨다. 그러나 현실에서는 이미 통과한 경우가 대부분이다. 다시 말해 노력을 통해 이미 극복한 시련이라는 뜻이다. 또 다른 종류의 시련을 앞두고 꿈을 통해 과거에 이미 극복한 시련을 다시 겪는다는 것은 결국 이번 시련도 잘 극복할 수 있으니 걱정 말라는, 원초아가 보내는 응원의 메시지다.

도덕과 규율은 전형적인 초자아, 하고 싶은 일을 하려는 욕망은 전형적인 원초아다. 도덕심이 강한 사람은 초자아가 강하기 때문에 원초아의 욕망을 따르고자 하는 욕구가 생길 때마다 초자아와 원초아가 강렬히 충돌할 수밖에 없다. 그런데 사실 원초아가 더 힘이 세야 한다. 원초아는 우리 자아의 힘의 원천이기 때문이다.

꿈의 기억, 믿을 수 있을까?

●

인간의 기억은 완전할까? 직접 보고 들은 것이라면 과연 다 믿어도 되는 것일까?

평범한 가장인 김 씨는 어느 날 아내와 함께 한 사건의 공동 목격자가 되었다. 부부가 사건을 목격한 것은 친구 집에서 늦은 저녁을 먹고 차를 몰아 집으로 돌아오던 때였다. 김 씨는 운전석에, 아내는 조수석에 앉아 있었다. 사거리에서 신호를 기다리느라 잠시 정차했는데 차 오른편에서 웬 남자가 자전거를 타고 앞질러 나왔다. 그런데 잠시 후, 어디선가 괴한이 뛰쳐나와 자전거를 막아서더니 칼로 남자를 다짜고짜 찔렀다. 남자는 고통스러운 비명을 질렀고, 김 씨와 아내는 깜짝 놀라 휴대폰을 꺼내 경찰에 신고했다. 전화 통화를 하는 동안 괴한은 피 흘리는 남자를 남겨두고 어디론가 도망쳐버렸다.

곧 구급차와 경찰이 현장에 도착했고 김 씨와 아내는 목격자 증언을 했다. 아내는 괴한이 젊은 남자였으며 청바지를 입었다고 말했다. 김 씨도 괴한이 남자라고 했지만 그 외는 전부 아내와 다르게 진술했다. 공통점이라고는 괴한이 남자에, 칼을 흉기로 썼다는 점뿐이었다. 경찰은 혼란에 빠졌다. 분명히 같은 시각에 같은 사건을 목격했고, 비슷한 시간이 흐른 뒤에 기억을 떠올렸는데도 두 사람의 기억이 이처럼 다른 이유는 무엇일까?

안타깝지만 기억은 우리가 기대하는 만큼 믿음직하지 못하다. 우리의 기억은 현실을 그대로 복제한 게 아니라 주관적 판단과 선입견이 더해져 만들어진 '또 다른 현실'이기 때문이다. 심지어 기억은 매번 다시 떠올릴 때마다 개인의 주관적 의식에 영향을 받아 여러 가지 정보가 재조합되면서 조금씩 변해간다. 그래서 결과적으로는 시간이 흐를수록 점차 실제 있었던 일과 괴리가 생긴다.

인간의 두뇌에는 많은 정보가 사실상 완전무결한 상태로 저장되어있다. 하지만 모든 정보가 이런 식으로 저장되어 있는 것은 아니다. 기억의 효율성을 위해 사소하고 세부적인 정보는 처리를 거치지 않고 그냥 흘려보내는데, 이런 정보들은 저장되지 않는다. 그 탓에 기억이 온전하지 않은 상황이 생긴다.

꿈의 기억도 마찬가지다. 잠을 자는 동안에는 깨어있을 때 잊고 있던 일들이 종종 꿈속에 나타난다. 잠재의식이 풀려났기 때문이다. 그러나 아무리 잠재의식의 기억이라 해도 100퍼센트 완전하지는 않으며 편향되었을 가능성도 높다. 따라서 꿈에서 떠오른 기억도 그대로 믿기란 무리다.

사람의 뇌는 무한한 능력을 갖고 있지만 주변에서 끊임없이 일어나는 변화를 매순간 전부 인식하지는 않는다. 만일 그랬다가는 뇌의 인지 체계에 부하가 걸릴 것이다. 그렇다 보니 변화를 '보고도 못 보는', 이른바 변화 맹시Change Blindness가 생긴다. 인지체계는 변화 맹시와 관련된 어떠한 피드백도 제공하지 않기 때문에 우리는 이미 발견한 변화만 인지하며 발견하지 못한 변화에 대해서는 '발견하지 못했다'는 사실조차 알지 못한다.

변화 맹시보다 더 심각한 것은 잘못된 인지다. 자신이 매우 예민한 관찰력을 가지고 있으며, 아주 미묘한 것을 제외하고는 그 어떤 변화도 자신의 두 눈을 피해갈 수 없다는 착각에 빠지는 것이다. 이렇듯 자신이 모든 변화를 발견할 수 있다고 믿는 그릇된 믿음과 변화맹시가 부정확한 기억을 낳는다.

꿈이 공포를 느끼게 할 수도 있을까?

●

꿈은 대체로 이롭다. 대뇌의 '메모리'를 정리하는 과정이기도 하고, 수면 사이클이 제대로 돌아가고 있다는 증거이기도 하기 때문이다. 그런데 만약 꿈이 잠을 방해한다면 어떻게 해야 할까? 수면 장애의 원인이 되는 꿈, 악몽에 관한 이야기다.

악몽은 주로 청소년기 이전의 아동에게 많이 나타나지만 성인도 간혹 악몽에 시달린다. 악몽을 꿀 때는 꿈이 끝나지 않을 듯 길게만 느껴지고, 몸서리치며 깨어난 후에도 불쾌한 기분이 오래간다. 심하면 일상생활에 지장이 생길 정도다. 대체 왜 이런 악몽을 꾸는 것일까?

대표적인 원인은 스트레스다. 마음의 상처, 지나치게 많은 생각도 악몽을 부른다. 그러나 대개의 경우 악몽은 마음 깊이 감춰져 있던 감정이 되살아난 결과라 볼 수 있다. 제대로 돌보지 않고 외면해버린 부정적 정서가 악몽으로 표현되는 셈이다. 그런 의미에서 보면 꿈은 내면의 자아에게 좀 더 관심을 가지라는 잠재의식의 독촉일지도 모른다. 어쨌든 악몽은 수면의 질을 저하시키기 때문에 적극적인 대처가 필요하다.

악몽에서 벗어나 편안한 잠을 되찾으려면 먼저 악몽의 실체를 정확히 밝혀야 한다. 악몽을 꾸었다면 구체적으로 어떤 내용과 어떤 장면이 있었는지, 어떤 사물과 어떤 사람이 등장했는지 최대한 자세하게 생각하고 떠올린다. 그리고 어떤 부분에서 특히 두려움을 느꼈는지 스스로에게 묻고 그런 것이 왜 꿈으로 나타났는지 자신 안에서 답을 찾는다.

악몽의 후유증을 완화시키기 위한 방법으로는 명상을 들 수 있다. 고대의 명상법 중 가장 중요했던 것은 환상술이다. 환상술은 마음의 눈으로 각종 사물과 사람, 장면, 행동 등을 생생히 떠올리는 것이다. 이러한 환상술은 우리의 생각을 불안이 아니라 구체적인 사물에 집중시키는 효과가 있다. 또한 호흡을 조절하고 심장박동을 안정시키며 긴장을 이완시키는 데 큰 도움이 된다.

명상과 비슷한 작용을 하는 최면술은 대상을 깊은 이완 상태로 유도해서 모든 신체기관의 기능을 잠시 닫히게 해둔 뒤, 긍정적인 암시를 대상의 잠재의식에 주입하는 것이다. 이렇게 주입된 암시는 대상이 최면에서 깨어난 후에도 지각과 행동에 영향을 줄 수 있다. 따라서 악몽이 심할 경우에는 최면술을 통해 원인을 찾고 긍정적 암시를 주입함으로써 악몽을 사라지게 하는 것도 가능하다.

일상생활 속 숨겨진
불가사의한 비밀 파헤치기

04

소비의 심리 : 물건을 사는 진짜이유

내가 물건을 사는 진짜이유 : 내면의 만족감

●

모든 행동에는 동기가 있다. 겉으로는 별 뜻 없어 보이는 행동에도 반드시 모종의 이유가 있기 마련이며, 스스로 의도해서 하는 일이라면 더더욱 동기가 없을 수 없다.

물건 구매를 예로 들어보자. 물건을 사는 행위는 일상적으로 발생한다. 그렇다면 사람들은 왜 물건을 사는 것일까? 통상적으로 구매 동기는 다음의 몇 가지 유형으로 나눌 수 있다.

구매 동기의 유형

- **수요형**

  말 그대로 필요해서 사는 것을 말한다. 수요는 다층적이며 여러 가지로 분류할 수 있다.

- **실용중시형**

  실용과 실제 이익이 중요한 유형으로 상품을 구매할 때 품질, 성능 등 실용적 가치를 가장 중요하게 생각한다. 디자인이나 스타일, 컬러 같은 외형은 상대적으로 중시하지 않으며 브랜드 등 상품의 실용적 가치와 관련 없는 요소는 거의 신경 쓰지 않는다.

- 사회형

자신이 처한 사회적, 경제적 조건과 문화 배경 등에 영향을 받아 동기가 생기는 유형이다. 구매 유발 동기에는 인종, 직업, 문화화 정도, 지불 능력 등 여러 가지가 있다.

- 단골형

감정 혹은 경험에서 동기가 생기는 유형이다. 자신이 특별히 신뢰하고 선호하는 특정 상품이나 브랜드, 서비스 등을 반복적이고 습관적으로 소비한다.

- 탐미형

미적 가치 추구가 곧 구매 동기인 유형이다. 상품을 선택할 때 디자인과 형태, 컬러 및 외관의 아름다움을 가장 먼저 고려한다.

- 염가중시형

가격을 가장 중시하는 유형이다. 상품의 값이 저렴하면 구매 동기가 생긴다.

- 브랜드중시형

이 유형의 특징은 브랜드가 동기를 유발한다는 점이다. 브랜드중시형 고객은 상품의 가격, 품질, 사후관리 등에는 거의 신경을 쓰지 않으며 오로지 자신의 신분과 지위를 드러내기 위해 상품을 구매하고 거기서 심리적 만족을 얻는다.

사실 모든 동기의 뿌리는 내면의 만족감이다. 내게 만족감과 기쁨을 주지 못한다면 아무리 훌륭한 물건도 짐일 뿐이고, 아무리 좋은 일도 구속에 불과하다. 생각해보자. 하기 싫은 일을 억지로 하면서 어떻게 열정적일 수 있겠는가? 내면의 만족감이 없고, 하고 싶다는 동기도 생기지 않는 일을 꾸역꾸역 해서 어떻게 좋은 결과를 낼 수 있겠는가?

사람은 철저히 동기에 따라 행동하기 때문에 역으로 어떤 행위 자체의 의미를 변화시켜서 행동방식을 바꾸는 것 또한 가능하다. 원래는 하기 싫은 행동이라도 만족감을 느낄 수 있는 부분이 첨가되면 사람들은 그 행동을 비교적 쉽게 받아들인다. 또 원래는 쾌감을 주는 행동이었던 것이 반대로 고통을 주게 되면 즉시 그것을 포기한다. 이 역시 인간의 모든 행동의 근본 동기가 바로 내면의 만족감이라는 점을 방증한다.

실제 이득보다 중요한, '이득을 봤다'는 심리

'빅세일', '특가 세일', '폭탄 세일'……. 소비자의 마음을 술렁이게 하는 마법의 단어를 꼽으라면 단연 '세일'일 것이다. 실제로 판매업계에는 고객이 진짜 원하는 것은 '싼 가격'이 아니라 '싸게 샀다'는 기분이라는 말이 있다. 즉 고객에게 이득 봤다는 느낌을 줄 수 있어야 상품을 좀 더 쉽게 팔 수 있다는 뜻이다.

소비자는 다양한 수요와 동기에 따라 상품을 구매하며, 그 과정에서 여러 가지 심리를 드러낸다. 그러나 누구에게서나 공통적으로 드러나는 심리가 하나 있다. 바로 최소한의 경제적 지출로 가능한 한 많은 보상을 얻기를 바라는 심리다. 쉽게 말해서 같은 물건이라면 조금이라도 돈을 덜 주고 사고 싶은 게 사람의 마음이다. 그래서 어느 마트에서 할인을 한다든가 어느 사이트에서 반짝세일을 한다든가 하는 정보를 얻으면 앞뒤 가리지 않고 부리나케 달려간다. 대다수 소비자의 구매행동에는 이러한 심리가 깔려있으며, 판매자는 소비자의 이러한 심리를 공략하는 마케팅 전략을 펼친다.

이득 보기를 바라는 심리를 이용한 판매 전략에는 어떤 것이 있을까? 먼저 대형마트에서 가장 잘 팔리는 물건이 무엇인지 살펴보자. 유명 브랜드의 상품도, 값이 가장 싼 제품도 아니다. 원플러스원 같은 판촉이 '매일 있고, 주마다 바뀌는' 물건이 가장 잘 팔린다. 판촉 전략은 소비자의 '이득 보고 싶다'라는 심리를 가장 적나라하게 공략하는 전략이다. 하나를 사면 하나를 더 주고, A라는 물건을 사면 B가 딸려오다니 이 얼마나 이득인가. 판촉의 일환인 가격 세일 전략도 효과는 마찬가지다. 이렇게 이득을 본다는 느낌이 있기 때문에 판촉이 붙은 물건을 살 때 사람들은 자신이 실용적인 소비를 한다고 생각한다.

그런데 소비에는 무조건 이득을 보고 싶다는 심리만 있는 것이 아니다. '거저 얻고 싶지 않다'는 심리도 존재한다. 똑똑한 판매자는 이를 이용해서 사업이나 장사 초반에 고객에게 고급 판촉물이나 좋은 선물을 증정한다. 그러면 그 고객이 나중에 실제로 매상을 올려줄 확률이 높아지기 때문이다. 이득을 보고 싶지만, 또 거저 얻고 싶지는 않은 심리가 이들 고객을 공짜 선물을 준 판매자에게로 이끈다.

사실 소비자 입장에서 보면 이득을 보려는 심리 때문에 오히려 불필요한 소비를 하게 될 때가 많다. 예를 들어 원래 가격에 빨간 줄이 쳐있고 더 저렴한 가격이 쓰인 상품을 보면 지금 꼭 필요하지 않아도 살까 말까 고민하게 된다. 거기에 '기간한정 할인'이라는 조건이 붙거나 할인 폭이 크면 결국 사는 게 이득이라는 생각에 집어 들기 마련이다. 이런 점을 잘 아는 판매자는 세일, 우대, 혜택 등에 반드시 기간을 설정한다. 소비자의 구매 욕구를 적극적으로 자극하기 위해서다. 게다가 이러한 혜

택이 늘 있는 것이 아니라는 점을 강조해서 고객에게 '운이 좋았다'는 느낌을 주려고 애쓴다. 그래야 고객이 내면의 만족감을 얻고, 향후에도 구매가 이뤄질 수 있기 때문이다.

10을 얻기 위해 먼저 100을 요구하는 지혜

●

누군가에게 무언가 부탁할 때 먼저 과도한 요구를 해서 일부러 거절을 유도한 뒤 진짜 부탁을 꺼내면 상대가 승낙할 확률이 높아진다. 이른바 '면전에서 문 닫기 기법', 혹은 '문전박대 기법'이다.

어느 골목에 아침식사로 죽을 파는 작은 가게 두 곳이 나란히 붙어있었다. 두 가게는 음식 가격도 같고 단골손님의 수도 비슷했는데, 이상하게도 항상 왼쪽 가게가 오른쪽 가게보다 매상이 높았다. 무엇이 이런 차이를 만들었을까? 바로 손님에게 주문을 받는 종업원의 태도였다. 오른쪽 가게 종업원은 손님이 오면 활짝 웃으며 따뜻한 죽을 한 그릇 푼 뒤, '달걀을 추가할까요?'라고 물었다. 그리고 손님이 추가해달라고 하면 달걀을 죽 위에 올려주었다. 달걀을 추가해달라고 하는 손님은 대개 절반 정도였다.

왼쪽 가게 종업원은 어떻게 했을까? 그 역시 손님이 오면 웃으며 인사한 뒤 따뜻한 죽을 담으면서 이렇게 물었다.

"달걀은 하나 넣을까요, 두 개 넣을까요?"

그러면 손님은 으레 '하나'라고 대답했다. 물론 달걀을 얼마나 좋아하느냐에 따라 누군가는 두 개를 달라 하고, 누군가는 아예 넣지 말라고 하겠지만 어쨌든 결과적으로는 거의 모든 손님이 달걀을 한 개씩 추가했다. 결국 어떻게 질문했느냐에 따라 두 가게의 매상이 달라진 셈이다.

'문전박대 기법'이 효과적인 이유는 사람의 내면 깊숙한 곳에 자리한 죄책감 때문이다. 생각해보자. 다른 사람의 부탁을 거절하고 나면 어쩐지 미안한 기분이 들지 않던가? 무리한 부탁이라 거절했다고 해도 거절한 것 자체가 마음에 걸린다. 그런데 이때 상대가 그보다 훨씬 쉽고 가벼운 부탁을 또 한다면 어떨까? 이미 한 번 거절한 게 미안해서라도 들어줄 확률이 높다. 그래야 거절로 생겨난 심리적 불편함을 해소할 수 있기 때문이다.

미국의 심리학자 로버트 치알디니Robert Cialdini는 '순응을 이끌어내는 상호양보 과정'을 연구하며 한 가지 실험을 진행했다. 그는 먼저 실험에 참가한 대학생을 두 조로 나눈 뒤, 첫 번째 조에게 청소년 보호감찰원에서 2년간 자원봉사를 해달라고 부탁했다. 아무 보상도 없이 무려 2년 간 아주 고된 일을 해달라고 부탁한 셈이다. 당연히 부탁을 받은 참가자 모두가 이런 저런 핑계를 대며 거절했다. 치알디니는 곧이어 '그렇다면 대신에……'라며 아이들을 데리고 동물원에 가서 두어 시간 동안 놀다 와 달라고 부탁했다. 그러자 절반 정도가 흔쾌히 부탁을 받아들였다. 그에 비해 처음부터 이 부탁을 받은 두 번째 조는 승낙 비율이 겨우 16.7퍼센트에 그쳤다.

일상생활에서도 '문전박대 기법'의 효과를 곳곳에서 찾아볼 수 있다. 친구에게 까다로운 부탁을 할 때도, 부하직원에게 어려운 일을 시킬 때도 '문전박대 기법'이 요긴하게 쓰인다. 원리는 같다. 일단 무리한 부탁을 하거나 아주 힘든 일을 제안한 후, 상대가 난색을 표하며 거절하면 진짜 부탁하려고 했던 일을 꺼낸다. 그러면 상대도 훨씬 가벼운 마음으로 부탁을 들어줄 가능성이 높다. 어떤 의미에서 보면 '문전박대 기법'이 인간관계를 부드럽게 유지하는 비결인 셈이다.

출시 당시 높은 가격이었던 물건이 파격 특가 등의 명목으로 가격이 대폭 할인되는 것도 넓은 의미에서는 '문전박대 기법'의 하나다. 먼저 높은 가격이라는 무리한 요구를 했다가 낮은 가격이라는 비교적 합리적인 요구를 제시하면 구매욕을 자극할 수 있기 때문이다.

'문전박대 기법'은 서비스 분야에서도 유용하다. 심지어 잘 활용하기만 하면 고객의 불만을 가라앉히는 특효약이 될 수 있다. 예를 들어보자. 곧 이륙을 앞둔 비행기에서 모종의 이유로 이륙이 한 시간 정도 지연된다는 기내안내방송이 나왔다. 승객들은 당연히 불만을 토로했다. 비행기 안에 갇혀 한 시간이나 기다리라는데 좋아할 사람이 어디 있겠는가. 그런데 몇 분 후, 문제가 예상보다 빨리 해결되어 30분 안에 이륙하겠다는 안내방송이 나왔다. 이번에는 아무도 불만을 제기하지 않았으며, 외려 약간 반기는 분위기가 흘렀다. 잠시 후 또 다시 안내방송이 흘러나왔다. 몇 분 후 곧 이륙하겠다는 기장의 목소리였다. 승객들은 박수를 치며 환호성을 올렸다. 실제로 이륙이 미뤄진 것은 십여 분 정도였다. 만약 사전에 한 시간이 지연될 것이라는 안내가 없었더라면 승객들은 이륙이 10분 늦어진 것에도 불만을 느꼈을 것이다.

물론 '문전박대 기법'의 성패는 쌍방 관계의 친밀도 및 부탁의 합리성에 달려있다. 서로 간에 의무도, 책임도 없는 사이에서는 '문전박대 기법'을 시도하는 것 자체가 불가하다. 전혀 알지 못하는 생판 남을 위해 자신의 이익을 희생하면서까지 상대의 부탁에 응할 사람은 없기 때문이다.

양날의 검, '군중심리'

●

사람은 사회적 동물이다. 그래서 누군가 내 편이 되어주면 마음이 든든하다. 특히 어떤 일을 할 때 나를 지지하는 사람이 많으면 많을수록 안심이 되고 힘이 난다. 또 실제로 내 생각이 옳든 그르든, 동조해주는 사람이 있으면 큰 소리로 말할 용기가 생긴다. 반대로 모두가 찬성하는 일에 나 혼자 '아니'라고 말하기는 참 어렵다. 아무리 내가 싫어하는 사람이라도 다른 사람들이 모두 좋아하면 나 혼자 싫어하는 티를 내기란 쉽지 않다. 그런데 알고 보면 나만 이런 심리가 있는 것은 아니다. 사람이라면 누구나 이런 마음을 갖고 산다. 이른바 '군중심리', 대중의 힘이다.

제니퍼는 술집에서 서빙을 한다. 처음 일을 시작했을 때는 아무리 열심히 일해도 그녀에게 팁을 남기는 사람이 없었다. 다른 직원이 팁을 챙길 때마다 부럽고 속상한 마음에 더욱 친절하게 손님을 응대하는 등 노력했지만 결과는 마찬가지였다. 그렇게 몇 주쯤 지났을까, 제니퍼는 마침내 팁을 받는 비결을 알아냈다. 손님이 팁을 두는 자신의 쟁반에 일부러 지폐 몇 장을 먼저 올려두는 것이다. 손님들은 그 돈을 이전의 손님이 두고 간 팁이라고 생각했고, 자신도 자연스레 팁을 놓고 갔다. 그 결과 제니퍼는 팁을 계속 받게 되었다.

미국의 성공한 사업가 로버트 크래프트Robert Kraft는 이렇게 말했다.

"이 세상에 창작자는 5퍼센트에 불과하며 나머지 95퍼센트는 모두 모방자다. 따라서 다른 사람의 행동만큼 설득력 있는 것은 없다."

위 사례에서 제니퍼가 발견한 팁 받는 비결도 결국은 군중심리를 교묘하게 이용한 것이라 볼 수 있다. 특정 조건 하에서 충분하고 정확한 정보가 없을 때 사람은 종종 타인의 행동을 모방하는 전략을 취한다. 큰 흐름, 즉 대중을 따라가면 위험과 의외의 상황을 효과적으로 피할 수 있다고 믿기 때문이다.

중국에는 이런 속담이 있다.

"혼자면 쥐새끼처럼 소심하고 둘이면 소처럼 기세등등하며 셋이면 세상에 무서운 것이 없다."

이는 군중심리를 잘 표현한 말이다. 실제로 우리는 무의식적으로 군중심리를 따르는 경우가 많다. 좋든 나쁘든, 누군가 물꼬를 트면 나머지 사람들은 우르르 따라간다. 어떤 행동은 단지 다수가 그렇게 한다는 이유만으로 옳다고 여겨지고, 누가 봐도 그릇된 일이 모두가 그렇게 한다는 명목 하에 버젓이 자행되기도 한다.

군중심리가 생기는 까닭은 다수의 의견이 옳다고 여기는 심리 때문이다. 사람들은 대개 소수보다는 다수를 따르는 편이 안전하며, 더 많은 이득을 얻을 수 있다고 믿는다. 그렇기에 작은 잘못, 사소한 오류 정도는 무시하고 무조건 다수를 따른다. '다들 그렇게 한다'는 이유를 대면서 말이다.

숲보다 큰 나무는 바람에 쓰러지기 마련이고, 홀로 남쪽으로 날아간 기러기는 반드시 위험에 처하기 마련이다. 남들과 다른 길을 간다는 것은 그 자체로 엄청난 심리적 부담이다. 사람들은 이러한 심리적 부담이 싫어서 군중을 따른다. 게다가 한번 대중적인 흐름이 형성되면 거스르기가 힘들다. 그래서 추종자가 많은 사람은 영향력도 자연히 커지기 마련이다. 때로는 옳고 그름과 상관없이 대중이 몰린다는 이유만으로 정답이 되기도 한다. 진실을 가리기도, 거짓을 폭로할 수도 있는 힘. 이것이 바로 군중심리다.

05

인생에서 길을 잃지 않으려면

목표 달성의 비밀, 세분화

•

저명한 철학자이자 수학자인 데카르트는 이런 말을 남겼다.

"문제를 해결하고 싶다면 문제 전체를 작은 부분들로 나누어야 한다."

그의 말처럼 복잡한 문제나 어려운 문제를 해결하는 가장 기본적인 방법은 그것을 해결 가능한 작은 부분들로 나누는 것이다. 작은 부분들을 순서대로 해결해가다 보면 결국 문제 해결이라는 궁극적 목적을 이룰 수 있다. 이 방법은 수학 풀이뿐만 아니라 개인의 발전과 인생에도 적용 가능하다.

1984년 도쿄 국제마라톤대회에서 이변이 벌어졌다. 무명 마라톤 선수 야마다 혼이치(山田本一)가 우승을 거머쥔 것이다. 그는 2년 뒤 이탈리아에서 열린 국제마라톤대회에서도 1등을 차지했다. 그전까지만 해도 존재조차 알려지지 않았던 야마다가 연달아 두각을 나타내자 모두가 비결을 궁금해 했지만 결국 아무도 알아내지 못했다.

그로부터 10년 후, 야마다는 자서전에서 '세분화'가 자신의 우승 비결이었다고 밝혔다. 매번 경기를 치르기 전에 그는 자동차를 타고 경기 코스를 미리 돌아보면서 코스 주변에 특이한 지형지물을 기록했다. 그리고 각각의 지형지물을 소목표로 삼아 전체 코스를 '세분화'했다. 첫 번째 목표는 은행, 두 번째 목표는 커다란 나무, 세 번째 목표는 아파트, 이런 식으로 결승점까지 총 40여 킬로미터의 코스를 여러 개 구간으로 나눈 것이다. 경기가 시작되면 그는 결승점이 아니라 미리 세분화해둔 목표를 향해 달리면서 오로지 각각의 구간을 빠르게 돌파하는 데만 집중했다. 그 결과 야마다는 전체 구간을 지치지 않고 끝까지 빠른 속도로 달릴 수 있었다. 사실 그가 이런 전략을 사용하게 된 데는 과거 경험의 영향이 컸다. 예전에 그는 무조건 42.195킬로미터를 빠르게 주파하려고만 했는데, 그렇게 하니까 절반도 채 가기 전에 지쳐버리기 일쑤였다. 고민에 빠진 야마다는 전략을 바꿔서 코스 도중에 목표물을 설정하고 그 목표를 향해 달리기로 했다. 처음에는 중간 지점을 목표로 삼았는데 별 효과가 없었다. 여러 번의 시행착오 끝에 그는 일정한 노력으로 실현할 수 있는 범위의 목표를 설정해야 한다는 사실을 깨달았다. 그래서 코스를 좀 더 세분화하여 작은 목표들로 나누고 각각의 목표를 우수한 성적으로 돌파하는 데 집중했다. 그리고 그 결과 마침내 우승이라는 큰 목표를 달성할 수 있었다.

어떤 목표를 이루는 것이 너무 어렵게 느껴진다면 먼저 목표를 작은 목표 몇 개로 나눠보자. 작은 목표 하나를 달성하면 다음 목표에 도전할 힘이 생긴다. 이렇게 하나씩 해결해나가다 보면 어느새 결승점에 도달하기 마련이다. 무슨 일이든 큰 목표를 먼저 세우고 이를 당장 실현가능한 작은 목표로 세분하여 하나씩 해결해가는 것이 중요하다. 성공은 단숨에 이룰 수 있는 일이 아니다. 먼저 큰 방향이 될 장기 목표를 세우고 단기 목표를 하나하나 달성해가며 일관성 있게, 차근차근 밀고 나가야 가능하다. 그래야 엉뚱한 길로 빠지지 않고 원하는 바를 이룰 수 있다.

단기적이고 구체적인 것에 비해 장기적이고 모호한 것은 쉽게 눈에 들어오지 않는다. 거기까지 이르는 길이 구체적으로 보이지 않는다면 아무리 원대한 목표도 '뜬구름 잡는 소리'나 다름없다. 게다가 장기적 목표만으로는 지금 당장 내가 노력하는 것이 얼마큼 효과적이고 어느 정도 성과를 냈는지 확인할 수 없다. 그보다 더 큰 문제는 당장 눈앞에 성과가 보이지 않으면 의욕을 잃고 지치기 쉽다는 점이다.

그래서 큰 목표를 작은 목표 여러 개로 세분화할 때는 반드시 실행 가능한 동시에 충분히 의욕을 불러일으킬 수 있도록 설계해야 한다. 작은 목표마저도 실현하기 어렵게 세운다면 굳이 목표를 세분화하는 의미가 없다. 따라서 각각의 목표를 예견할 수 있고 제어가 가능한 범위 내에 설정해야 한다. 그래야 모든 문제를 명확히 처리할 수 있다. 오늘 목표가 내일 목표의 전제가 되고, 내일 목표가 한 달 결과의 전제가 되어야 한다. 이런 식으로 작은 목표를 하나씩 이뤄가다 보면 물 흐르듯 자연스럽게 큰 목표를 향해 나아가게 될 것이다.

소수와 다수, 선택과 집중

●

사람들은 은연중에 '소수는 다수를 따라야 한다'고 생각한다. 그러나 알고 보면 소수의 손에 진리가 쥐어져있는 경우도 많다. 재물도, 기술도 마찬가지다. 어떤 일이든 가장 핵심적인 부분을 장악하는 사람이 가장 큰 부와 힘, 진리를 갖는다. 사람의 에너지는 유한하다. 따라서 불필요하고 지엽적인 부분에 힘을 낭비하지 말고 가장 중요한 일에 역량을 집중해야 한다.

중국 우체국은행의 모 지점은 고객의 절대다수가 은퇴자다. 그렇다 보니 연금 지급 시기만 되면 늘 창구 앞에 긴 줄이 생겼다. 지점의 업무도 자연히 은퇴자 중심으로 돌아가면서 상대적으로 수가 적은 일반고객에 대한 서비스가 소홀해졌고, 고객 불만이 속출했다. 결국 일반고객 중 상당수가 다른 지점으로 발길을 돌렸다. 장기적으로 보면 이런 상황이 지점 발전에 전혀 도움이 되지 않을 것은 자명했다.

이에 지점은 기존 고객 유지와 새로운 고객 확보에 목표를 두고 전체적인 시스템 개선에 착수했다. 대기 시간을 대폭 축소시키고 더욱 편리한 서비스를 제공하자 확실히 고객 이탈이 줄어들었다. 뿐만 아니라 은행이 달라졌다는 입소문이 나면서 일반고객이 다시 증가했고, 결과적으로 지점의 실적도 성장했다. '소수보다 다수에 집중해야 한다'는 사고방식에서 벗어나 소수의 중요 고객에게 에너지를 집중한 덕에 위기를 돌파할 수 있었던 것이다.

20세기 초, 이탈리아의 경제학자 파레토는 '2대8 법칙'을 발견했다. 전체에서 중요한 부분은 20퍼센트이며 나머지 80퍼센트는 부차적이라는 것이 이 법칙의 핵심이다. 예를 들어 한 상점의 총매출 중 80퍼센트는 20퍼센트의 상품에서 나오고, 시장 제품의 80퍼센트는 20퍼센트의 기업이 생산한다. 회사 실적의 80퍼센트는 전체 직원의 20퍼센트가 올리고, 기업 이익의 80퍼센트는 20퍼센트의 고객으로부터 창출된다. 2대8 법칙은 금융 분야에도 통용된다. 20퍼센트의 상위고객이 전체 부와 이윤의 80퍼센트를 차지한다는 뜻이다. 자연히 금융업은 이들을 중심으로 돌아갈 수밖에 없다. 이 법칙대로라면 불균형은 당연한 사회현상이다.

고객은 모두 평등하고 모두가 왕이지만, 경영하는 사람 입장에서는 모든 고객이 똑같이 중요하지는 않다. 마찬가지로 모든 사업부문과 제품에 동일한 노력을 쏟는 것은 어리석은 짓이다. 사람의 에너지가 유한하듯이 기업의 에너지 또한 유한하다. 만약 에너지를 모든 고객에게 동일하게 투입한다면 득보다 실이 더 크다. 하지만 유한한 에너지와 자원을 중요 고객에게 집중하면 훨씬 큰 성과를 얻을 수 있다.

2대8 법칙은 두 마리 토끼를 동시에 쫓는 식으로 일해서는 안 된다는 사실을 알려준다. 소수의 중요한 부분에 에너지를 집중하고, 이익을 가져다줄 수 없는 부분은 과감히 포기해야 한다. 그래야 비용을 최소화하며 가장 짧은 시간 안에 가장 큰 효과를 거둘 수 있다.

컬럼비아호는 왜 추락했을까?

●

미시-거시 비교 사고법이라는 것이 있다. 거시적으로 봤을 때 거의 완벽해 보이는 일, 사물 등을 미시적으로 분석하고 차이를 비교해서 문제가 될 수 있는 요소나 본질적으로 다른 부분을 찾아내는 사고법을 말한다. 이러한 방법으로 문제를 분석하면 무슨 일이든 꼼꼼하고 정확히 처리할 수 있으며 아주 세부적인 부분까지 완벽하게 점검할 수 있다.

2003년 2월 1일, 미국의 스페이스셔틀인 '컬럼비아호'가 임무를 마치고 귀환하던 중 추락하고 만다. 사후 조사를 통해 발사 당시 연료탱크가 분리되면서 생긴 작은 파편에 셔틀 표면의 단열판이 손상된 것이 추락의 원인이라는 사실이 밝혀졌다. 문제는 발사 당시 모니터링 담당자들도 진즉에 이 사실을 알았지만 크게 개의치 않았다는 점이다. 그들은 설마 그 정도의 작은 결함이 셔틀의 안전을 위협할 것이라고는 생각하지 못했다. 결국 엄청난 인력과 자금, 시간이 투입된 '컬럼비아호' 프로젝트는 순간의 판단착오로 인해 천문학적인 손실과 인명피해를 남긴 채 실패로 돌아갔다.

우리의 삶에도 종종 이런 상황이 벌어진다. 크고 대단한 일만 중요하게 생각하고 작고 사소한 부분을 소홀히 한 탓에 실패를 맛보는 쓰라린 상황 말이다. 여기, 경각심을 불러일으킬 만한 좋은 사례 하나를 소개한다.

소영은 명문대학을 졸업한 뒤 어느 공공기관에 들어갔다. 그런데 자신감과 기대에 가득 차서 출근한 그녀에게 주어진 업무는 누구나 할 수 있을법한 단순 업무뿐이었다. 소영은 크게 실망했다. 열정이 차게 식는 기분이었다. 며칠 후, 사무실에 중요한 회의가 잡히면서 직원 모두가 분주해졌다. 하지만 다들 정신없이 바쁜 와중에도 소영이 맡은 일은 서류를 철해서 봉투에 넣는 '잡무'였다. 이 일을 지시하면서 상사는 이렇게 당부했다.

"혹시라도 차질이 생기면 안 되니까 미리 준비를 잘해두세요."

소영은 몰래 입을 삐죽거렸다. 종이뭉치를 스테이플러로 찍고 봉투에 넣는 것뿐인데 무슨 준비를 하라는 것인지 알 수 없었다. 초등학생도 할 수 있는 일 아닌가.

밤 12시가 넘은 시각, 마침내 자료가 모두 완성되어 그녀의 손에 넘어왔다. 소영은 한숨을 쉬며 스테이플러로 서류를 철하기 시작했다. 그런데 십여 부쯤 찍었을 쯤 스테이플러심이 떨어졌다. 서랍 안을 찾아봤지만 스테이플러 심은 보이지 않았다. 사무실을 다 뒤져도 단 한 통도 나오지 않았다. 소영은 당황했다. 한밤중에 문을 연 문구점이 있을 리 만무했다. 그렇다고 다음날 아침 문구점이 열기를 기다릴 수도 없었다. 오전 8시 정각까지 모든 자료를 준비해서 회의실에 가져다놓아야 했기 때문이다. 상황을 알게 된 상사가 버럭 화를 내며 그녀에게 소리쳤다.

"내가 미리 준비해두라고 당부하지 않았습니까? 소영 씨, 이런 작은 일 하나 제대로 처리 못하는 사람이었어요?"

소영은 얼굴이 벌게진 채 아무 말도 하지 못했다.

사실 일 자체는 전혀 어렵지 않았다. 소영의 생각대로 초등학생도 할 수 있는 일이었다. 그러나 문제는 그녀의 마음가짐이었다. 자신에게 맡겨진 일을 사소하다며 소홀히 여겼기에 결국 이런 결과를 맞이한 것이다.

이는 비단 소영만의 착오가 아니다. 많은 사람이 일상생활에서 작은 부분을 무시하며 살아간다. 중요하지 않다는 이유로, 사소하다는 이유로 디테일을 간과한다. 그러나 알고 보면 디테일이 일의 성패를 가르는 핵심요소가 될 때가 많다. 디테일을 놓치지 않는 사람은 결국 두각을 드러내지만 반대로 디테일을 소홀히 하는 사람은 크든 작든 손해를 입는다. 디테일이 곧 경쟁력인 셈이다.

따라서 무슨 일이든 사소하다는 이유로 소홀히 하면 곤란하다. 디테일을 무시하는 사람은 큰일을 할 수가 없다. 작은 허점이 큰 실패로 이어질 수 있기 때문이다. 거시적인 상황을 파악하는 동시에 미시적 부분을 놓치지 않아야 실수와 오류를 미연에 방지할 수 있다. 이것이 바로 진정한 인재로 거듭나는 방법이다.

이별을 부른 호의

●

추기급인(推己及人)이라는 말이 있다. 자신의 생각대로 남의 마음을 헤아린다는 뜻이다. 역지사지와 비슷해 보이지만 출발점이 '남'이 아닌 '나'라는 게 다르다. 다른 사람을 위해 무언가 할 때, 우리는 무심코 추기급인하기 쉽다. 문제는 내가 좋다고 해서 반드시 남도 좋다는 법은 없다는 점이다. 그렇기에 언제나 나보다는 남의 감정이 어떨지를 먼저 생각해야 한다. 내가 좋으니 상대도 당연히 좋아하리라 생각하고 내 뜻대로 해버리면 호의로 시작한 일이 오히려 상대에게 피해를 줄 수도 있다.

윤은 얼마 전 남자친구와 황당하게 헤어졌다. 데이트할 때 '곱창구이'만 먹었다는 게 이유였다. 곱창구이를 자주 먹은 이유는 그게 윤이 가장 좋아하는 음식이기 때문이었다. 처음에는 남자친구도 별 불만이 없어보였다. 비록 많이 먹지는 않았지만 그녀가 곱창을 먹자고 할 때마다 흔쾌히 그러자고 했고, 적극적으로 맛집을 찾아주기도 했기 때문이다.

그런데 언젠가부터 윤이 만나자고 할 때마다 남자친구는 이 핑계, 저 핑계를 대며 만남을 피했다. 윤은 무언가 문제가 생겼다고 느꼈고 남자친구를 불러 진지하게 이야기했다. 하지만 채 몇 마디도 나누기 전에 두 사람은 다투기 시작했다. 그러던 중 남자친구가 갑자기 이런 말을 했다.

"넌 네가 곱창을 좋아하니까 나도 좋아하는 줄 알지? 사실 난 안 좋아해. 아니, 싫어해. 네가 좋다니까 싫어도 참고 간 거야. 그런데 너는 내가 곱창을 먹는지 마는지, 신경도 안 쓰더라? 조금만 관심 갖고 봤으면 내가 곱창을 싫어한다는 것쯤은 금방 알았을 텐데 말이야. 너, 정말 나를 사랑하기는 하냐?"

윤은 순간 말문이 막혔다. 곱창을 끼적대기만 할 뿐 좀처럼 입에 넣지 않던 남자친구의 모습이 그제야 떠올랐다. 결국 그녀는 어쩔 수 없이 헤어지자는 남자친구의 말을 받아들였다.

윤이 남자친구의 마음을 잃은 가장 큰 이유는 무엇일까? 상대의 입장은 배려하지 않고 추기급인의 사고방식으로 대했기 때문이다. 물론 내가 좋아하는, 혹은 좋다고 생각하는 무언가를 상대에게 베푸는 것은 분명히 호의에서 비롯된 행동이다. 그러나 자신의 입장에서만 상대의 마음을 헤아려서는 곤란하다. 상대는 나와 생각이 다를 수 있기 때문이다.

그렇다면 어떻게 해야 상대에게 부담을 주지 않고 제대로 상대의 마음을 헤아릴 수 있을까? 무엇보다도 타인이 진짜 바라는 것이 무엇인지 파악하는 법을 배워야 한다. 다음의 사례를 통해 구체적으로 생각해 보자.

반희는 옷가게를 운영 중이다. 어느 날, 세련되게 차려입은 여성이 가게로 들어섰다. 그녀는 적극적으로 옷을 입어보았지만 이건 주름이 많네, 저건 너무 크네 하며 좀처럼 마음을 정하지 못했다. 다년간의 장사로 눈썰미가 다져진 반희는 진짜 문제가 무엇인지 곧 알아차렸다. 여성의 자세가 너무 구부정했던 것이다. 그러니 어떤 옷을 입어도 옷태가 나지 않을 수밖에 없었다. 잠시 후, 여성은 또 다른 옷을 입고 탈의실에서 나왔다. 반희는 한눈에 그녀가 그 옷을 매우 마음에 들어 한다는 것을 알아차리고 재빨리 다가가 이렇게 말했다.

"전에 입어보신 옷은 죄다 사이즈가 잘 안 맞아서 손님의 예쁜 몸매가 잘 드러나지 않았는데, 이 옷은 정말 딱 어울리네요. 어깨를 곧게 펴고 거울 앞에 서보시겠어요? 그러면 좀 더 잘 보실 수 있을 거예요."

여성은 반희의 조언대로 구부정한 허리와 어깨를 곧게 펴고 거울에 자신의 모습을 비춰보았다. 자세가 곧아지자 훨씬 보기도 좋고, 옷도 더 잘 어울렸다. 여성은 배시시 웃으며 말했다.

"그러네요. 이제야 어울리는 옷을 찾았어요."

그러더니 망설임 없이 그 옷을 샀다.

반희는 여성손님이 마지막에 입어본 옷을 특히나 마음에 들어한다는 사실을 간파하고, 적절한 조언을 건네서 상대를 자신이 원하는 방향으로 이끌었다.

내가 좋다고 해서 남도 좋다는 보장은 없다. 아무리 남을 위한 행동이라 해도 나로부터 시작하면 기대한 효과는커녕 오히려 상대의 반감을 살지도 모른다. 그래서 추기급인을 할 때는 반드시 상대의 입장에서 한 번 더 생각해보아야 한다. 사람은 누구나 시간과 장소에 따라 여러 가지 행동양식을 보인다. 이렇게 다양한 행동 뒤에 숨겨진 내면의 진짜 의도를 발견할 수 있어야 비로소 타인에게 영향력을 미치는 사람이 될 수 있다.

상대가 진정으로 원하고 필요로 하는 것이 무엇인지 간파하고 의중을 정확히 짚어내야만 비로소 상대의 호감을 얻을 수 있다는 사실을 잊지 말자.

반드시 벗어나야 할 '나만의 세계'

●

세상에는 내가 모르는 일면이 무수히 많다. 아무리 애쓴들 내가 볼 수 있는 것은 아주 일부분에 불과하다. 아래 이야기를 읽어보자.

좁은 산길에 트럭 한 대가 올라가고 있었다. 벌써 세 시간째 운전하고 있는 터라 트럭기사는 피곤하고 졸려 죽을 지경이었다. 그런데 잠시 후, 높은 오르막을 앞두고 있는데 맞은편에서 차 한 대가 내려오더니 운전자가 차창을 열고 손가락질을 하며 큰소리로 외쳤다.

"돼지, 돼지!"

트럭기사는 깜짝 놀라 잠이 확 달아날 정도였다. 뒤이어 화가 치밀었다. 아무 이유 없이 욕설을 들었는데 기분이 좋을 리 없었다. 그는 멀어져가는 차의 뒤에 대고 소리를 질렀다.

"네가 돼지다!"

그러고는 씩씩거리며 엑셀을 밟아 빠른 속도로 오르막을 올랐다. 그런데 정상을 넘어가는 순간, 그는 깜짝 놀라 브레이크를 잡았다. 정말로 돼지 한 무리가 길을 막고 있었던 것이다! 급히 브레이크를 잡기는 했지만 워낙 빨리 달렸던 탓에 그만 바퀴가 미끄러져 길 옆 배수로에 빠지고 말았다.

맞은편에서 온 운전기사는 언덕 너머에 돼지 떼가 길을 막고 있으니 조심하라고 경고해준 것이었다. 하지만 그가 호의로 한 경고는 아무 소용도 없었다. 트럭기사가 '돼지'라는 말을 너무나도 당연하게 욕설로 받아들였기 때문이다.

그는 왜 돼지라는 단어를 당연히 욕설로 생각했을까? 어쩌면 이 트럭기사는 과거에 '돼지'라는 욕을 들어보았는지도 모른다. 그 경험 탓에 그의 뇌 속 단어장에는 '돼지'라는 말이 욕설 카테고리에 포함되어 있을 가능성이 높다. 그래서 '돼지'라는 말을 듣자마자 '맞은편 운전자가 나를 욕한다'는 결론을 내렸고, 그에 따른 반응으로 '네가 돼지다'라고 외친 것이다. 결과적으로 돼지는 욕이라는 고정관념 탓에 그는 그만 위험을 피할 수 있는 기회를 놓치고 말았다. 만약 이런 고정관념에 잡혀있지만 않았어도 그는 '언덕 너머에 돼지 떼가 있다'라는 경고를 제대로 알아듣고 사고를 면할 수 있었을지도 모른다.

우리는 과거의 경험과 기억을 근거로 머릿속에 자신만의 세계를 구축한다. 그리고 대뇌에 들어오는 정보를 고정된 프로세스에 맞춰 처리하고 경험과 기억에 근거해 가설을 세운 뒤, 이 가설에 따라 반응한다. 간단히 말해서 스스로 가상의 세계를 하나 창조해놓고 각자 그 속에서 살아가는 것이다. 이것이 두뇌의 작동원리다. 평소 우리는 모든 문제를 자신의 세계 속에서, 자신만의 방식으로 처리한다. 바둑 고수가 셀 수 없이 많은 경우의 수를 계산하고 몇 수 앞까지 내다볼 수 있는 이유도 결국은 과거에 축적된 경험을 바탕으로 나름의 세계와 프로세스를 구축해놓았기 때문이다. 하지만 때로는 이런 프로세스가 위에 소개한 사례처럼 명백한 오류를 만들어내기도 한다.

개인적인 경험만 돌아보아도 우리 자신이 얼마나 많은 고정관념 속에 살아가는지 알 수 있다. 처음에는 당연히 이러할 것이라고 생각했던 일이 전혀 다르게 진행된다던가, 이런 사람일 것이라고 단정 지었던 누군가가 예상과 다른 모습을 보여준다던가 하는 사례가 얼마나 많은가. 그러니 때로 세상이 너무 암울하게 보이고 사는 게 답답할 때, 무조건 하늘만 원망하지 말고 먼저 나의 마음상태를 살피고 바꿔보자. 내가 만들어놓은 나만의 세상에서 벗어나면 어쩌면 전혀 다른, 조금은 밝고 조금은 살 만한 세상이 눈앞에 펼쳐질지도 모른다.

인생의 터널, 갱년기

●

여성은 폐경을 전후로 가슴이 두근거리고 열이 오르며 살이 찌거나 불면에 시달리는 등 각종 이상증상에 시달리는 경우가 많다. 갱년기에 접어든 것이다.

53세의 홍연은 최근 몇 년간 부쩍 짜증이 늘고 쉽게 흥분하는 등 감정기복이 심해졌다. 홍연은 단순히 업무 스트레스 때문이겠거니, 퇴직하고 푹 쉬면 나아지겠거니 생각하고 병원도 찾지 않았다. 그러다 마침내 퇴직을 했지만 기대와 달리 나아지기는커녕 다한증, 두통, 두근거림 등 다른 증상까지 더해졌다. 게다가 혈압도 높아지고 관절이 욱신거리며 살도 급격히 쪘다. 하지만 홍연을 가장 힘들게 한 증상은 불면증이었다. 처음에는 수면제 몇 알을 먹고 억지로 잠을 청했지만 최근 들어서는 약도 듣지 않았다. 그녀의 하소연에 친구들은 갱년기 증후군 같다며 병원에 가보라고 권했다. 홍연은 병원을 찾았고 실제로 갱년기 증후군이라는 진단을 받았다. 그녀를 괴롭힌 모든 증상이 다 갱년기 탓이었던 것이다.

갱년기 증후군은 왜 생길까? 폐경기에 접어들거나 폐경을 한 여성은 난소 기능이 점차 떨어지면서 호르몬 불균형을 겪는다. 호르몬 불균형이 자율신경계를 교란시켜 대사 이상을 야기하면서 위의 증상들이 나타나는 것이다. 갱년기 증상은 45세에서 55세 사이에 가장 흔하게 나타나며 폐경기에 접어든 이후부터 시작되어 폐경 후 2, 3년까지 지속되는 것으로 알려져 있다. 소수지만 10년 넘게 갱년기 증후군에 시달리는 사례도 존재한다. 가장 흔한 증상은 안면홍조, 다한증, 두통, 가슴 두근거림 등이며 혈압이 높아지거나 관절이 시리고 몸무게가 갑작스레 늘기도 한다.

짜증이 늘고 쉽게 화가 나며 변덕스러워지는 등 감정적 변화도 흔한 갱년기 증상의 하나다.

어떤 사람은 몸의 변화에 좀처럼 적응하지 못하고 다음과 같은 심리적 이상을 겪기도 한다.

심리적 이상 현상

• 우울

일부 여성은 갱년기 증상을 겪으면서 심한 우울감과 비관에 빠진다. 자신이 늙어간다는 사실을 실감하며 죽음에 대해 생각하고 상실감을 느끼기도 한다. 일부는 과거의 불쾌했던 사건을 떠올리며 자주 눈물을 흘린다.

• 불안, 초조

갱년기 여성 중 상당수가 심한 불안과 초조함을 호소한다. 또한 외부의 작은 자극에도 쉽게 동요되며 정서적, 정신적 고통을 겪는다.

• 예민함, 의심

어떤 여성은 하루 종일 걱정에 빠져 침울해하고, 밑도 끝도 없는 의심에 사로잡힌다. 별 것 아닌 일을 크게 부풀려 걱정하거나 다른 사람의 사소한 말 한마디와 행동에 과도한 의미를 부여해 오해하기도 한다. 이 때문에 인간관계에 문제가 생기거나 마음의 건강을 해치는 일도 빈번히 벌어진다.

• 성격 및 심리상태 변화

갱년기 증상이 심하면 성격마저 변한다. 말수가 줄거나 반대로 늘기도 하고, 원래 너그럽던 사람이 이기적이고 편협해지기도 한다. 쉽게 흥분하고 쉽게 상처받으며, 문제를 보는 시각과 처리하는 방법 등이 극단적으로 변하는 경우도 많다.

• **외부세계에 대한 흥미 상실**

삶의 의욕과 외부세계에 대한 흥미를 잃는다. 새로운 흥밋거리를 찾으려는 노력도 현저히 줄어든다.

갱년기는 여성이라면 누구나 필연적으로 거치는 단계지만 증상은 저마다 다르다. 증상이 가벼운 사람은 별다른 불편함을 느끼지 못하고 넘어가지만 어떤 사람은 일상생활이 힘들 정도로 고통 받으며, 더 심한 경우 아예 갱년기 질병을 겪기도 한다. 그렇기 때문에 갱년기 여성은 특별히 자기 자신을 돌보고 신경 쓸 필요가 있다. 또한 갱년기를 상세히 알고 이해함으로써 미리 마음의 준비를 해야 한다. 무엇보다도 자신이 중년에 접어들었다는 사실을 담담히 받아들이고 건강한 몸과 마음을 갖는 일을 가장 중요한 목표이자 기준으로 삼아야 한다. 또한 다양한 활동을 찾고 참여하면서 노년까지도 삶을 풍성하게 누릴 준비를 시작하는 것이 좋다.

변화하는 인생 역할에 적응하는 것 또한 갱년기 여성의 과제다. 자녀가 성인이 되어 가정을 꾸리거나 독립해서 나가고 난 뒤 갑작스런 공허함과 외로움에 시달리는 경우가 많은데, 이를 가리켜 '빈 둥지 증후군'이라고 한다. 빈 둥지 증후군에 갱년기까지 겹치면 정서적 불안이 극에 달할 수밖에 없다. 따라서 평소 어머니의 역할에만 자신을 매어두지 말고 다양한 역할(친구, 어머니, 학생, 동료 등)을 마련해두는 것이 중요하다. 단순히 부모 역할만이 아니라 여러 가지 사회적 관계와 역할을 스스로에게 부여해서 삶의 각 단계에 적응할 준비를 마쳐야 한다.

평소 독립성이 강하고 자신만의 취미와 흥미가 있는 여성은 갱년기를 비교적 수월하게 넘긴다고 알려져 있다. 따라서 일과 가정 외로 관심사를 넓히고 자신이 무엇을 좋아하는지, 무엇을 하고 싶은지 찾아가며 스스로의 인생을 즐거움으로 채워야 한다. 즉, 자신을 좀 더 돌보고 아끼라는 뜻이다.

유비무환이라는 말은 갱년기에도 적용된다. 미리 알고 준비한 사람은 좀 더 긍정적이고 적극적인 마음가짐으로 인생의 터널과 같은 시기를 맞이할 수 있다. 그러면 이 시기를 오히려 즐겁게 보내는 것도 불가능한 일은 아닐 것이다.

지금을 살아야 길을 잃지 않는다

지금을 산다는 것은 무엇일까? 생각해보자. 바쁜 생활에 매몰되어 지금을 잃은 채 살아가고 있지는 않은가? 혹은 과거를 그리워하고 연연해하며 미련 속에 살고 있지 않는가? 미래만 생각하느라 현재를 소홀하게 대하는 것은 아닌가? 어떻게 해야 지금을 살 수 있을까?

어떤 사람이 늦은 저녁에 강가로 산책을 나갔다. 무심코 나선 산책길이었지만 그가 만난 광경은 꿈처럼 아름다웠다. 휘영청 뜬 둥근달이 은은한 빛을 흩뿌리고, 강가의 버드나무는 이파리마다 달빛을 반사하며 각각이 반짝였다. 소리 없이 흐르는 강물 위로 은빛 물결이 몸을 뒤집는 풍경은 가히 환상적이었다. 감동에 휩싸인 그는 이 아름다운 순간을 사진으로 영원히 남기고 싶다는 생각에 카메라를 가지고 오기 위해 집 쪽으로 뛰어갔다. 하지만 얼마 안 가 우뚝 멈춰 섰다. 풍경에 또 다시 정신을 빼앗긴 것이다. 그는 버드나무 옆에 서서 달, 산, 강물과 호수에 비친 야경을 멍하니 바라보았다. 자신의 존재조차 그 풍경에 녹아드는 듯했다.

다음날 그는 카메라를 챙겨서 강가로 갔다. 어제와 같은 풍경을 또 볼 수 있기를 기대하며 일부러 비슷한 시간대를 골라 나갔다. 이날의 달도 어제만큼 둥글었다. 그러나 달빛 아래 드러난 풍경은 사뭇 달랐다. 아름답기는 했지만 어제와 같은 정취는 없었다. 그는 순간 실망했지만 곧 마음을 가라앉히고 눈앞에 펼쳐진 모든 것을 가만히 바라봤다. 그러자 어제와는 다르지만 여전히 마음을 홀리는 무언가가 그곳에 있음을 깨달았다.

과거의 경험에만 집착하는 사람은 오늘을, 이 순간을 살 수가 없으며 단순하고 순수한 기쁨도 누리지 못한다. 이런 단순한 기쁨은 나이가 들수록 더욱 얻기 어렵다. 그래서 우리는 기쁨을 느낄 때마다 그것을 붙잡아두려 하고 미래에도 똑같은 기쁨을 또 느낄 수 있기를 갈망한다. 기쁨이 클수록 이러한 갈망 역시 커진다. 문제는 이런 갈망이 마음에 한 겹, 두 겹 쌓이면 정작 지금 당장 눈앞에 펼쳐진 기쁨을 보지 못하고 놓치게 된다는 점이다.

기쁨에는 여러 종류가 있다. 그중 하나에만 집착하면 다른 기쁨은 발견할 도리가 없다. 이미 과거의 것이 되어버린 허무한 기쁨과 감정을 쫓으면 현실과 괴리되어 자기 머릿속에 만들어놓은 세계에서만 살게 된다. 그 세계에는 진짜 기쁨이 없다. 현실을 살지 못하는 사람은 결국 길을 잃고, 종국에는 자기 자신마저 잃게 된다.

지금을 살지 못하는 가장 흔한 이유는 목표에 잠식되기 때문이다. 목표를 세우기만 하면, 그것도 높은 목표를 세우기만 하면 자연히 삶의 의욕과 동기가 강해질 것이라고 믿는 사람이 많다. 그러나 목표에 몰입하다 보면 지금을 소홀히 하고 당장의 일을 제대로 하지 못하는 오류에 빠지게 된다.

무언가 잘못되었다고 느꼈을 때는 이미 늦었다. 그러니 지나간 과거에 얽매이지도, 불확실한 미래에 기대를 걸지도 말라. 내가 실제로 붙잡고 느낄 수 있는 것은 현재뿐이다. 지금을 살며, 당장의 일을 제대로 해내야 한다. 그래야 인생에서 길을 잃지 않을 수 있다.

일상생활 속 숨겨진
불가사의한 비밀 파헤치기

06

남자와 여자,

그 알 수 없는 세계

아기의 성별은 무엇으로 결정될까?

아기의 성별은 무엇으로 결정될까? 대표적인 요소는 염색체와 유전자다.

성별 결정과 관련된 여러 진화생물학 이론 중 트리버스-윌라드 가설이 있다. 사회적 지위가 높고 부유할수록 아들을 많이 낳고, 사회적 지위와 재산 소유 정도가 낮을수록 딸을 더 많이 낳는다는 가설이다. 이 가설의 근거는 통상적으로 자녀가 부모의 재산과 사회적 지위를 물려받는다는 데 있다. 즉 부유한 집의 아들은 부모와 마찬가지로 자신도 부자일 가능성이 높은데, 진화론적 역사에서 봤을 때 부유한 남성은 남보다 더 많은 아내와 연인을 가질 수 있으며 후대를 더 많이 남길 확률도 자연히 높다(여성은 아무리 부유해도 생리적 한계 탓에 남성만큼 많은 후손을 남기지는 못한다). 반대로 가난한 집의 아들은 '번식 경쟁'에서 철저히 배제될 수 있다. 그와 결혼하려는 여성이 많지 않기 때문이다. 하지만 경제력이 부족해도 딸은 젊고 아름답기만 하면 아들보다 결혼하기가 쉽다. 그래서 경제 환경에 따라 부유하면 아들을, 가난하면 딸을 선호한다는 것이다.

이 가설을 뒷받침하는 사례는 의외로 찾기 어렵지 않다. 미국의 대통령, 부통령을 비롯한 내각 구성원의 자녀 비율을 살펴보면 아들이 딸보다 많지만 동아프리카의 빈곤한 유목민은 딸을 낳는 비율이 아들보다 훨씬 높다. 미국과 독일의 경우 일반 서민층은 딸이 많은 데 비해 엘리트 계층은 아들이 더 많았으며 46개국을 조사한 결과에 따르면 자녀를 한 명만 가질 수 있을 때 부유한 사람은 아들을, 가난한 사람은 딸을 원하는 것으로 나타났다. 물론 예외도 존재하지만 다수의 증거가 트리버스-윌라드 가설에 힘을 실어준다.

그런가 하면 부모가 가진 유전적 특질이 남아에게 적합하면 아들을, 여아에게 적합하면 딸을 낳는다는 이론도 있다. 유전적 특질의 대표적인 예가 바로 대뇌유형이다. 사람의 뇌는 남성형과 여성형으로 나뉘는데 남성형 두뇌는 분석적, 논리적, 과업지향적이고 여성형 두뇌는 공감을 잘하며 종합적, 관계지향적이다. 이 가설에서는 남성형 두뇌를 가진 사람은 엔지니어나 수학자, 과학자가 될 공산이 크며 아들을 낳을 확률이 높다고 추정한다. 그에 비해 여성형 두뇌를 가진 사람은 간호사나 사회복지사, 선생님이 될 가능성이 크며 높은 확률로 딸을 낳을 것이라고 본다.

케임브리지대학교의 한 심리연구팀은 신생아를 대상으로 한 가지 실험을 진행했다. 태어난 지 만 하루가 지난 영아 102명(남아는 44명, 여아는 58명이었으나 연구원은 실험이 끝날 때까지 아이의 성별을 알지 못했다)에게 여성의 얼굴 사진과 자동차 사진을 보여주고, 어떤 사진을 더욱 집중해서 보는지 관찰한 것이다. 실험 결과, 남아는 대부분 자동차 사진을 집중해서 봤고 여아는 반대로 대다수가 여성의 얼굴 사진을 훨씬 좋아했다.

일반적으로 남아와 남자는 기계, 자동차 등의 사물에 관심을 보이며 여아와 여성은 인간관계에 더 큰 흥미를 느끼는 것으로 알려져 있다. 그런데 이러한 성별 차이가 오로지 젠더 사회화의 결과라고 한다면 태어난 지 하루밖에 되지 않은 신생아가 성별에 따른 차이를 나타내는 이유를 설명할 도리가 없다. 설마 태어난 지 하루밖에 되지 않은 아기가 벌써 사회화 과정을 거쳤을 리는 없지 않은가. 이처럼 남녀의 차이에 관해서는 아직도 밝혀지지 않은 비밀이 무궁무진하다.

긴 머리 여성이 더 매력적인 이유

많은 남성이 폭포수처럼 풍성하고 긴 머리칼을 가진 여성에게 끌린다. 아름다운 머리칼은 여성의 상징이자 매력 포인트다. 그런데 남자는 대체 왜 머리가 긴 여성을 선호할까?

아기는 어머니의 뱃속에서 열 달을 지내며 태어난 후에도 최소 몇 년간은 어머니의 보살핌을 받아야 한다. 그런 의미에서 어머니의 건강은 아기의 생존 및 건강한 성장에 결정적인 요소라고 볼 수 있다. 특히나 과거에는 병약하고 허약한 여성이 어머니 역할을 제대로 수행하지 못할 위험이 컸다. 신체적으로 아이를 임신하고 출산하고 양육하는 과정을 끝까지 버티기 힘들기 때문이다. 따라서 남성은 자연히 건강한 여성이 자기 아이의 어머니가 되기를 바라게 됐다.

그렇다면 자신의 잠재적 배우자가 건강한지 아닌지를 어떻게 알 수 있을까? 지금이야 건강상태를 검증할 방법이 많지만 고대에는 과학적 진단법이 없었기에 겉모습을 보고 스스로 판단할 수밖에 없었는데, 그중 가장 쉽게 건강 상태를 가늠할 수 있는 척도가 바로 머리카락이었다. 머리카락에는 신체의 영양 및 건강 상태가 반영되어있기 때문이다. 건강한 사람은 머리칼이 풍성하고 윤기가 흐르지만 허약한 사람은 푸석푸석하고 잘 끊어진다. 그래서 고대에는 길고 풍성하며 빛나는 머리칼을 가진 여성일수록 신체가 튼튼하고 '생산능력'도 비교적 강하다고 판단했다.

머리카락이 자라는 속도는 나이와 계절의 영향을 받는다. 머리카락이 가장 왕성히 자라는 시기는 15세에서 30세까지며, 겨울보다는 여름에 더 빨리 자란다. 몸에 병이 생기거나 정신적으로 심한 스트레스를 받으면 모발 상태도 달라진다. 머리카락은 일 년에 평균 15센티미터 가량 자라는데, 그렇기 때문에 건강한 머리카락이 어깨까지(약 60센티미터) 자랐다는 것은 과거 4년간 건강 상태가 양호했다는 것을 의미한다. 또한 지금은 건강하더라도 머리카락을 보면 과거에 병을 앓았는지 알 수 있다.

요즘에야 나이 들어도 머리카락을 건강하게 유지하는 사람이 많지만 과거에는 나이가 들면서 윤기를 잃어가는 머리카락을 관리할 수 있는 방법이 없었다. 그래서 중년에 접어들면 머리칼을 짧게 자르는 여성이 많았다. 이를 다르게 생각하면 길고 빛나는 머리카락은 그 자체로 젊음과 건강의 상징이었던 셈이다. 그래서 심리학자들은 고대 벽화에 묘사된, 긴 머리 여성이 영웅에게 사랑받는 장면에 주목했다. 이를 통해 과거에는 길고 풍성한 머리칼을 성적 매력으로 여겼다는 점을 확인할 수 있기 때문이다. 그래서 한 남녀관계 전문가는 여성이 머리카락을 짧게 자르는 것은 침실에서의 '주권'을 되찾겠다는 선포라고 말한다.

"여성의 머리카락에는 감정과 자아의식이 반영되어있습니다. 일반적으로 짧은 머리의 여성은 진취적이며 독립심과 자아의식이 강하다고 인식되지요. 그에 비해 긴 머리의 여성은 부드럽고 친절하다는 이미지가 있습니다. 남성은 여성이 일부러 자신을 강하게 보이려고 머리를 자른다고 생각하기 때문에 짧은 머리에 거부감을 느끼기도 합니다."

짧은 머리보다 긴 머리 여성에게 끌리는 남성이 많은 이유가 바로 여기에 있다. 실제로 영국에서 남성 5,214명을 대상으로 조사해보니 무려 74퍼센트가 긴 머리 여성에게 매력을 느낀다고 대답했다. 짧은 머리가 매력적이라고 한 사람은 12퍼센트, 나머지는 별 차이가 없다고 답했다. 그래서일까? 업무적으로 남성과 협력하거나 힘겨루기를 해야 하는 여성은 머리카락을 짧게 자르는 경향이 강하다. 성적 대상으로 보이는 것 자체가 부담스럽기 때문이다.

긴 머리는 긴 머리대로, 짧은 머리는 짧은 머리대로 멋이 있지만 인류의 역사와 유전자에 새겨진 본능을 감안하면 길고 풍성한 머리칼을 휘날리는 여성에게 남성이 끌리는 것은 어쩔 수 없는 일일지도 모른다.

07

거짓말과 소문,

우리를 흔드는 말들

거짓말에 관한 진실

●

사람들은 어려서부터 거짓말을 하지 말라고 배우며, 거짓말은 타인을 기만하는 행위이자 예의 없는 행동이라고 배운다. 또 스스로도 그렇게 생각한다. 그럼에도 여전히 많은 이가 일상적으로 거짓말을 한다. 우리는 대체 왜 거짓말을 하는 것일까?

이유는 간단하다. 거짓말을 할 수 있는 능력을 타고나기 때문이다. 거짓말을 할 수 있다는 것은 곧 자아의식이 있다는 의미다. 자아의식과 거짓말을 할 수 있는 능력은 함께 발전한다. 그래서 사람은 본능적으로 거짓말을 하며, 심지어 자신을 위해 다른 사람에게 거짓말을 하도록 시키기도 한다.

행동주의 심리학자 스키너B. F. Skinner 박사는 거짓말 또한 인생에서 필수적인 요소라고 주장했다. 그는 특히 선의의 거짓말을 개인이 자존감을 유지하고 일상에서 겪는 걱정과 두려움을 완화시키는 수단으로 보았다. 심리학적인 관점에서 보면 거짓말이 반드시 부정적인 것만은 아닌 셈이다.

어느 대학의 대학교수가 과제를 기한까지 제출하지 않은 학생이 무려 3분의 2에 달한다는 사실을 알고 화가 났다. 그는 다음 수업 시간에 강단에 오르자마자 학생들을 질책했다.

“여러분에게 정말 실망했습니다. 과제를 제출하지 않은 사람이 왜 이렇게 많죠? 대체 어떻게 된 겁니까?”

강의실의 분위기가 무겁게 가라앉았다. 잠시 후, 한 학생이 용기를 낸 듯 손을 들고 말했다.

“죄송합니다. 심한 감기에 걸리는 바람에…….”

그러자 기다렸다는 듯이 여기저기서 변명이 쏟아져 나왔다.

“교수님, 집에 일이 생겨서 본가에 다녀오느라 과제를 못했습니다.”

“저는 컴퓨터가 고장 나서…….” “할아버지가 위독하셔서…….”

교수는 학생들을 제지하지 않고 전부 귀 기울여 들었다. 그런 뒤 흥미롭다는 듯 웃으며 말했다.

“다들 각자 사연이 있었네요. 컴퓨터도 고장 나고, 감기에 걸리고, 심지어 가족까지 돌아가셨다니!”

결국은 못미더운 핑계를 댄 학생까지도 원하던 대로 과제 제출 기한을 연장 받았다. 교수 입장에서는 학생들의 변명이 거짓이라는 확실한 증거가 없었기 때문이다.

사실 학생들은 자신이 기한 내에 과제를 제출하지 않은 탓에 교수가 화가 났다는 것을 잘 알고 있었다. 그리고 이런 상황에서는 거짓말을 해서라도 해명하는 것이 교수에 대한 기본적인 예의라고 생각했다. 자신뿐만 아니라 상대의 체면을 위해서도 거짓말을 한 셈이다.

“거짓말은 인간의 사교활동을 더욱 원활하게 돌아가도록 해준다.”

스키너 박사의 말이다. 그렇다. 우리는 언어를 사용하고 타인의 눈치를 살필 수 있게 되는 순간부터 자신의 의도를 숨기고 비위 맞추며 아첨하는 법을 본능적으로 깨닫는 동시에 거짓말도 할 수 있게 된다. 또한 진실이 오히려 상처가 될 때에는 차라리 선의의 거짓말을 하는 편이 인간관계를 순조롭게 유지하는 비결임을 몸소 깨달아간다.

그러나 선의의 거짓말도 때로는 부정적 결과를 낳는다. 일례로 부모는 어린 자녀에게 무조건적인 사랑의 발로로 사실 여하와 상관없이 '넌 똑똑하고 예쁜 아이'라는 칭찬을 할 수 있다. 그리고 아이는 부모의 이런 '선한 거짓말'을 철석같이 믿고 자란다. 언제까지? 인생의 어느 순간에 진실한 자기 자신의 모습을 발견할 때까지! 부모가 해준 선의의 거짓말에 눈이 가려져 있다가 냉혹한 현실에 얻어맞고 진짜 자신과 마주하는 일은 고통스럽지만, 어쨌든 다들 성장통을 겪고 성숙해지기 마련이다. 문제는 잘 짜인 선의의 거짓말에서 벗어나지 못하고 오랫동안 그 속에 머무른 경우다.

한 TV 경연프로그램에 젊은 여성이 참가해서 자신이 가장 좋아하는 가수의 노래를 불렀다. 노래 솜씨는 그저 그랬고, 당연히 불합격했다. 심사위원들은 그녀를 위하는 마음으로 냉정한 평가를 내렸다.

"참가자분은 노래와 맞지 않는 것 같아요."

"전문학교를 다녀보는 건 어때요? 기술을 배우는 게 낫겠어요."

"연예계 쪽은 포기하세요. 끼가 보이지 않네요."

차갑고 냉혹한 평에 그녀는 울면서 무대를 내려갔다. 가족들은 그런 그녀를 이렇게 위로했다.

"심사위원들이 잘못 본 거야. 더 큰 대회에 나가자. 너의 진가를 제대로 알아봐줄 수 있는, 실력 있는 심사위원이 있는 진짜 대회 말이야."

결국 그녀는 아무런 교훈도 얻지 못하고 오히려 규모가 더 큰 대회에 참가했다. 결과는 예선 탈락. 연이은 실패에 그녀는 자신감을 잃고 크게 위축됐다.

이 이야기 속 여성은 어찌 보면 무고한 피해자다. 그녀는 평생 부모에게서 수많은 선의의 거짓말을 들으며 자신이 진짜로 아름답고 다재다능하다고 믿게 되었다. 하지만 현실적으로 그녀는 특출하게 아름답지도, 재능이 뛰어나지도 않았다. 만약 부모와 가족이 그녀에게 사실과 동떨어진 칭찬과 격려를 해주지 않았다면, 다시 말해 그녀의 허영심을 만족시켜주기 위한 선의의 거짓말을 하지 않았다면 그녀는 이런 좌절을 겪지 않았을지도 모른다.

거짓말은 무조건 나쁘지만도, 무조건 좋지만도 않다. 또 아무리 결심한들 거짓말을 전혀 하지 않고 살 수도 없다. 때와 상황에 따라 거짓말이 인간관계를 부드럽게 만들어주는 윤활유가 될 수도, 인간관계를 망치는 독이 될 수도 있다는 점을 기억하고 적절히 활용할 수 있어야 할 것이다.

거짓말은 본능일까?

●

많은 부모가 태연하게 거짓말을 하는 아이 때문에 고민한다. 분명히 거짓말은 나쁜 것이며 거짓말하면 안 된다고 가르쳤는데 아이들은 왜 이리 쉽게 거짓말을 할까? 거짓말은 정말 인간의 본능인 것일까?

한 조사에 따르면 아이는 성인만큼이나 거짓말을 많이 한다고 한다. 사교성 거짓말을 비롯해 잔인한 거짓말, 선의의 거짓말, 예쁨을 받기 위한 거짓말, 벌을 피하기 위해 사실을 숨기는 은폐성 거짓말에 심지어 이익을 얻기 위한 음모성 거짓말까지 종류도 다양하다. 부모가 아무리 엄격히 가르친다한들, 언젠가는 자신의 자녀에게서 거짓말을 들을 수밖에 없는 것이 현실이자 사실이다.

아이는 왜 거짓말을 하는 것일까? 이를 설명하기 위한 심리이론이 바로 '마음 이론theory of mind'이다. 아주 어린 아이들은 자기중심성이 강하기 때문에 타인의 생각이 자신과 다를 수 있다는 사실을 알지 못한다. 그러다 성장하면서 점차 사람마다 생각이 제각각이라는 사실을 깨닫게 되고 타인을 자신이 원하는 방향으로 이끌기 위한 수단을 강구하게 되는데, 그 수단 중 하나가 바로 거짓말이다. 이런 의미에서 보면 거짓말은 인간의 천성이라고 할 수 있다.

미국의 한 연구팀이 만 3세 아동 한 무리를 장난감으로 가득 찬 방에 들여보냈다. 선생님으로 가장한 연구원은 아이들에게 장난감을 만지지 말고 기다리라고 한 뒤 방을 나갔다. 물론 방 안의 상황은 전부 녹화되고 있었다. 5분 뒤, 연구원이 돌아와 아이들에게 장난감을 만졌느냐고 물었을 때 그렇다고 대답한 아이는 38퍼센트였다. 실제로 장난감을 만진 아이는 90퍼센트였으니 절반 이상이 거짓말을 한 셈이다.

다른 연령대의 아동을 대상으로 한 실험에서는 연령이 높을수록 거짓말을 할 확률이 더 높아진다는 결과가 나왔다. 실제로 위의 실험을 만 5세 아동을 대상으로 진행했을 때는 장난감을 만졌다고 솔직히 대답한 아이가 단 한 명도 없었다.

영국의 포츠머스대학교 심리학부 알데르트 브리지Aldert Vrij 교수는 모든 아이가 거짓말쟁이가 될 가능성을 타고난다고 주장한다. 거짓말을 할 수 있는 능력은 만 3세쯤부터 언어능력과 함께 발달한다는 것이다. 예를 들어 이 나이대의 아이는 벌써 부모가 준 선물이 마음에 들지 않아도 열렬히 기뻐하는 반응을 보일 줄 안다. 일종의 선의의 거짓말을 하는 셈이다.

그렇다면 거짓말을 많이 하고 적게 하고의 차이는 어디서 비롯될까? 심리학자는 그 원인을 부모에게서 찾는다. 자식을 원하는 대로 행동하게 만들기 위해 무심코 사용하는 말들이 아이를 거짓말쟁이로 만든다는 것이다. 아이가 잘못하거나 원치 않는 행동을 할 때, 부모는 아이에게 온갖 '위협'을 가한다. 앞으로는 너와 말하지 않겠다느니, 함께 놀아주지 않겠다느니, 심지어 굶기겠다는 협박도 서슴지 않는다. 물론 진심은 아니다. 단지 아이를 '가르치기 위해', 혹은 원하는 방향으로 '이끌기 위해' 그런 말을 할 뿐이다. 그런데 처음에는 진짜인 줄 알고 따르던 아이도 어느 순간 부모가 한 말을 전부 지키지는 않는다는 사실을 깨닫는다. 부모의 의도와 상관없이 부모가 거짓말을 했다고 받아들이는 것이다. 그리고 아이는 생각한다. 엄마아빠가 거짓말을 한다면 나 역시 거짓말을 해도 괜찮지 않을까?

그렇다고 자신의 '협박'을 거짓말이 아닌 것으로 만들기 위해 무조건 아이를 벌할 수만도 없다. 나중에는 아이가 혼나지 않기 위해 거짓말을 할 수도 있기 때문이다. 여기, 두 살배기 아이가 있다. 엄마는 아이에게 사탕을 먹지 말라고 했지만 아이는 참지 못하고 먹었다. 그리고 나중에 엄마가 사탕을 먹었냐고 물었을 때 먹었다고 솔직하게 대답했다. 그러자 엄마는 화를 내며 아이를 혼냈다. 이런 일이 계속 반복된다면 어떻게 될까? 아이는 솔직히 대답하면 혼난다는 인식을 갖게 될 것이고, 결국 벌을 피하기 위해 거짓말을 할 것이다. 물론 아이의 거짓말은 금세 들통나기 마련이다. 그런데 이번에는 거짓말을 했다고 또 혼이 난다.

"거짓말하는 건 아주 나쁜 행동이야. 다음에 또 거짓말을 하면 벌 받을 줄 알아!"

아이는 혼란스럽다. 솔직히 잘못을 고하면 잘못했다고 혼이 나고, 거짓말을 하면 거짓말했다고 또 혼이 난다. 잘못하지 않으면 좋겠지만 아이에게는 이 또한 쉬운 일이 아니다. 그럼 대체 어떻게 해야 할까? 혼란스러워하던 아이들은 이내 부모가 자신이 한 일을 전부 알아차릴 수는 없다는 사실을 깨닫는다. 거짓말만 잘하면 잘못한 일도, 거짓말도 들키지 않고 무사히 넘어갈 수 있는 셈이다. 이 사실을 깨달은 아이는 잘못을 해도 부모에게 발각되지만 않았다면 일단 거짓말부터 한다. 물론 잘못을 들켰다면 거짓말하지 않고 솔직히 인정한다. 잘못을 들킨 마당에 거짓말까지 하면 더 크게 혼나기 때문이다. 이런 심리는 아이의 성격 형성에도 직접적인 영향을 줄 수 있다.

거짓말쟁이의 말버릇

●

사람들이 평소에 얼마나 많은 거짓말을 하는지 알면 아마도 깜짝 놀랄 것이다. 한 사람이 하루 평균 최소 25번 이상 거짓말을 한다는 통계도 있다. 물론 거짓말이라고 다 같은 거짓말은 아니다. 선의의 거짓말은 상대를 존중하고 배려하는 데서 비롯되기에 사람들은 거짓말을 하면서도 그다지 양심의 가책을 느끼지 않는다. 그러나 남에게 피해를 줄 수 있는 거짓말을 의도적으로 할 때는 아무래도 양심이 찔릴 수밖에 없다. 그래서일까? 이런 거짓말을 할 때 사람들은 자신의 존재를 드러낼 수 있는 정보를 무의식적으로 숨기려고 한다.

"거짓말하는 사람은 자신도 모르게 심리적 불편함을 느낀다. 그래서 본능적으로 거짓말에 자신이 드러나지 않게 하려고 한다."

영국 하트퍼드셔대학교의 리처드 와이즈먼Richard Wiseman 교수의 말이다. 예를 들어 당신이 친구에게 어제 모임에 왜 오지 않았느냐고 물었을 때, 친구가 차가 고장 났다는 이유를 댔다고 해보자. 만약 '내 차가 고장 났다'가 아니라 그냥 '차가 고장 났다'고 말했다면 거짓일 가능성이 있다. 거짓말을 한다는 불편함에 무의식적으로 '나'라는 말을 제외했을 수 있기 때문이다.

캐나다의 과학탐구 프로그램인 데일리플래닛에서 이를 뒷받침하는 관찰 실험을 한 적이 있다. 실험의 주인공은 할리우드 영화배우인 레슬리 닐슨Leslie Nielsen, 프로그램 진행자는 제이 잉그램Jay Ingram이었다. 실험을 위해 잉그램은 닐슨을 대상으로 똑같은 인터뷰를 두 차례 진행했다.

첫 번째 인터뷰에서는 이런 대화가 오갔다.

잉그램 : 어떤 음식을 제일 좋아하십니까?

닐슨 : 제가 가장 좋아하는 음식이라, 뭘까요? 종류는 상관없는 거죠? 어려운 질문이네요. 사실 그때그때 달라져서 말이죠. 음……, 그래요. 저는 케첩을 제일 좋아합니다.

잉그램 : 케첩이요? 케첩을 왜 좋아하시나요?

닐슨 : 저도 잘 모르겠어요. 제 생각에 전 어떤 음식에도 케첩을 뿌려 먹을 수 있는 사람입니다. 남들이 이상하게 볼 수 있지만 어쨌든 저는 그만큼 케첩을 좋아합니다. 생각해보면 어릴 때 생긴 습관 같아요. 어린 제가 어머니한테 '엄마, 잼 바른 빵 주세요!'라고 했을 때 어머니가 이렇게 대답하셨던 게 기억나는군요. '저런, 잼이 다 떨어졌구나. 아무것도 없네. 대신 다른 걸 주마.' 그런 뒤 어머니는 빵에 버터를 바르고 그 위에 케첩을 잔뜩 뿌려주셨습니다. 그리고 그걸 한입 먹는 순간, 전 홀딱 반해

버리고 말았죠. 요즘도 전 혼자 집에 있을 때 출출하다 싶으면 바로 냉장고로 달려가 빵과 버터, 케첩을 꺼냅니다. 빵에 버터를 한 겹 바르고, 케첩을 두텁게 올려서 먹죠. 그러면 기분이 꽤 좋아진답니다.

두 번째 인터뷰는 첫 번째 인터뷰와 상당한 시간 격차를 두고 진행됐다. 잉그램은 닐슨에게 똑같은 질문을 던졌다.

잉그램 : 어떤 음식을 제일 좋아하십니까?

닐슨 : 생각해 봅시다. 요즘 새롭게 좋아하는 음식들이 좀 생겨서 말이죠. 가장 먼저 떠오르는 걸 골라야겠네요. 흠……. 사워크림이요. 마요네즈와 섞어서 아보카도 샐러드드레싱을 만들면 별미더라고요. 원래는 먹어볼 생각도 하지 않았습니다. 어릴 때 어머니가 가끔 마요네즈 바른 가지샌드위치를 만들어 드셨는데 정말 맛없어보였거든요. 마요네즈가 별로였어요. 그런데 사워크림이 꼭 마요네즈처럼 생겼더라고요. 그래서 안 먹다가 최근에 먹기 시작했습니다. 맛이 독특하더군요. 게다가 지방 함량이 낮은 걸 선택할 수도 있고 말이죠. 아주 좋아요. 사실 요새 체중 관리에 신경 쓰고 있거든요. 저한테는 새로운 맛이었지만 금방 빠져들었달까요.

같은 질문이었지만 닐슨의 대답은 전혀 달랐다. 그런데 잘 살펴보면 첫 번째 인터뷰에서는 자신을 반복적으로 드러냈지만 두 번째 인터뷰에서는 자신을 거의 드러내지 않은 것을 알 수 있다. 세심한 독자라면 닐슨이 사워크림을 좋아하지 않으며, 케첩을 가장 좋아한다는 사실을 눈치챘을 것이다. 왜냐하면 케첩에 대한 이야기를 할 때 계속해서 '나'를 강조한 반면, 사워크림 이야기를 할 때는 '나'를 거의 쓰지 않기 때문이다. 즉 거짓말을 할 때는 무의식적으로 자신을 감춘다는 해석이 가능하다.

만약 상대가 자기 이야기를 하면서도 자꾸 '나'라는 말을 반복적으로 생략한다면 거짓말이 아닌지 의심해보아도 좋다. 또한 사람들은 거짓말을 할 때는 다른 사람의 실명을 잘 언급하지 않는 경향이 있으니 이 점도 기억해두자.

그밖에 말하는 내용이 상세하면 거짓말일 확률이 낮지만, 반대로 단순하면 거짓말일 확률이 높다. 위에 소개한 닐슨의 인터뷰를 보자. 닐슨은 케첩과 관련된 경험을 매우 자세히 설명하면서 자신의 감정을 여러 번 언급했다. '홀딱 반해버리고 말았다'던가 '기분이 꽤 좋아진다'는 식으로 말이다. 그에 비해 사워크림을 좋아한다는 거짓말을 할 때는 맛이 독특하다, 지방함량이 낮다 등 일반적이고 피상적인 표현을 썼다. 자신의 감정을 말한 것은 인터뷰 말미에 '새로운 맛이지만 금방 빠져들었다'는 말뿐이다.

이처럼 사람들이 거짓말을 할 때 자신도 모르게 보이는 특징과 신호를 알면 상대의 진짜 속내와 생각을 좀 더 쉽게 파악할 수 있다.

소문에 대처하는 법

●

소문은 믿음을 먹고 자란다는 말이 있다. 많은 사람이 '그럴 법하다'라고 생각할수록 소문은 진실 여하와 상관없이 힘을 얻는다. 그리고 그렇게 생겨난 소문은 종종 우리를 곤경에 밀어 넣는다.

공자의 제자 증자(曾子)는 소문난 효자였다. 어느 날 그는 제나라에 다녀오겠다며 어머니에게 인사를 올렸다. 어머니 역시 그의 앞길을 축복하며 말했다.

"부디 그 나라의 모든 법과 제도를 하나도 어기지 말고 잘 지내다가 무사히 돌아오너라."

그런데 얼마 지나지 않아 증자와 동명이인인 제나라 사람이 살인죄로 관아에 잡혀 들어갔다. 풍문을 들은 한 동문사제는 증자가 죄를 지은 것으로 오해하고 황급히 그의 어머니에게 달려갔다.

"큰일 났습니다. 증자가 제나라에서 사람을 죽였데요!"

증자의 어머니는 차분히 고개를 저었다.

"그럴 리가 없어요. 우리 아들은 그런 짓을 할 아이가 아닙니다."

동문사제가 돌아가고 어머니는 하던 대로 차분히 베를 짰다. 잠시 후, 이웃이 달려와 말했다.

"증자가 큰 사고를 쳤답디다. 제나라에서 사람을 죽여 잡혀갔다고요!"

어머니는 내심 당황했지만 일부러 더 침착하게 대답했다.

"다 헛소문이에요. 증자가 그랬을 리 없습니다. 걱정 마세요."

그런데 그 이웃이 채 대문을 나서기도 전에 다른 사람이 들어와 외쳤다.

"증자가 사람을 죽였답니다. 관아에서 살인자의 어머니를 잡으러 온데요. 어르신, 어서 숨으세요!"

드디어 어머니도 불안해지기 시작했다.

'세 사람이나 저렇게 말한다는 건 동네사람 대부분이 그렇게 알고 있다는 게야. 동네사람 모두가 그렇게 알고 있다는 건……, 증자가 정말로 사람을 죽였을지도 모른다는 거지. 그러면 정말 큰일인데……!'

생각하면 할수록 점점 두렵고 무서워졌다. 결국 그녀는 손에 들고 있던 베틀북을 던지고 다급히 일어나서는 이웃사람의 도움을 받아 담을 넘어 도망쳤다.

'세 사람이면 없던 호랑이도 만든다'라는 말이 있다. 위 이야기가 딱 그런 상황이다. 처음에 증자의 어머니는 아들이 절대 사람을 죽일 리 없다고 굳게 믿었기에 소문에 귀 기울이지 않았다. 그러나 세 사람에게 연달아 같은 말을 듣자 자신도 모르게 흔들렸고, 마침내 소문을 믿고 놀라 도망치는 지경에 이르렀다. 모두 심리적 암시에 넘어간 탓이다.

축적된 심리적 암시는 한 사람의 신념을 뒤집어놓을 만큼 엄청난 위력을 발휘한다. 일반적으로 어른보다는 아이가, 남성보다는 여성이 암시의 영향을 쉽게 받는다. 또한 피로나 최면 등에 빠져있을 때가 정신이 맑을 때보다 암시에 걸리기 쉽다.

소문 자체는 두려워할 것이 없다. 정말 두려워할 것은 소문에 휩쓸려 객관성과 냉정함을 잃는 것이다. 역으로 보면 소문을 처리하는 가장 확실한 방법으로 '냉정한 사고'만한 것이 없다. 혹 소문에 휘말렸더라도 상심하거나 실망, 분노에 사로잡히지 말고 차갑고 냉정한 머리를 유지하자. 그래야 실체 없는 소문에 더 큰 피해를 입지 않을 수 있다.

표정과 몸짓에서 드러나는 거짓말의 징후

●

사람들은 다양한 이유와 목적으로 거짓말을 한다. 의도적으로 하는 거짓말도 있고, 어쩔 수 없이 하는 거짓말도 있다. 어떤 사람은 거짓말을 할 때 말투와 표정에서 금방 티가 나지만 어떤 사람은 안색 하나 변하지 않고 태연하다. 그렇다면 어떻게 해야 거짓말을 알아볼 수 있을까?

심리학자는 웃는 얼굴에서 거짓말을 분간해낼 수 있다고 말한다. 특히 입가를 보면 상대의 의도를 읽어낼 수 있다. 사람들은 자신의 진짜 표정을 숨기기 위해 여러 가지 표정을 이용하는데, 그중에서도 가장 많이 쓰이는 표정이 바로 웃음이다. 진심에서 우러나오는 미소는 온 얼굴이 밝아지지만 억지로 만들어내는 웃음은 입매가 딱딱하고 눈과 이마가 자연스럽게 움직이지 않는다. 이처럼 온 얼굴이 함께 움직이지 않는 웃음은 거짓의 신호라고 볼 수 있다. 특히 사람은 다른 '위장용' 표정이 실패했다고 느낄 때, 재빨리 웃음으로 무마하려 한다. 그 사이의 미묘한 표정을 읽어내는 것이 바로 거짓말을 식별하는 관건이다.

웃음 외에도 다음의 몇 가지를 주의 깊게 살피면 타인의 거짓말을 눈치챌 수 있다.

거짓말의 징후

- **얼굴에 두려움이 비친다.**

작은 거짓말 한두 개를 했을 때는 얼굴에 두려운 기색이 그다지 보이지 않는다. 들켜도 괜찮다고 생각하기 때문이다. 그러나 비교적 큰 거짓말을 했을 때는 아무리 애써 감추려고 해도 미묘한 표정 변화에서 두려움이 언뜻언뜻 비친다.

- **특정한 감정이 지나치게 오래 지속된다.**

정서적 반응이 나타나는 시간 자체는 거짓으로 꾸밀 수 없기 때문에 자세히 관찰하면 얼마든지 거짓을 밝혀낼 수 있다. 예를 들어 놀라움 같은 감정은 빨리 나타났다가 빨리 사라지기 마련이다. 그런데 금방 나타났다 사라져야 할 감정적 반응이 한 템포 늦게 나타나고 너무 오래 지속된다면 그것은 가짜일 확률이 높다. 꾸며낸 감정이라는 것이다. 꾸며낸 감정은 자연스럽게 생긴 게 아니기에 나타나는 타이밍도 미묘하게 늦고, 진짜 감정보다 오래 지속되다가 갑자기 사라진다. 이른바 '감정적으로 오버'하면 거짓말하는 것으로 의심 받는 이유가 바로 이 때문이다.

• **자꾸 곁눈질한다.**

눈은 사람의 진짜 감정과 성격, 건강상태 등이 가장 쉽게 드러나는 기관이다. 그래서 자꾸 눈을 피하거나 곁눈질한다면 거짓말을 하고 있을 가능성이 높다. 실제로 사람들은 거짓말할 때 자꾸 눈을 깜박이거나 괜히 여기저기 돌아보기도 하고 눈동자가 떨리기도 한다. 이렇게 행동하는 이유는 시선을 피하기 위해서인데, 상대가 자신의 눈빛에서 진심을 읽어낼까봐 두렵기 때문이다. 또한 거짓말을 하면 불안하다. 그래서 자신도 모르게 주변의 정보를 최대한 수집해서 불안감을 분산시키거나 안정감을 되찾으려 한다. 그 과정에서 시선이 자꾸 분산되는 모습을 보인다.

• **동공이 커진다.**

일반적으로 동공의 크기는 빛에 의해 달라지지만 감정 상태에 따라서도 커졌다 작아졌다 한다. 그래서 상대의 동공 변화를 잘 관찰하면 진짜 감정이 무엇인지 알 수 있다. 만약 대화하는 동안 상대의 동공이 부자연스럽게 커진다면 상대가 무언가를 부정하는 중이거나 거짓말하는 중이라고 짐작해도 무리가 없다. 그밖에 좋아하는 사람을 보거나 그 사람을 언급할 때는 동공이 확장되지만 반대로 싫어하는 사람을 보면 동공이 축소된다는 연구 결과도 존재한다.

• **손으로 입을 가린다.**

상대가 무심코 손으로 입을 가리는 행동을 자주 한다면 거짓말을 하고 있는 게 아닌지 의심해보아야 한다. 거짓을 말하면서도 이를 막고 싶은 양심의 가책과 심리 때문에 무심코 이런 행동을 할 가능성이 높기 때문이다.

• **코를 만진다.**

말할 때 코를 만지면 거짓말을 감추고 싶다는 뜻이고 들을 때 코를 만지면 상대의 말을 의심하고 있다는 뜻이다. 또 말하면서 손가락으로 코 밑을 쓱쓱 문지르는 사람은 딱히 꽃가루 알레르기가 있지 않는 이상, 과장을 많이 하고 있다고 보면 된다.

• 눈을 문지른다.

무언가를 보고 싶지 않으면 아이는 손으로 눈을 가리고, 어른은 무의식적으로 눈을 문지른다. 특히 누군가가 거짓말에 속거나 기만당하는 상황을 알고 있는 경우 이런 행동이 나타난다. 기만과 의심, 불쾌함이 가득한 상황을 외면하고 싶다는 무의식이 눈을 문지르는 행동으로 나타나는 셈이다.

• 목을 긁적인다.

어떤 사람이 '네 입장을 나도 이해해'라고 말하면서 목을 긁적인다면 사실은 전혀 이해하지 못한다고 보아도 무방하다. 목을 긁적이는 제스처는 무언가 불확실하거나 의심스러울 때 나타날 확률이 높다. 말로는 동의한다면서 목을 긁적거린다면 사실은 '네 의견에 동의해도 되는지 확신이 없다'라고 말하는 것이나 다름없다.

표정의 미묘한 변화를 이해하면 상대의 말 뒤에 숨어있는 진실을 읽어내기가 한결 쉬워진다. 그러면 적어도 어이없게 속거나 당하는 일을 모면할 수 있다.

거짓말을 꿰뚫어본 대장장이

●

때때로 거짓말하는 사람은 자신의 거짓말을 더욱 탄탄하게 만들기 위해 '소도구'나 '증거'를 내놓는다. 하지만 눈에 보이는 것에 현혹되지 않고 냉정하고 차분하게 분석하고 판단하면 얼마든지 거짓말을 꿰뚫어볼 수 있다.

옛날 옛적 연이라는 나라에 정교한 노리갯감을 모으는 사치스런 취미를 가진 왕이 있었다. 새롭고 신기한 물건을 어찌나 좋아했는지 '연왕은 장난감에 재물을 아끼지 않는다'는 소문이 다른 나라까지 퍼질 정도였다. 그러던 어느 날, 위나라 사람이 연왕에게 알현을 청했다.

"왕께서 진귀한 장난감을 좋아하신다는 소식을 듣고 저의 특별한 재주로 새로운 장난감을 만들어드리려고 찾아왔습니다. 사실 저는 가시 끝에 원숭이를 새길 수 있답니다."

연왕은 뛸 듯이 기뻐했다. 이미 수많은 보물을 가지고 있지만 가시 끝에 새긴 원숭이 같은 것은 들어본 적도 없었기 때문이다. 왕은 그에게 후한 대접을 약속하며 말했다.

"네가 가시 끝에 원숭이를 새기는 것을 지금 당장 보고 싶구나."

그러나 위나라 사람은 고개를 가만히 저었다.

"가시 끝에 새긴 원숭이상은 평범한 물건이 아니기에 오직 마음이 순수하고 진실한 사람만 볼 수 있습니다. 먼저 반 년 동안 여색을 멀리하고 술과 고기를 금하며 마음을 깨끗이 만드십시오. 그러면 비가 온 뒤 해가 뜨면서 날씨가 바뀌는 바로 그 순간에 가시 끝에 새겨진 원숭이를 보게 되실 것입니다."

연왕은 어쩔 수 없이 그의 말을 따르기로 했다. 그리고 가시 끝의 원숭이를 볼 수 있는 날이 올 때까지 위나라 사람에게 머물 곳과 봉록을 제공해주겠노라고 약속했다.

그런데 소문을 들은 대장장이가 연왕을 찾아와 아무래도 수상하다며 묘안을 내놓았다.

"대나무나 나무에 뭐든 새기려면 날카로운 조각칼이 필요합니다. 조각될 사물은 조각칼의 칼끝보다 클 수밖에 없지요. 수십 년 대장장이 노릇을 하면서 온갖 칼을 다 만들어봤지만 가시 끝에 원숭이를 새길 수 있을 만큼 작은 조각칼이 있다는 소리는 듣도 보도 못했습니다. 기술이 아무리 뛰어난 대장장이라도 가시 끝보다 작고 날카로운 칼날을 만들지는 못합니다. 가시보다 작은 칼날이 없는데, 어떻게 가시 끝에 원숭이를 새기겠습니까? 그 위나라 사람이 신묘한 재주를 가졌다고 해도 마땅한 도구가 없으면 불가능할 것입니다. 왕이시여, 반년을 기다리실 필요도 없습니다. 그에게 조각칼을 보여달라고 해보십시오. 그가 과연 가시 끝에 원숭이를 새길 수 있을지 없을지는 칼을 보면 즉시 알 수 있을 것입니다."

연왕은 듣자마자 박수를 쳤다.

"과연 좋은 생각이로다!"

그런 뒤 위나라 사람을 불러 물었다.

"가시 끝에 원숭이를 새길 때 어떤 도구를 이용하는가?"

"날카로운 조각칼을 씁니다."

"그렇군. 지금 당장 가시 끝의 원숭이를 볼 수 없다면 그 조각칼이라도 보고 싶네만."

"……왕께서 잠시만 기다려주시면 처소에 가서 가져오겠습니다."

하지만 금방 다녀오겠다던 위나라 사람은 한참이 지나도 돌아오지 않았다. 왕이 그의 처소에 시종을 보냈을 때는 이미 자취도 없이 사라진 다음이었다.

대장장이는 추론을 통해 위나라 사기꾼이 설계한 사기극의 전모를 밝혀냈다. 위나라 사기꾼은 타인의 심리에 정통하고 연기력이 출중하며 말솜씨도 뛰어났다. 또한 나름대로 빈틈없는 사기극을 꾸며냈다. 하지만 가짜는 결국 가짜다. 주의 깊게 살피고 세심히 분별하면 빈틈없이 짜인 거짓말에서도 수많은 허점을 발견할 수 있다. 허점이 드러나는 순간 거짓말은 우르르 무너진다. 중요한 것은 첫 번째 도미노인 바로 그 허점 하나를 찾아내는 일이다.

거짓으로 밝혀낸 거짓

●

거짓말에는 두 종류가 있다. 하나는 은폐, 다른 하나는 날조와 왜곡이다. 존재조차 알 수 없어서 밝히기 어려운 전자에 비해 후자는 비교적 쉽게 간파할 수 있다. 날조하고 왜곡한 내용 자체가 '무에서 유를 창조한' 것이고 거짓말하는 자가 직접 경험한 일이 아니기 때문이다. 게다가 거짓말을 반복하며 살을 붙이다 보면 자신도 모르게 자가당착에 빠질 가능성이 크다. 따라서 유심히 관찰하고 분석하면 쉽게 거짓을 밝혀낼 수 있다.

당나라의 명장인 이정(李靖)이 기주(岐州) 절도사로 있을 때의 일이다. 어떤 사람이 조정에 이정이 모반을 꾀하고 있다고 고했다. 당 고조 이연(李淵)은 이 일을 조사하기 위해 기주로 어사를 보냈다. 어사는 이정의 오랜 친구로 이정의 사람됨을 잘 알았기에 내심 이정이 간사한 모함에 빠졌다고 확신했다. 그래서 그를 구하기 위해 고심하다가 마침내 묘안을 떠올렸다. 그는 먼저 황제에게 고발자와 함께 이 사건을 조사하게 해달라고 청했다. 황제가 허락했고, 고발자 역시 흔쾌히 승낙했다. 어사와 고발자는 기주로 향했다. 그런데 목적지에 도착하기도 전에 수행원이 고발장을 잃어버리는 사건이 벌어졌다. 어사는 크게 당황해서 고발자에게 말했다.

"정말 큰일이오. 황상의 명을 받고 책임이 막중한데 가장 중요한 증거인 고발장을 잃어버리다니, 황제께서 아시면 엄히 문책하실 텐데 이 일을 어찌하면 좋단 말이오!"

그리고 불같이 화를 내며 수행원에게 채찍질을 가했다. 그 모습을 본 고발자는 정말로 고발장이 사라졌다고 믿게 되었다. 한참 화를 내던 어사는 어쩔 수 없다는 듯 고발자에게 부탁했다.

"일이 이렇게 되었으니 고발장을 다시 써주시는 방법밖에 없겠소이다. 그렇지 않으면 나는 나대로 맡은 임무를 제대로 할 수 없고, 당신은 당신대로 고발한 내용을 확인할 도리가 없으니 황제께 포상을 받을 수 없지 않겠소?"

고발자는 어사의 말에 동의하고 고발장을 다시 썼다. 그런데 다시 쓴 고발장은 이전의 것과 사뭇 달랐다. 원래부터 없는 일을 날조해냈으니 똑같이 쓸 수 있을 리 만무했다. 그리고 이 점이 바로 어사가 노린 것이었다. 사실 고발장을 잃어버렸다는 말은 거짓이었다. 어사는 고발자에게 새로 쓴 고발장을 받자마자 원래의 고발장을 꺼내 비교했다. 이정이 모반을 꾀했다는 내용을 제외한 나머지는 전부 달라져있었다. 특히 시간이나 관련된 인물 등이 전혀 달랐다. 누가 보아도 거짓임을 분명히 알 수 있을 정도였다. 어사는 즉시 고발자를 구속하고 황제에게 돌아가 두 통의 고발장을 보이며 진상을 알렸다. 고조는 불같이 화를 내며 개국공신을 무고한 고발자를 당장 사형에 처했다.

이 사건이 해결될 수 있었던 까닭은 어사가 고발장을 잃어버렸다는 거짓말로 고발자의 거짓을 밝혀냈기 때문이다. 꾸며낸 이야기는 일관성 없이 달라질 수밖에 없다는 점을 간파한 그의 지혜가 오랜 친구를 위험에서 건져낸 셈이다.

꾸며내고 날조한 거짓말에는 반드시 모순이 있다. 또한 사전에 충분한 시간을 들여 완벽한 이야기를 꾸며냈다 해도 상대가 어떤 질문을 할지, 어떤 반박을 할지 완벽하게 예상해서 자세한 답을 생각해두기란 불가능하다. 거짓말하는 사람이 아무리 눈치가 빠르고 경계심이 강해도 모든 상황에 전부 대처할 수도 없다. 자신이 예상한 범위 안에서라면 얼마든지 속여 넘길 수 있겠지만 돌발 상황이 생기면 완벽하게 꾸며진 거짓말이라도 허점이 드러나기 마련이다. 따라서 우리가 해야 할 일은 이런 돌발 상황을 만들어내서 거짓말이 저절로 드러나도록 하는 것이다.

사랑하는데 왜 거짓말을 할까?

●

사람은 언제 가장 거짓말을 많이 할까? 바로 연애할 때다. 연애 중인 남녀는 마치 무림의 두 고수가 서로 합을 주고받는 것처럼 밀고 당기기를 계속한다. 승자도, 패자도 없는 이 사랑의 전쟁터에서 가장 빈번하게 사용되는 전술은 바로 꿈같이 환상적인 거짓말을 지어내는 것이다.

연애하면서 거짓말을 단 한 번도 해본 적 없다고 자신할 수 있는 사람은 단언컨대 단 한 명도 없을 것이다. 이 세상에 거짓말을 안 해본 사람은 없다. 자신이 거짓말한다는 사실을 인정하지 않거나 인정하지 못하는 사람만 있을 뿐이다. 그러니 연인이 거짓말할 것을 걱정하지 말고 거짓말하고도 끝까지 인정하지 않을 것을 걱정해야 한다. 연애할 때 진실함을 가장 중시한다면 '진실함=거짓말하지 않는 것'이겠지만, 사실 이런 사람은 연애의 세계에서 살아남기가 쉽지 않다. 왜냐하면 연애의 세계에서는 '진실함=성실한 거짓말+안심하고 속는 것'이기 때문이다. 그래서 연인들은 알면서도 기꺼이 거짓말을 하고 또 즐거이 그 거짓말에 속는다.

연인들의 대화를 몰래 들어보면 이런 말이 난무한다.

"자기야, 자기는 내가 여태껏 본 여자 중에 가장 아름다운 사람이야."

"여보처럼 똑똑한 남자는 처음 봤어!"

이렇게 달콤한 설탕발림을 주고받으면서도 상대가 거짓말을 하고 있다는 사실을 모르는 사람은 없다. 하지만 기분 나빠하기는커녕 기쁘게 듣는다. 비록 거짓이어도 자신을 향한 선의와 애정이 깃들어있기 때문이다. 사실 연애할 때 오가는 달콤한 말은 오직 상대와 자신을 기쁘게 만드는 것이 목적이기 때문에 반드시 객관적 사실과 부합할 필요가 없다. 그래서 다들 거짓말임을 알면서도 일부러 달달한 거짓의 세계에 기꺼이 뛰어든다.

미희는 요즘 기분이 바닥이었다. 남자친구가 벌써 몇 주째 금요일마다 야근을 핑계로 데이트를 미뤘기 때문이다. 그런데 하필 우연히 마주친 남자친구의 동료에게서 야근할 만큼 바쁜 일이 없다는 말을 들었고, 그녀의 감정은 단순히 기분 나쁨을 넘어 분노로 치달았다. 동시에 온갖 의심과 부정적인 생각이 머릿속을 꽉 채웠다.

'왜 거짓말을 한 거지? 다른 여자가 생겼나?'

결국 그녀는 금요일 오후 퇴근 시간에 맞춰 몰래 남자친구 회사를 찾아갔다. 그가 도대체 무슨 이유로 거짓말을 했는지 알아야만 했다. 미희는 조용히 사무실 문을 열고 들어갔다. 그런데 눈앞에 펼쳐진 광경은 그녀의 예상과 전혀 달랐다. 남자친구가 동료와 나란히 앉아 게임에 몰두하고 있었던 것이다. 얼마나 열중했는지 미희가 온 것도 알아차리지 못했다.

당신이라면 어떻게 하겠는가? '이게 야근하는 거야?'라며 그 자리에서 따지고 들겠는가, 아니면 전화로 한바탕 싸움을 벌이겠는가? 미희는 어느 쪽도 아니었다. 그녀는 조용히 사무실에서 나와 집으로 돌아갔다. 그리고 남자친구에게서 전화가 오기를 기다렸다가 밝은 목소리로 말했다.

"자기야, 앞으로는 금요일을 '자유데이'로 정하면 어떨까? 친구들이 남자친구만 만나고 자기들은 안 만나냐면서 막 뭐라고 하네. 그래서 시간 내서 매주 보기로 했어. 그러니까 앞으로 금요일마다 나 못 만나도 너무 섭섭해 하지 마!"

남자친구는 내심 기뻐하며 흔쾌히 승낙했다.

미희가 남자친구의 마음을 이해하고 그의 거짓말을 존중해준 덕에 남자친구는 더 이상 거짓말을 할 필요가 없어졌다. 또한 미희는 남자친구의 욕구를 이해하고 현명히 대처함으로써 연인에게 더 큰 사랑을 받게 되었다.

연애할 때 진실만 말하는 사람은 없다. 사실을 있는 그대로 이야기하는 것이 상대를 불쾌하게 만들거나 두 사람의 감정에 악영향을 끼칠 수도 있기 때문이다. 거짓말을 했다고 무조건 마음이 변했다는 뜻은 아니다. 미희의 남자친구도 그랬다. 그가 거짓말한 이유는 변심해서가 아니라 여자친구의 기분을 상하지 않게 하면서 자기가 하고 싶은 일을 하고 싶어서였다. 금요일 저녁에 여자친구를 만나는 대신 게임을 하고 싶다고 솔직히 말하면 싸울 수도 있다는 생각에 차라리 거짓말하는 편을 택한 것이다. 이처럼 서로 관계를 해치지 않으면서 자신이 원하는 것을 얻기 위한 거짓말은 연인 사이뿐만 아니라 거의 모든 인간관계에서 흔하게 나타난다.

사실 남자가 거짓말을 하는 심리 이면에는 '긁어 부스럼 만들지 말자'라는 마음도 있다. 기분 나쁜 진실보다는 연인이 바라는 대로 듣기 좋은 말을 하는 편이 평화로운 연애, 혹은 결혼생활을 유지하는 데 훨씬 도움이 되기 때문이다. 그런 의미에서 보면 대수롭잖은 거짓말 한두 마디가 두 사람의 관계를 더욱 굳건히 만들고 서로를 기쁘게 하는 비결이라 할 수 있다. 남자가 연인을 기쁘게 하려고 속삭이는 말도 어찌 보면 이런 거짓말에 속한다. 게다가 감언이설을 싫어하는 여자는 없다. 결혼하고, 세월이 흐른 뒤에도 마찬가지다. 자신이 상대에게 더 이상 매력적으로 느껴지지 않을까 봐 불안해하는 여자에게 남자의 달콤한 말은 큰 위로가 된다. 남자도 여자의 이런 심리적 필요를 알기에 달달한 거짓말을 그치지 않는다. 그래서 이런 종류의 거짓말은 거짓임을 알아도 굳이 들추지 않는 게 가장 좋다.

그러나 그냥 넘어가서는 안 될 거짓말도 있다. 특히 책임을 회피하거나 상대를 구속하기 위한 거짓말은 절대 묵인하면 안 된다. 이런 거짓말에 대처하려면 먼저 내가 받아들일 수 있는 최소한의 선이 어디인지 생각해야 한다. 그리고 한번 선이 정해지면 절대 쉽게 양보하지 말아야 한다. 만약 상대가 내가 이해해줄 수 있는 선을 넘어서는 거짓말을 한다면 발견 즉시 경고하고, 고쳐지지 않는다면 헤어짐도 불사해야 한다. 최소한의 선조차 넘는 악의적 거짓말을 하는 사람이라면 앞으로도 계속해서 고통과 아픔을 줄 위험이 크니, 차라리 한시라도 빨리 갈라서는 편이 낫다.

거짓말을 하는 이유

●

프랑스 소설가 발자크는 이런 말을 남겼다.

"문학은 장엄한 거짓말이다."

소설가는 언제나 허구의 세계를 그려낸다. 그리고 독자는 그것이 명백한 가짜이며 소설가가 창조해낸 세계임을 알면서도 기꺼이 매료된다. 이들이 거짓을 이처럼 쉽게 받아들이는 까닭은 무엇일까? 태어나면서부터 거짓이 가득한 세계에 살아왔기 때문이다. 여태껏 보아온 거짓에 비하면 소설이라는 거짓은 차라리 아름답기라도 하기 때문이다.

한 신부가 미사를 끝내며 신도들에게 말했다.

"다음 미사 때는 거짓말쟁이에 관한 강해를 할 예정이니 성경의 율법서 제6권을 읽어오세요."

그 다음 주일, 신부는 설교를 시작하기 전에 신도들에게 물었다.

"율법서 제6권을 읽으신 분은 손을 들어주시겠습니까?"

그러자 많은 이가 손을 들었다. 처음에는 손을 들지 않았던 사람도 다른 사람들을 보고 쭈뼛거리며 손을 들었다. 거의 모든 사람이 손을 든 것을 보고 신부는 미간을 찌푸리더니 성호를 그으며 탄식했다.

"주님, 저들을 용서하소서."

그리고 당황해하는 신도들을 향해 엄숙한 목소리로 말했다.

"여러분이 바로 제가 오늘 강해할 내용의 주인공입니다. 지금, 여기 계신 분 모두가 거짓말을 했습니다. 율법서 제6권을 읽어왔다고 말이죠. 여러분, 성경의 율법서는 다섯 권뿐입니다!"

위의 이야기에도 알 수 있듯이 사람은 언제 어디서나 거짓말을 한다.

입에서 나오는 대로 할 때도 있고 신중하게 궁리해서 할 때도 있다. 거짓말을 하는 이유도 다양하다. 자존심을 위해, 강해 보이려고, 자기애가 넘치거나 반대로 자기비하가 심해서, 허영심 때문에, 부끄러움이나 실패를 감추기 위해, 무언가 이득을 얻거나 자신의 욕망을 채우기 위해 거짓을 말한다. 그리고 다른 사람에게 거짓말을 하는 것만큼이나 자주, 그리고 많이 자신에게 거짓말을 한다.

인류가 존재하는 한 거짓말이 사라지는 일은 없을 것이다. 자아인식이 생기는 순간부터 거짓말을 할 수 있는 인간의 특성을 고려하면 더더욱 그렇다. 사람들은 왜 거짓말을 할까? 심리학자들은 분석을 통해 다음의 몇 가지 원인을 도출해냈다.

거짓말을 하는 원인

- **삶의 재미 추구**

인간은 천성적으로 심심함을 견디지 못한다. 그래서 때로는 단순히 재미와 흥미, 즐거움을 위해 거짓말을 한다. 실제로 한 철학자는 '인간은 즐거움을 위해 거짓말을 한다'고 말했다. 이런 인간의 본성을 잘 표현한 것이 양치기 소년 우화다. 양치기 소년은 나쁜 의도로 거짓말한 것이 아니었다. 단지 너무 심심해서, 뭔가 재미있는 일이 없을까 고민하다가 생각해낸 놀이거리가 거짓말이었을 뿐이다. 하지만 단순히 재미있으리라는 예상과 달리 결과는 매우 나빴고, 소년은 엄청난 대가를 치러야 했다. 악의 없이 재미로 한 거짓말이라 해도 그저 웃고 넘길 수 있는 게 있는가 하면 양치기 소년의 거짓말처럼 심각한 결과를 불러일으킬 수 있는 것도 있으니 주의해야 한다.

• 이익추구

이익추구는 거짓말의 가장 근본적이고 직접적인 이유다. 사람은 누구나 손해를 싫어하고 이득을 좋아한다. 심지어 도둑이 칼을 내밀며 돈 될 만한 물건을 죄다 내놓으라고 협박해도 숨길 수만 있다면 끝까지 숨기는 게 인간의 본성이다. 현실적인 이익 앞에, 그리고 실질적인 위험 앞에 많은 이가 진실을 저버린다. 사람은 언제나 이익과 손해를 저울질한 뒤 자신에게 가장 유리한 길을 선택한다. 진실을 말하는 것이 나의 재물과 명예, 생명에 손해와 위협을 끼친다면 주저 없이 거짓말을 하며 양심의 가책도 전혀 느끼지 않는다. 자신의 이익과 관련된 일에서만큼은 진실과 상관없이 얼마든지 거짓을 말할 수 있는 게 사람이다. 이때의 기준은 '좋고 나쁨'이 아니다. '되느냐, 안 되느냐'다. 이러한 거짓말은 인간 본성이라는 각도에서 이해해야지, 단순히 도덕적 원칙을 기계적으로 들이대서 판단할 수는 없다.

• 변태적 심리

어떤 사람은 도무지 이해할 수 없을 만큼 말도 안 되는 거짓말을, 병인가 싶을 정도로 숨 쉬듯이 한다. 마치 거짓말을 하지 않으면 살 수 없는 것처럼 보일 정도다. 심지어 거짓말로 만들어낸 환상 속에 살면서 정작 자신은 그 사실조차 인식하지 못하는 사람도 있다.

거짓말을 해도 발각되지 않으면 벌을 받지 않으며 오히려 더 많은 이익을 얻을 수 있다. 쉽게 말해 들키지만 않으면 거짓말하는 편이 훨씬 이득인 경우가 많다. 그래서 사람들은 언제나 거짓말의 유혹을 느낀다. 그리고 바로 이런 '장점' 때문에 사람들은 거짓말을 어쩔 수 없는 필요악으로 여긴다.

어떤 사람이 거짓말로 이득을 얻었다면 그 뒤에는 반드시 속은 사람이 있기 마련이다. 그런데 놀랍게도 사람들은 진실을 알고서 상처 받느니, 차라리 속았다는 사실을 영원히 모르고 싶어 한다. 거짓 속에서라도 만족감과 허영심을 유지하는 게 낫다는 것이다. 이런 점에서 보면 거짓말은 이미 원활한 인간관계를 위한 필수요소가 되어버렸는지도 모른다.

08

마음을 움직이는 몸,

몸을 움직이는 마음

즐거운 척하면 정말 즐거워지는 이유

●

인생은 고되고 힘들지만 그만큼 웃을 일도, 행복할 일도 많은 여행이다. 이 여행의 성패는 온전히 나의 마음에 달려있다. 만약 마음이 잿빛 먼지에 뒤덮여 생기를 잃으면 인생도 암담해진다. 반대로 건강하고 긍정적인 마음가짐을 지키면 비록 지금 당장은 어려움에 처해있더라도 언젠가 반드시 '반짝 반짝 빛나는 날'을 맞이하게 된다.

하지만 인생은 뜻대로 되는 날보다 뜻대로 되지 않는 날이 훨씬 많기에 아무리 긍정적인 마음을 가지려 해도 가끔은 어쩔 수 없이 실망과 비관적인 생각에 빠지게 된다. 그렇다고 마냥 한탄하거나 우는 소리만 하고 있을 수는 없다. 그래서는 아무것도 바뀌지 않기 때문이다. 힘들 때일수록 더욱 내 마음을 살피고 돌보며 스스로 기운을 북돋을 방법을 찾아야 한다. 무엇보다도 나도 모르게 내 속에 스며든 부정적인 암시를 없애고 긍정적 암시를 계속 주입하는 것이 중요하다. 마음도 관리가 필요하다는 뜻이다. 이를 위해 심리학자들이 추천하는 방법이 바로 '일부러 즐거운 척하기'다. 즐겁지 않아도 계속 즐거운 척하다 보면 신기하게도 정말 마음이 즐거워진다.

어느 이른 아침, 출근길 만원버스에서 한 노신사가 실수로 젊은 여자의 손을 붙잡고 말았다. 버스가 급정거하는 바람에 비틀거리다 의자 손잡이를 잡는다는 게 그만 먼저 손잡이를 잡고 있던 여자의 손을 잡은 것이다. 한껏 꾸민 차림의 그녀는 노신사가 채 미안하다고 하기도 전에 다짜고짜 쏘아붙였다.

"늙어도 안 죽을 노인네, 집에나 있지 왜 기어 나와서 난리야?"

그 말에 노신사보다 주변 승객들이 먼저 반응하며 모두가 그녀를 나무랐다. 하지만 정작 노신사는 허허 웃으며 이렇게 말했다.

"아닙니다. 부주의하게 손을 잡은 제 잘못입니다. 게다가 외려 저는 이 아가씨에게 고맙다고 해야 마땅합니다. 고마워요, 아가씨."

생각지도 못한 감사인사를 받고 여자는 당황했는지 우물쭈물했다. 다른 승객들도 웅성거렸다. 자신에게 무례한 말을 한 사람에게 화를 내기는커녕 고맙다고 하는 까닭을 도무지 알 수가 없었던 것이다. 결국 한 승객이 궁금증을 이기지 못하고 노신사에게 물었다.

"방금 저 여자가 욕을 하지 않았습니까? 그런데 왜 고맙다고 하십니까?"

노신사는 부드러운 미소를 지으며 대답했다.

"방금 저더러 '늙어도 안 죽을 노인네'라고 하지 않았습니까? 오래오래 살라고 축복을 해준 셈이니 노인인 제 입장에서는 당연히 고맙지요."

노신사의 설명에 승객 모두가 웃음을 터뜨렸고, 여자는 얼굴이 벌게진 채 고개를 숙였다.

물론 노신사도 그 말이 욕인 것은 잘 알았다. 그러나 화를 내는 대신 일부러 그 말을 자신에게 유리한 쪽으로 해석하고, 마치 그녀가 무병장수를 빌어준 것처럼 반응했다. 욕을 들었다는 난처함을 유머러스하게 무

마시키는 동시에 자칫 불쾌해질 수 있는 마음을 스스로 현명하게 다스린 것이다. 이처럼 자신의 감정을 적극적이고 주도적으로 조절할 줄 아는 사람은 어떠한 상황에서도 여유를 잃지 않는다. 또한 우울한 기운이 자신을 좀먹도록 두지 않으며 낙관적인 정서를 빠르게 회복해서 부정적 분위기를 주도적으로 긍정적 분위기로 바꾼다.

거짓으로라도 즐거운 척하다 보면 정말 즐거워진다. 이런 종류의 '가장'은 위선이 아니라 적극적인 감정조절법이다. 우울하고 침체된 생각과 심리에 계속 머물러 있으면 감정이 더욱 가라앉을 수밖에 없다. 부정적 암시를 계속 주입하면 마음상태뿐만 아니라 상황도 악화일로로 치닫게 된다. 하지만 아무리 어려운 상황에 처해있어도 스스로에게 계속 긍정적인 심리암시를 주면 감정과 행동에 긍정적 변화가 생기기 마련이다.

어떤 사람은 일이 잘 풀리지 않거나 상황이 나쁘면 부정적인 말부터 내뱉는다. 심지어 '어차피 안 될 줄 알았어', '내가 그렇지 뭐'라는 식의 자기비하 발언을 남발하면서 충분히 잘 될 수 있는 일조차 안 될 일로 만들어버린다. 이러한 부정적인 말은 부정적 암시로 작용하여 의욕과 의지를 꺾고 자신감을 갉아먹는다. 사람은 누구나 장점과 단점이 있다. 하지만 어떤 사람은 단점에만 집중해서 제 발로 자기비하의 수렁에 들어간다. 자기비하 심리를 이겨내려면 자신의 장점을 발견하고 극대화시키는 법을 배워야 한다. 아무리 사소한 장점이라도 반복적으로 강조하면서 긍정적 자기암시를 계속하다 보면 결국에는 자신감이 붙는다. 그러니 자신의 장점을 찾아 적극적으로 칭찬하면서 스스로 기운을 북돋는 말을 많이, 자주 하도록 하자. 실제로 부정적인 말을 줄이고 긍정적인 말만 늘려도 나쁜 정서를 해소하는 데 큰 도움이 된다.

긍정적이고 건강한 자기암시는 천국으로 가는 길을 열어주지만 부정적이고 해로운 자기암시는 사람을 지옥으로 떨어뜨린다. 따라서 무슨 일이든 주도적이고 능동적으로 하는 습관을 들이고 스스로 긍정적 암시를 계속 줘야 한다. 이러한 긍정적 암시를 통해 감정을 조절하고 자신감을 키울 수 있다.

일상생활에서든 직장생활에서든, 살다 보면 기분이 가라앉는 순간이 많다. 어떤 사람은 배우자와 다투기만 해도 살기 싫다며 우울해하고, 상사에게 꾸지람을 듣거나 동료와 의견충돌이 생겼다는 이유로 자신감을 잃는다. 하지만 사실 그럴 필요가 전혀 없다. 기분이 불쾌해지면 거울을 보고 웃으며 이렇게 말해보자.

"잠깐 기분이 나빴던 건 사실이지만 이 기분에 계속 묶여있지 않을 거야. 난 괜찮은 사람이고, 더 괜찮아질 거야. 그리고 나는 아주 잘 해낼 수 있어."

스스로를 응원하고 계속 기운을 북돋으며 긍정적 자기암시를 계속하다 보면 우울하고 침체된 정서가 어느새 사라진다. 기분만 달라져도 주변 환경이 다르게 보인다. 객관적 상황이 내 뜻처럼 흘러가지 않아도 거기에 연연하지 않을 수 있다. 사람마다 처지는 다르지만 오로지 자신만이 자기 운명의 주인이며 오로지 자신만이 자기 마음을 다잡을 수 있다는 사실은 누구도 다르지 않다. 마음가짐이 미래를 만들어낸다. 만약 내 마음이 항상 불쾌하고 우울하다면 삶이 자신을 어떻게 대했는지 따지기 전에 먼저 자신이 삶을 어떻게 대했는지 점검해보자.

죽음을 부르는 '심심함'

●

'사는 게 재미없어', '지루해', '심심해 죽겠네'……. 누구나 한 번쯤은 중얼거려보았을 만한 말이다. 우리는 인생이 공허하다고 느껴질 때 이런 말을 내뱉는다. 그런데 어떤 사람은 가끔이 아니라 늘, 습관적으로 이런 소리를 입에 달고 산다. 이들에게는 공통점이 있는데 인생의 목표가 흐릿하고 의욕이 부족하며 무력감에 잘 빠진다는 것이다.

심리학자들은 사람이 정말 심심해서 죽을 수도 있다고 믿는다. 실제로 이와 관련된 추적조사도 있다. 2009년, 런던대학교 공공위생 대학원의 연구원들은 1985년부터 1988년까지 무료함 관련 조사에 참여한 35세에서 55세 사이의 공무원 7,524명의 정보를 열람한 뒤 12년 후 그들의 건강상태가 어떻게 변했는지를 추적 조사했다. 먼저 1985년부터 3년간 이뤄진 조사 결과를 보자. 한 달 이내에 무료함을 느꼈다고 대답한 공무원은 10명 중 한 명 꼴이었고 여성이 남성보다 2배 많았으며 연령이 낮고 잡무가 많을수록 무료하다고 대답한 비율이 높았다. 그런데 2009년에 조사해보니 당시에 '심히 무료하다'라고 답한 응답자의 사망률이 '무료하지 않다'라고 답한 응답자보다 무려 37퍼센트나 높았다. 또 다른 통계에서도 무료함을 강하게 느끼는 사람은 그렇지 않은 사람보다 심장병이나 중풍 등으로 사망할 위험이 2.5배 높은 것으로 나타났다.

왜 이런 현상이 나타나는 것일까? 삶에 불만이 많고 무료함을 느끼는 사람은 폭음, 흡연 같은 습관을 갖기 쉽다. 그런데 알다시피 이런 습관은 장수나 건강한 삶에 해로울 뿐만 아니라 수명단축의 원인이 된다. 그렇다면 어떻게 해야 무료함이라는 부정적이고 건강하지 못한 감정에서 벗어날 수 있을까? 전문가들은 무료함에서 벗어나려면 무엇보다 '변화'가 가장 중요하다고 말한다. 반복되는 일상생활 속에서 어떻게 변화를 추구해야 할까?

일상생활 속에서 변화를 추구하는 방법

- **첫째**

  의미 있는 일을 한다. 무료함을 느끼는 가장 큰 이유는 사는 게 너무 맹목적이거나 방만하기 때문이다. 이럴 때는 봉사활동 등 의미 있는 일을 찾아 하면서 적극적으로 삶의 가치를 발견해야 한다.

- **둘째**

  커리어 계획을 재정비한다. 만약 커리어 면에서 정체기에 빠져서 일하는 게 재미없다면 즉시 커리어 계획을 재정비해야 한다. 벽에 부딪혔다고 주저앉지 말고 스스로 발전의 가능성을 새롭게 모색하며 다시금 일의 재미를 찾을 필요가 있다.

- **셋째**

  안전지대(컴포트존)를 벗어난다. 안일하고 신선함이 없는 생활이 계속 이어지면 자연히 지루함과 불만이 생길 수밖에 없다. 이때는 안전지대를 과감히 벗어나 용기 내어 새로운 것을 시도해본다.

- **넷째**

  틀에 박힌 일상을 탈피한다. 인생이 무료하게 느껴지면 일상의 틀에서 벗어나 평소 해보지 않았던 일을 해보자. 평소 가보고 싶었던 곳으로 여행을 떠난다든지, 오랫동안 연락이 끊겼던 옛 친구에게 전화를 걸어본다든지, 새로운 가게를 찾아가 낯선 물건을 구경하는 등 비일상적인 일을 시도함으로써 반복되는 일상에 변화를 준다.

무료함이 아예 없을 수는 없다. 하지만 스스로 노력한다면 여러 가지 방법을 활용해 이러한 상태에서 벗어날 수는 있다. 그러니 무료함이 찾아올 때는 멍하니 앉아있지만 말고 능동적으로 대처하자. 운동도 아주 좋은 방법이다. 일단 몸을 움직이기만 해도 무료함이 한결 가시고 그 대신 충실한 감정이 차오를 것이다.

기분을 다스리는 물 한 잔

●

물은 우리 몸에 산소만큼이나 중요하다. 물을 마시면 건강뿐만 아니라 미용에도 좋다. 사람들은 건강을 위해, 또 빛나는 피부를 위해 물을 마신다. 하지만 물 한 잔으로 기분까지 다스릴 수 있다는 사실을 아는 사람은 그리 많지 않다.

드라마나 영화 속 인물들은 긴장되거나 화가 날 때 차가운 물 한 잔을 따라 벌컥벌컥 들이켠다. 그런데 실제로도 이렇게 물을 마시면 격앙된 감정이 한결 가라앉는다. 물을 마시는 행위 자체가 정서의 연속성을 끊고, 잠시 감정을 식힐 여유를 주기 때문이다. 부정적인 상태에 계속 머물지 않고 물을 마시는 등의 가벼운 변화만 주어도 감정은 한결 긍정적인 방향으로 흘러간다.

물을 마시는 것은 신체의 방어기능 중 하나인 자기조절능력을 회복하는 데도 도움이 된다. 스트레스를 받거나 고통스러울 때 우리 몸에서는 아드레날린이라는 '고통호르몬'이 분비되는데, 이 호르몬을 몸 밖으로 배출시키는 방법 중 하나가 바로 물을 마시는 것이다. 즉 물을 마시고 운동을 해서 땀을 배출하거나 한바탕 실컷 눈물을 쏟으면 신체의 아드레날린 농도를 낮출 수 있다.

물 마시기는 두뇌회전에도 좋다. 영국 이스트런던대학교의 연구 결과, 시험을 보기 전에 물을 마신 학생은 인지능력이 높아져서 더 좋은 성적을 거둔 것으로 나타났다. 또한 직장인의 경우 과도하게 스트레스를 받을 때나 중요한 결정을 내리기 전에 물을 마시면 머리가 맑아지는 효과를 얻을 수 있다고 한다.

후텁지근한 여름날 마시는 시원한 물 한 잔은 기분을 청량하게 만든다. 특히 여름에는 물을 충분히 마셔야 한다. 더운 날씨에 땀을 많이 흘리면 자연히 체력 소모가 큰데, 이럴 때일수록 물을 잘 마셔야 건강을 지키고 피로도 풀 수 있다.

물은 갈증이 날 때 마시면 된다고 생각하는 사람이 많은데 이는 틀린 생각이다. 사실 갈증을 느꼈을 때는 몸 안의 수분이 이미 1퍼센트 이상 빠져나간 뒤다. 따라서 갈증을 느끼기 전에 미리미리 물을 마셔야 한다. 하지만 하루를 바쁘게 보내다 보면 한나절 내내 물 마시는 일을 잊는 경우가 허다하다. 실제로 홍콩 보건당국이 조사한 바에 따르면 성인 중 3분의 1은 하루에 물을 6잔 이하로 마신다고 한다. 따라서 평소에 의식적으로 물을 마시려고 노력해야 한다. 적어도 한 시간에 한번은 물을 마시고, 두세 시간에 한 번은 화장실을 가야 바른 음수 및 배뇨습관을 가졌다고 할 수 있다.

무엇을 어떻게 먹을 것인가를 고민하는 사람은 많지만 물을 어떻게 마실 것인가를 고민하는 사람은 많지 않다. 그러기엔 너무나 간단하고 쉬운 일이라고 생각하기 때문이다. 물 한 잔을 가득 따라 벌컥벌컥 마시기만 하면 되는데, 고민하고 말고가 어디 있겠는가.

그러나 알고 보면 물 한 잔을 마시는 데도 법칙이 있다. 특히 물 마시는 방식, 시간, 물의 온도에 따라 건강에 미치는 영향이 달라진다. 앞으로는 물 마실 때 다음의 몇 가지를 기억하도록 하자.

- **자기 전에는 따뜻한 물을 마신다.**

잠을 자는 동안에도 우리 몸에서는 수분이 땀 등으로 계속 빠져나간다. 문제는 혈액의 수분이 부족해지면 피가 걸쭉해질 수 있다는 점이다. 자기 전에 따뜻한 물을 적당히 마시면 피가 걸쭉해지는 것을 막고, 뇌혈전 등이 발생할 위험을 낮출 수 있다. 겨울처럼 건조한 계절에는 물을 마셔서 호흡기를 촉촉하게 해주면 숙면에 도움이 된다. 단, 너무 많이 마시면 소변이 마려워서 잠을 설칠 수 있으니 적당히 마신다.

- **운동 후에는 물을 조금씩 나누어 마신다.**

운동하고 물을 한꺼번에 많이 마시면 위장장애가 생길 수 있다. 운동 직후에는 위장 혈관이 수축된 상태인데, 이 상태가 회복되기 전에 물을 다량으로 마시면 위장관에 부하가 걸린다. 따라서 가장 좋은 물 마시기 방법은 운동 직후가 아니라 기다렸다가 심장박동이 어느 정도 안정되었을 때 따뜻한 물을 몇 모금씩 나누어 마시는 것이다. 너무 빨리 마시지 않게 주의하고, 되도록 심장이 뛰는 속도에 맞춰서 물을 삼킨다. 이렇게 하면 몸이 비교적 편안하게 수분을 받아들이게 된다.

- **목욕 후에는 미지근한 물을 천천히 마신다.**

뜨거운 물로 목욕을 하고 차가운 물을 마시며 상쾌함을 느끼는 사람이 많다. 그런데 의학적 관점에서 볼 때 이는 심장에 부담을 줄 수 있는 행동이다. 뜨거운 물로 목욕을 하면 혈관이 확장되고 혈류량이 증가하며 심장박동 역시 평소보다 빨라지는데, 이런 상태일수록 특히 주의해서 물을 마셔야 한다. 가장 좋은 방법은 체온과 비슷한 정도의 미지근한 물을 조금씩 천천히 마시는 것이다.

• 변비가 있으면 물을 꿀꺽꿀꺽 마신다.

중의학에서는 변비의 원인 중 하나로 몸에 진액이 부족한 것을 꼽는다. 그런데 물을 크게 꿀꺽꿀꺽 마시면 진액을 빠르게 보충할 수 있고, 장운동을 자극해서 배변을 촉진하는 데 도움이 된다.

• 감기에 걸리면 물을 많이 마신다.

물을 마시면 체온 조절과 배뇨, 땀을 내는 데 유리하며 체내의 병균을 신속히 배출시킬 수 있다. 그래서 감기에 걸렸을 때는 물이나 과일착즙주스를 많이 마시는 게 좋다. 또한 수분을 많이 섭취하면 호흡기가 촉촉해져서 기침 등의 증상이 한결 완화된다. 감기에 걸리면 열이 나기도 하는데, 사실 이는 인체가 감염을 이겨내기 위한 자연스런 면역 반응이다. 이때도 물을 많이 마셔서 수분을 충분히 보충해줄 필요가 있다. 그래야 대사 활동을 원활하게 유지할 수 있기 때문이다.

말 한 마디로 천 냥 빚을 갚는 말투의 비밀

●

사람 사는 모습은 다 비슷하다지만 자세히 들여다보면 집마다 분위기가 다르다. 어떤 집은 따뜻하고 온화하며 부드러운 분위기가 감돌지만 어떤 집은 날카롭고 냉담하며 서늘한 분위기가 흐른다. 이렇듯 집의 분위기를 좌우하는 요소에는 여러 가지가 있으나 그중에서도 핵심적인 것이 바로 가족의 말투다. 온화한 집은 대체적으로 가족 모두 서로에게 다정하고 세심한 말투를 쓰는 데 반해 냉담한 집은 부모가 자녀에게 하는 말조차 무뚝뚝하고 차갑다.

말하는 방식과 말투는 생각보다 훨씬 더 중요하다. 어떤 말투로 어떻게 말하느냐에 따라 주변사람의 행복은 물론 나 자신의 행복도 결정된다. 실제로 말 한 마디를 곱게 하지 못해서 갈등이나 마찰을 겪는 일이 굉장히 많다. 냉소적인 말투, 비꼬는 말투, 신랄한 말투, 불만과 원망의 말투는 가정불화를 일으키는 원인이 되기도 한다. 말투가 이처럼 중요한 이유는 거기에 상대를 향한 감정과 태도가 녹아있기 때문이다. 냉소적 말투에는 무시하는 마음이, 비꼬는 말투에는 못마땅한 태도가 깔려있다. 그러니 듣는 사람도 반감이 생기고 기분 나빠지는 것이다. 가장 큰 문제는 서로 가장 아끼고 힘을 북돋아줘야 할 가족끼리 이런 부정적인 말투를 습관적으로 사용하는 것이다. 사실 가족끼리 말투만 조심해도 집안 분위기가 바뀐다. 적어도 서로 얼굴 붉히며 마음이 상하는 일은 피할 수 있다. 특히 아이들은 부모의 말투에 따라 감정이 좌지우지되기 쉽다. 같은 내용이라도 비난하는 말투로 말하는 것과 부드러운 말투로 말하는 것은 천지차이이며, 아이들이 받아들이는 정도와 느낌도 현격히 달라진다.

어느 마을에 냉소적인 노부인이 살았다. 말투며 태도며 얼마나 차가웠던지, 동네 아이들은 그녀의 그림자만 봐도 겁을 먹고 슬슬 피할 정도였다. 그러던 어느 날 노부인은 증명사진을 찍기 위해 사진관을 찾았다. 카메라 앞에서도 그녀의 표정은 여전히 딱딱하게 굳어있었다. 그러자 사진사가 갑자기 카메라 뒤에서 고개를 쭉 빼더니 이렇게 말했다.

"부인, 미간에 힘을 좀 빼보시겠어요?"

노부인은 잠깐 멈칫했지만 곧 사진사의 말대로 해보려고 노력했다. 사진가는 계속해서 부드럽게, 그러나 거역할 수 없는 힘이 느껴지는 말투로 얘기했다.

"입 꼬리도 살짝 올려주시고요. 얼굴이 편안하게 보였으면 좋겠네요. 너무 긴장하지 마시고, 편하게 계세요."

노부인은 한숨을 쉬며 대꾸했다.

"젊은이가 이래라 저래라 시키는 것도 많구려. 편안한 얼굴을 어떻게 만들라는 거요? 억지로 웃기라도 할까?"

"아, 아뇨, 그건 아니고요. 마음이 정말로 편하셔야 사진이 잘 나오거든요. 자, 다시 한 번 찍어볼게요."

노부인의 퉁명스러운 말에도 사진사는 동요하지 않았다. 그런 그의 말투와 행동에서 확신과 자신감이 느껴졌다. 노부인은 다시 한 번 긴장을 풀고 편안한 표정을 지으려 애썼다.

"좋습니다, 좋아요! 이야, 20년은 젊어보이시는데요?"

사진사가 진심으로 탄복했다는 듯 칭찬을 거듭했다. 그의 친근하고 다정한 말투에 노부인은 저도 모르게 희미하게 미소 지었다.

노부인은 묘한 기분으로 집에 돌아왔다. 남편이 세상을 떠난 뒤로 다른 사람에게 칭찬을 들은 것은 오늘이 처음이었다. 낯설지만 기분이 나쁘지는 않았다. 며칠 후 사진사에게서 사진을 받은 노부인은 깜짝 놀랐다. 사진 속 자신은 평소에 본 적 없는, 부드럽고 환한 표정으로 웃고 있었다. 마치 열정적이고 꿈 많았던 젊은 시절로 돌아간 것 같았다. 노부인은 한참동안 사진을 물끄러미 바라보다가 결심했다는 듯 중얼거렸다.

"한 번 해냈다면 두 번도 할 수 있을 거야."

그녀는 화장대 앞에 서서 거울을 보며 말했다.

"캐서린, 웃어봐."

차갑고 딱딱하게 굳어진 얼굴에 설핏 따스함이 감돌았다.

"잘하고 있어 캐서린, 좀 더 환하게 웃어보는 거야!"

노부인은 최대한 부드럽고 다정한 말투로 스스로에게 말했다. 그러자 그녀의 얼굴에 밝고 단정하며 매력적인 미소가 떠올랐다.

그날 이후 노부인은 매일 거울을 보며 스스로를 응원했다. 그러자 조금씩 마음에 여유가 생기고 표정도 온화해졌다. 이웃들은 그녀의 변화를 금세 눈치챘다. 갑자기 젊어진 것 같다며 비결을 묻기도 했다. 그럴 때마다 노부인은 웃으며 친절한 말투로 대답했다.

"모든 것은 말에서 시작된답니다. 마음을 즐겁게 만들어주는 다정하고 세심한 말투가 바로 비결이에요."

그녀가 사진사에게 배운 것은 웃으며 삶을 마주하고 다정하고 부드러운 말투로 자신과 타인을 대하면 행복해진다는 인생의 비밀이었다. 부드럽고 온화한 말투에는 자신과 상대에 대한 존중이 깃들어있으며 듣는 사람조차 신중하게 만드는 힘이 있다. 이와 달리 강압적이고 명령조인 말투는 상대를 불쾌하게 만들기 때문에 인간관계를 망친다.

갈등이나 충돌 없이 자신의 생각과 의견을 상대에게 전하고 싶다면 무엇보다 말투에 신경을 써야 한다. 평소 자신의 말투는 어떤지 되돌아보고 문제가 있다면 개선하도록 노력하자.

웃으면 복이 와요

●

재밌는 일이 있거나 기분이 좋으면 절로 웃음이 난다. 웃음은 만병통치약이라는 말도 있지만 실제로 웃음이 매우 훌륭한 건강 운동이라는 사실을 아는 사람은 그리 많지 않다.

과학계에서 웃음에 관한 연구는 생각보다 활발하다. 프로이트, 칸트, 베르그송 같은 유명 학자들도 '웃음'을 심도 있게 연구했을 정도다. 소리

내어 웃을 때마다 안면부터 복부까지 대략 80여 개의 근육이 움직인다. 웃기만 해도 온몸의 근육이 운동을 하는 셈이다. 또한 백 번 정도 웃으면 폐 기능 및 혈액순환 면에서 노 젓기 운동을 10분 했을 때와 같은 운동 효과를 얻을 수 있다. 게다가 신뢰할 만한 연구에 따르면 자주 웃을수록 면역력도 강해진다고 한다. 성인이 하루 평균 열다섯 번 정도밖에 웃지 않는다는 점이 안타까울 뿐이다.

웃음은 타인과 교류하는 가장 오래된 방식이기도 하다. 알려진 바로는 지구상의 생물 중 인간과 침팬지 같은 일부 영장류만이 웃을 수 있다고 한다. 확실히 닭이나 오리가 웃는 모습을 본 일은 없다. 만약 깔깔 웃는 개구리가 나타난다면 세계적인 토픽감이다.

사람을 웃게 만드는 것은 우뇌엽이다. 우뇌엽은 감정을 주관하고 농담을 이해하는 역할을 한다. 한 번 웃을 때마다 우리 몸에서는 기쁨의 호르몬인 엔도르핀이 분비된다. 엔도르핀은 기분을 좋게 만들고 우울증을 비롯한 각종 통증을 완화시켜주기 때문에 매우 유익한 호르몬이다. 웃으면 웃을수록 더욱 기분이 좋아지는 이유도, 웃음치료가 효과적인 까닭도 바로 엔도르핀 때문이다.

재미있거나 즐거운 일이 있을 때만 웃음이 나오는 것은 아니다. 위험한 상황에서 벗어나거나 긴장이 풀려도 생뚱맞게 웃음이 나온다. 심리학에서는 이를 웃음이 긴장 상태를 완화시키기 때문이라고 설명한다. 웃음을 통해 심리적 균형을 찾는다는 것이다. '비위를 맞추려는 웃음'과 '아첨하는 웃음'도 긴장을 풀기 위한 수단으로 이해할 수 있다.

웃음은 젊음을 지키는 비결이기도 하다. 웃으면 긴장되었던 근육이 풀어지고 자연스레 안면을 움직이기 때문에 저절로 운동이 된다. 웃을 때 배를 만져보면 배 근육에 힘이 들어가는 것을 느낄 수 있다. 복부 운동도 되는 셈이다. 이와 동시에 위, 장, 간, 폐 등 내부 장기에 적절한 자극을 주어서 마사지 효과도 얻을 수 있다. 웃음은 스트레스 및 고통 완화에도 매우 효과적이다. 오랜 시간 책상 앞에 앉아 일하는 사람의 경우 목과 등, 허리 등이 과도하게 긴장되거나 수축되어있는 탓에 두통이나 요통에 시달리기 쉬운데 그럴수록 의식적으로라도 자주 웃어야 한다. 웃을 때 몸의 긴장이 풀리면서 이러한 경련성 통증이 상당 부분 완화될 수 있기 때문이다.

크게 웃는 것은 호흡기에도 도움이 된다. 웃음은 그 자체로 효율적인 심호흡 운동이다. 가슴을 펴고 크게 웃으면 흉강과 기관지가 차례로 확장되며 저절로 운동이 된다. 또한 공기가 드나드는 양이 늘면서 심장과 폐에 신선한 공기가 공급되고 산소포화도가 높아진다. 그래서 천식, 폐기종 등 지병을 가진 사람에게는 웃음이 실제로 치료 효과를 발휘한다.

마지막으로 웃으면 예뻐진다. 웃을 때 안면 근육이 수축과 이완을 반복하며 탄성이 생기기 때문이다. 또한 대뇌 신경이 이완되면서 뇌 자체가 더 많이 쉴 수 있게 된다. '웃으면 젊어진다(一笑一少)'는 말이 괜히 나온 게 아니다. 실제로 웃으면 웃을수록 더욱 건강하고 젊게 살 수 있다. 처음에는 억지로 웃기 시작했더라도 자꾸 웃다 보면 정말 즐거워진다. 지금 당장 웃음의 효능을 시험해보자.

성질이 급하면 상처가 더디 낫는다

•

몸이 아프거나 이상이 생겼을 때 어떤 사람은 덤덤하게 평소와 다름없이 지내지만 어떤 사람은 큰일이라도 생긴 양 전전긍긍하며 작은 변화에도 촉각을 곤두세운다. 불안과 두려움이 너무 심한 나머지 수면과 식사에 지장이 생기는 경우도 있다. 그야말로 없던 병도 생길 판이다. 왜 이런 차이가 생길까?

이에 대한 의학적 설명은 사람마다 통증에 대한 예민도가 다르다는 것이다. 통증 민감도가 높은 사람은 그렇지 않은 사람보다 고통을 더 쉽게, 더 강하게 느낀다. 미국의 저명한 내과의 리버맨 박사에 따르면 귓바퀴 바로 아래, 턱 뒤쪽을 손가락으로 눌러보면 통증 민감도를 대략적으로 알 수 있다고 한다. 만약 손가락으로 이 자리를 눌렀을 때 별로 아프지 않다면 통점이 그다지 민감하지 않은 것이고, 반대로 움찔할 만큼 아프다면 통증 민감도가 비교적 높다고 보면 된다. 통증 민감도가 높은 사람은 그렇지 않은 사람에 비해 고통을 강하게 느낀다. 그만큼 외부자극을 수용하는 능력이 약한 셈이다. 리버맨 박사는 민감도가 높은 사람의 경우 정상적인 장 수축 운동마저도 통증으로 느낄 수 있다고 지적했다.

사실 아프다고 느끼기 시작하면 그 어떤 상태도 더 이상 정상으로 여겨지지 않는다. 아픈 곳을 찾는 것은 너무나 쉽다. 발바닥이 쑤시기도 하고, 아랫배가 욱신거리기도 한다. 어디라고 콕 집어 말하기는 어렵지만 갑자기 격렬한 통증이 느껴질 때도 있다. 실제 자극으로 인한 통증이든 혈관 수축이나 근육 긴장으로 생기는 통증이든, 설명할 수 없는 통증이 생기면 사람들은 어찌할 바를 모르고 더욱 긴장해버린다. 심리가 위축되면 몸의 민감도가 더욱 높아져서 아픔이 훨씬 더 선명하게 느껴진다. 통증이 심리를 위축시키고 위축된 심리가 통증을 더욱 예민하게 느끼게 만드는 악순환의 고리가 만들어지는 셈이다.

반대로 마음이 편안하고 유쾌하며 행복한 상태에서는 아파도 고통이 그만큼 크게 느껴지지 않는다. 즉 감정 상태에 따라 통증 민감도가 달라질 수 있다. 고통스럽고 긴장된 정서에 사로잡히면 안 아프던 몸도 아프다. 특히 등 쪽에 통증이 잘 생긴다. 만약 만성적으로 등 통증에 시달린다면 심리적 원인이 있지는 않은지 생각해보아야 한다.

초등학생 주리는 성격이 급하고 사소한 일로 자주 화를 내는 편이다. 주리의 짝 동화는 반대로 성격이 느긋해서 평소 웬만해서는 화를 내거나 조급해하는 일이 없다. 어느 날, 주리와 동화는 학교에서 단체로 놔주는 예방주사를 맞았다. 팔뚝에 흉이 남는다는 아프기로 유명한 '불주사'였다. 주사를 맞은 직후에는 맞은 자리가 붉게 부풀어 오르지만 따로 약을 먹거나 바르지 않아도 하루 이틀이면 가라앉는다고 했다. 실제로 동화는 주사를 맞은 당일에만 조금 간지러움을 느꼈을 뿐, 다음날에는 아무렇지도 않아졌다. 하지만 주리는 달랐다. 주사 맞은 자리가 타들어가는 것 같았다. 그녀는 수시로 팔을 확인했고, 그러느라 수업에도 집중하지 못했다. 결국 주리는 참다못해 양호실에 가서 약을 받았다. 상처는 약을 바르고 나서도 며칠이나 지난 후에야 겨우 아물었고, 그 자리에는 작은 흉터가 생겼다. 주리는 속이 상했다. 짝꿍인 동화는 아무렇지도 않고 상처도 금방 나았는데 자신은 사나흘을 잠도 못 잘 정도로 시달리다니, 대체 왜 그런 것일까?

이는 성격적 특징이 상처가 아무는 시간과 실제로 관계가 있기 때문이다. 의학계의 연구에 따르면 성격이 급한 사람은 상처가 늦게 아문다고 한다. 성질이 조급하고 화를 잘 내면 상처가 아물기까지 오랜 시간이 걸린다는 것이다. 이와 달리 성격이 느긋하고 화를 잘 내지 않는 사람은 상처가 비교적 빨리 낫는 것으로 나타났다. 이와 관련된 실험도 있다. 연구원들은 먼저 지원자 98명에게 동의를 받은 후 그들의 어깨에 아주 작은 화상을 만들고 8일간 상처를 관찰했다. 지원자는 사전에 심리 검사를 받고 평소 화를 내는 빈도수에 따라 분류가 된 상태였다. 실험 결과, 평소 화를 잘 참지 못하는 사람은 상처가 완전히 아물기까지 4일이 걸렸다. 이는 화를 잘 내지 않는 사람보다 3배나 늦은 속도였다. 연구원은 이 같은 결과에 대해 쉽게 화를 내는 사람은 스트레스 호르몬인 코르티솔의 분비량이 비교적 높기 때문에 상처가 잘 낫지 않는 것이라고 해석했다. 결국은 성질 나쁜 사람이 통증과 상처에 더 오래 시달리는 셈이다.

정서적 상태는 신체 상태에 직접적인 영향을 준다. 따라서 쉽게 화를 내고 흥분하는 성격은 결국 몸을 괴롭게 만든다고 볼 수 있다. 그러니 평소에 마음을 느긋하게 먹고, 어딘가 아픈 곳이 생기더라도 지나치게 거기에 매이지는 말아야 한다. 물론 적절한 대처와 치료는 해야겠지만 그 외에는 통증이 아닌 다른 데 주의를 돌리는 편이 좋다. 그렇지 않고 신경을 쓰면 쓸수록 통증은 더욱 커지고 더욱 강렬해질 것이다.

심리적 스트레스가 원인인 성인 이갈이

●

모두가 잠든 깊은 밤, 어디선가 소름 돋는 소리가 들려온다. '빠드득 빠드득' 하며 신경을 긁는 소리, 바로 이 가는 소리다.

이갈이란 수면 중에 무의식적으로 윗니와 아랫니를 서로 마찰시키거나 꽉 무는 행위를 말한다. 주로 아동에게서 많이 보이지만 성인이 이갈이하는 사례도 적지 않다. 심지어 갈수록 증가하는 추세다. 유치가 빠지고 영구치가 나는 6세에서 13세 사이에 자면서 이를 가는 것은 문제가 아닐 뿐더러 비교적 흔한 현상이다. 그러나 성인이 밤마다 이를 간다면 문제로 봐야 한다. 그러나 이갈이 때문에 병원을 찾는 사람은 그만큼 많지 않다. 다들 이갈이를 큰 문제라고 여기지 않는 것이다. 하지만 알고 보면 배후에 심각한 심리적 문제가 숨어있을 수 있기에 주의를 기울여야 한다.

구강은 인간이 가장 먼저 쾌락을 느끼는 기관이자 외부세계와 소통하는 중요한 통로다. 그뿐만 아니라 긴장, 압박, 스트레스 등의 감정을 표현하는 기능을 갖고 있다. 현대사회를 살아가는 사람은 누구나 극심한 경쟁에 노출되어있으며 이에 따른 스트레스도 매우 크다. 스트레스를 어떻게 해소하느냐에 따라 삶의 질이 달라질 정도다. 운동이나 취미생활 등 건강한 방법을 통해 능동적으로 해결할 수 있으면 좋겠지만 어떤 사람은 자신도 모르는 사이에 몸으로 스트레스를 표출한다. 그러한 스트레스 표출 방법 중 하나가 바로 이갈이다.

성인 이갈이가 발생하는 원인은 아동 및 청소년보다 복합적이며, 위험성 또한 크다. 관련 연구자들은 특히 정신적 요인으로 인해 발생하는 이갈이에 주목한다. 베이징 대학 구강의학원에서는 16세에서 45세 사이의 이갈이 환자 80명과 이갈이를 하지 않는 일반인 80명을 상대로 아이젱크 성격검사를 진행했다. 그 결과 성격이 내향적이고 스트레스를 잘 받을수록, 특히 정서가 불안정하고 쉽게 긴장할수록 이갈이를 심하게 하는 것으로 나타났다. 실제로 부정교합 등 구강 문제 때문에 이갈이를 할 확률보다 심리적 이유로 이갈이를 할 확률이 압도적으로 높다. 전문가는 심리적 압박에서 벗어나고 싶다는 잠재의식이 이를 갈게 만드는 원인이라고 본다. 실제로 심리적 좌절의 표현으로 이갈이를 하는 사례가 많기 때문에 임상에서는 환자가 이를 심하게 갈면 정신과 상담을 권하기도 한다.

이갈이로 유추할 수 있는 대표적 심리상태는 좌절과 걱정이다. 분노, 초조, 원망, 비관의 감정이 강하거나 학대당했을 때도 이갈이가 두드러지게 나타난다. 이를 가는 사람은 그렇지 않은 사람보다 비관적 정서가 강하다는 내용의 연구도 있다. 이처럼 성인 이갈이는 심리적 피로가 쌓였다는 의미로 해석할 수 있기 때문에 이갈이가 나타나면 몸과 마음의 건강을 필히 체크해보아야 한다.

하지만 안타깝게도 성인 이갈이를 심각하게 여기는 사람은 그리 많지 않다. 대부분 이갈이를 별 것 아닌 잠버릇으로 치부하기 일쑤다. 실제로 이갈이를 하는 성인 40명과 그들의 가족 60명을 대상으로 한 조사에서 '이갈이 때문에 병원에 갈 필요는 없다'라고 답한 비율은 무려 62.3퍼센트에 달했다.

물론 어쩌다 한 번씩 이를 가는 것은 건강에 별 영향이 없다. 그저 잘 쉬고 마음을 편하게 먹으면 절로 해결된다. 그러나 오랜 기간 이갈이를 했다면, 혹은 잠들 때마다 이갈이를 한다면 별 것 아닌 일로 치부하지 말고 서둘러 진찰을 받아야 한다. 자신도 모르는 마음의 병이 있을지도 모르기 때문이다. 심리적인 문제는 방치한다고 저절로 해결되지 않는다. 적극적인 진단과 치료가 필요하다. 실제로 마음의 문제와 스트레스가 해결되면 이갈이는 자연히 좋아진다. 밤마다 이갈이로 고통 받고 있다면 먼저 자신의 마음을 들여다보자. 어쩌면 나도 몰랐던 내 마음의 문제가 발견될지도 모른다.

키스에 관한 과학적 사실들

●

영화나 소설, 드라마에서 사랑에 빠진 두 사람이 서로를 향한 마음을 확인할 때 가장 흔히 등장하는 장면은 무엇일까? 바로 키스다. 사랑하는 사람이 생기면 키스하고 싶은 마음이 절로 든다. 왜 그럴까?

키스에는 과학적으로도 흥미로운 부분이 많다. 그중에서도 가장 재미있는 것은 키스를 할 때 우리 몸에 화학적 변화가 일어난다는 것이다. 가장 대표적인 게 호르몬 변화다. 사랑하는 사람과 입술을 마주대고 타액을 주고받는 동안 우리 몸에서는 친밀감을 높이는 옥시토신의 분비량이 증가하고 스트레스 호르몬인 코르티솔이 감소한다. 그렇다면 사랑 없이 키스만 한다면 어떨까? 사랑의 감정 없이 키스만 할 경우, 남성은 여전히 옥시토신 분비량이 증가하는 반면 여성은 오히려 줄어드는 것으로 나타났다. 그러나 남녀 간에 왜 이런 차이가 생기는지는 아직까지 미지수다.

러트거스 뉴저지 주립대학교의 헬렌 피셔Helen Fisher 인류학 교수는 키스가 성욕, 낭만적 애정 및 장기적 관계 유지와 관련된 대뇌 시스템을 자극한다고 밝혔다.

"성욕은 짝을 찾도록 자극하고, 낭만적 애정은 성적 관계 에너지를 한 사람에게만 쏟게 만듭니다. 애착감은 남녀가 영아기의 아기를 함께 기를 수 있도록 반려 관계를 오랫동안 유지하게 해주지요. 그리고 이 세 가지 모두 키스를 통해 더욱 강화될 수 있습니다."

일반적으로 키스에는 다음과 같은 '효능'이 있다고 알려져 있다.

❓ 키스의 효능

• **다이어트**

키스는 심혈관계 활동을 증진시키고 고혈압을 예방하며 콜레스테롤 수치를 낮추는 데 효과적이다. 실제로 하루 3번, 한 번에 20초 이상 키스를 하면 다이어트 효과를 얻을 수 있다.

• **면역력 강화**

사람의 타액에는 다양한 세균이 살고 있는데 그중 20퍼센트는 사람마다 종류가 다르다. 즉 키스를 하면 나의 구강 안으로 타인의 새로운 세균이 들어온다는 것이다. 이렇게 들어온 세균은 기존의 세균과 다른 반응을 일으키면서 면역체계를 자극하고 특정한 항체가 생기게 함으로써 면역력을 강화시킨다.

• **미용**

키스할 때 동원되는 안면부 근육은 무려 서른 개에 달한다. 키스를 하면 절로 얼굴 운동이 된다는 뜻이다. 그 결과 혈액순환이 촉진되고 피부가 매끈해지면서 자연스레 미용 효과를 얻게 된다.

• **치아 보호**

키스를 하면 침 분비가 늘어나는데 침 속에는 치아 보호 및 잇몸 염증 예방에 도움이 되는 칼슘과 인이 다량 함유되어 있다.

• **심혈관계 안정**

사랑하는 사람과 하는 키스는 심장을 뛰게 한다. 심지어 분당 심박수가 100~140회까지 높아지기도 하는데 이는 심혈관계 안정 및 고혈압 예방, 콜레스테롤 수치 저하에 상당히 이롭다.

• **정서 안정**

키스는 스트레스 호르몬인 코르티솔의 형성을 막아서 정서 안정에 도움을 준다.

• **진통 효과**

키스를 하면 아픔이 사라진다. 타액 안에 진통 성분이 있기 때문이다. 키스가 격렬해질수록 타액 분비량이 늘어나고, 타액 분비가 활발할수록 진통 효과 역시 커진다고 볼 수 있다.

• **일부 질병의 발병률 저하**

관련 연구에 따르면 키스를 자주 하는 사람은 위와 방광, 혈액 등과 관련된 질병의 발병률이 현저히 낮은 것으로 나타났다.

몸과 마음에 이처럼 유익한 키스를 하지 않을 이유가 어디 있겠는가? 그러니 사랑에 빠진 이들이여, 더 많이 사랑하고 더 많이 키스하라!

'셀프 칭찬'의 힘

●

힘들고 우울한 날, 거울 앞에서 잔뜩 위축된 자신을 바라보며 '괜찮아! 힘내! 난 잘할 수 있어!'라며 칭찬과 응원을 해본 적이 있는가? 아마 그렇게 할 생각조차 해본 적 없을 것이다. 내가 나를 칭찬한다는 것이 어색하기도 하고, 남도 아닌 스스로에게 칭찬 몇 마디 듣는다고 불쾌한 기분이 사라질 리 없다고 생각하기 때문이다. 하지만 칭찬의 힘은 우리가 상상하는 것 이상으로 강하다!

이제 막 걸음마를 배우는 아기가 있다. 엄마는 조금 떨어진 곳에 쭈그리고 앉아서 아이를 향해 두 팔을 벌린다. 아이는 비틀거리며 금방이라도 주저앉을 것만 같다. 그때 엄마가 다정하고 확신에 찬 목소리로 힘을 북돋는다.

“우리 아기 잘한다! 씩씩하게 걸어서 엄마한테 와보렴. 옳지, 그렇지! 아휴, 대단해라!”

응원을 받은 아기는 두 다리에 꿋꿋이 힘을 주고 뒤뚱뒤뚱 걸어와 엄마 품에 안긴다. 엄마의 칭찬이 아기에게 힘과 용기를 준 것이다.

아기뿐만이 아니다. 어른도 칭찬을 받으면 힘과 용기가 생긴다. 아이 못지않게 어른에게도 칭찬이 필요한 이유다. 《톰 소여의 모험》의 작가 마크 트웨인은 이런 말을 남겼다.

“나는 칭찬 한 마디로 3개월을 살 수 있다.”

사람은 누구나 칭찬에 목말라한다. 칭찬은 상대가 나의 존재와 가치를 인정한다는 의미이기에 그 자체로 보상이 된다. 직장에서 상사에게 칭찬을 들으면 일할 맛이 난다. 나의 장점을 친구가 추어올려주면 며칠씩 기분이 좋다. 이렇듯 칭찬은 마음에 비추는 햇살처럼 듣는 사람에게 기운을 북돋아준다. 햇살이 없다면 지구상의 어떤 생물도 정상적으로 자라날 수 없다. 마찬가지로 사람의 마음은 칭찬이 없으면 제대로 자라지 못한다. 또한 사람은 칭찬을 통해 자신감을 얻고, 자신감을 원동력 삼아 인생이라는 배를 더욱 더 먼 항구로 몰고 간다.

그런데 사람들은 남을 칭찬하고 남에게 칭찬받는 데는 민감하면서 정작 자신을 칭찬하고 자신에게 칭찬받는 데는 소홀하다. 사실 그 누구보다 인정받고, 인정해줘야 할 대상이 바로 나 자신인데도 말이다. 특히 평소 불안감이 높은 타입이라면 더더욱 스스로를 칭찬할 줄 알아야 한다. 과도한 불안에는 여러 가지 원인이 있지만 그중 도드라지는 원인 세 가지를 꼽는다면 과도한 완벽 추구, 지나친 자기비하, 스스로에 대한 과도한 집중을 들 수 있다.

과도하게 완벽을 추구하는 사람은 행동 하나, 말 한 마디까지 완전무결하려고 노력한다. 그 탓에 사소한 잘못에도 심하게 자책하며 한없이 가라앉는다. 사실 이런 사람일수록 아낌없는 '셀프 칭찬'이 필요하다. 거울 속 자신에게 '나는 최선을 다했어, 그러니 괜찮아'라고 말하며 위로의 미소를 지어보자. 스스로를 질책하지 않고 조금만 관대해져도 기분이 한결 나아진다.

자기비하가 심한 사람은 대인관계 및 사교 활동을 어려워한다. 자신이 남에게 안 좋은 인상을 줄까 봐, 일을 그르치거나 제대로 해내지 못할까 봐, 자기 때문에 다른 사람이 불편해질까 봐 늘 전전긍긍하기 때문이다. 이들은 스스로 괜찮다고 믿지 못하는 만큼 겉으로 보이는 외모와 말투에도 지나치게 신경을 쓴다. 하지만 의도와 다르게 오히려 어색하고 불편한 느낌을 줄 때가 더 많다. 이들에게 가장 시급한 과제는 자신의 '빛나는 부분'을 찾는 것이다. 장점이나 개성이 전혀 없는 사람은 없다. 많든 적든 반드시 좋은 점, 칭찬할 만한 점이 있기 마련이다. 그 '빛나는 부분'을 찾아내어 스스로를 열심히 칭찬해야 한다. 비록 어떤 면은 부족하지만 어떤 면은 아주 훌륭하다고, 스스로 기운을 북돋아야 한다. 세상 사람 모두가 나를 좋아하게 만들 수는 없으며 세상사람 모두에게 사랑받는 사람도 없다. 그러니 모두에 인정받으려 하지 말고 그저 최선을 다해 내가 인정할 수 있는 '나 자신'이 되고, 최선을 다해 '내가 해야 할 일'만 잘해내면 그만이다.

자기 자신에게 과도하게 집중하는 사람도 걱정과 불안에 쉽게 사로잡힌다. 어떤 면에서는 완벽주의 성향과 일맥상통하는 면이 있는데 특히 자신의 신체적 건강과 편안함을 중시한다는 점이 그렇다. 이들은 몸에 조금만 불편함이 느껴져도 걱정과 불안에 휩싸여 병원으로 달려간다. 심할 경우 건강염려증에 시달리기도 한다. 이들에게 필요한 것 역시 스스로에 대한 믿음이다. 자신은 충분히 건강하며, 면역력 또한 강해서 사소한 질병쯤은 얼마든지 이겨낼 수 있다는 믿음 말이다. 그래야 불필요한 걱정과 불안에서 벗어날 수 있다.

사실 걱정과 불안, 두려움에 빠지는 가장 근본적인 이유는 아무런 걱정 근심 없이 자유롭게 살 수 있기를 간절히 바라기 때문이다. 어쩌면 생길지 모르는 불행과 이를 극복하는 과정에서 마주쳐야 할 여러 가지 고통, 불편함을 생각하면 자신감이 자꾸만 사라진다. 불확실한 미래에 대한 걱정이 우리의 생각과 마음, 행동, 감정을 옥죄는 셈이다. 이럴 때는 두려움과 불안을 야기하는 원인을 먼저 파악한 뒤, 왜 그렇게 느끼는지 분석하고 자신을 응원하며 위로한다. 그래도 부정적 감정이 사라지지 않는다면 이렇게 말해보자.

'내가 걱정하는 일이 실제로 벌어져도, 최악의 결과가 닥쳐도 정말 이만큼 두려울까? 그런 일을 겪은 사람이 과연 나 하나일까? 다른 사람도 다 겪는 일이 아닌가? 그런데도 다들 극복하고 잘 살아가고 있지 않은가? 정말 그런 일이 생긴다면 나는 진짜로 살 수 없게 될까?'

그래도 불안감이 여전하다면 또 물어보자.

'죽는 게 두려운가?'

만약 죽는 것이 두렵지 않다면 이렇게 말할 수 있다.

"죽음이 두렵지 않은데 무엇을 두려워하겠는가?"

중국의 고승인 성운대사(星雲大師)는 이렇게 말했다.

"꿰뚫어볼 수 있는 사람은 곳곳에 살 길이 열리고, 꿰뚫어보지 못하는 사람은 곳곳에 고난이 가득하다."

그의 말처럼 스스로를 먼저 꿰뚫어보고 세상사를 꿰뚫어볼 수 있는 사람은 순간의 감정에 휘둘리지 않는다. 본질을 알기 때문이다. 스스로를 믿고, 칭찬을 아끼지 마라. 그러면 곳곳에 살 길이 열릴 것이다.

스스로 행복해지는 비밀

●

언제부터인가 행복하다는 사람을 보기가 어려워졌다. 들리는 소리라고는 '힘들어 죽겠다', '짜증난다'는 하소연뿐이다. 왜 행복하지 않으냐고 물으면 다들 미간을 찌푸리며 이렇게 내뱉는다.

"행복은 무슨 행복! 쥐꼬리만 한 월급으로 사는 게 얼마나 팍팍한데, 행복하고 자시고 따질 겨를이 어디 있어?"

정말 그런가? 월급이 쥐꼬리만 해서, 그래서 불행한가? 정말 돈이 행복을 좌우하는 것일까?

많은 사람이 행복의 기본 조건으로 물질적 풍요를 꼽는다. 그럴 수밖에 없는 것이 현대사회에서 생존하려면 일단 돈이 필요하다. 돈이 없으면 배를 채울 음식을 살 수도, 머리 뉘일 집을 구할 수도 없다. 그렇다고 단순히 의식주가 해결되면 행복해지느냐, 그것도 아니다. 먹고 사는 데 아무런 문제가 없어도 남들이 좋은 차를 타고 놀러 다닐 때 자신은 그럴듯한 쇼핑몰도 못 가는 형편이라면 불행하다고 느끼는 게 인간의 본성이기 때문이다. 이렇듯 인간은 지극히 세속적이고 물질적인 존재다. 그래서 다들 돈을 버느라 바쁘다. 그러느라 자신이 행복한지, 불행한지 생각할 겨를조차 없다.

물론 돈과 행복은 아무 상관이 없다고 주장하는 사람들도 있다. 일명

'정신 지상주의자'들이다. 여기도 일리는 있다. 실제로 돈이 없어도 행복하게 사는 사람들이 있으니까. 그러나 모두가 그렇게 살 수 있는 것은 아니다. 대다수의 평범한 사람은 돈이 없으면 행복할 수 없다고 생각한다.

그렇다면 백만장자는 행복할까? 재벌은 과연 행복할까? 돈이 행복의 필요조건인 것은 사실이지만 돈만 있으면 반드시 행복해진다고 단정 지을 수도 없다. 먹고 살 만큼 돈이 충분해도, 인생을 누릴 만큼 경제가 풍족해도 불행한 사람은 여전히 불행하다. 돈으로 얻을 수 있는 행복에는 한계가 있기 때문이다. 그 한계치를 넘어가면 결국 행복을 만드는 것은 나의 마음이다. 행복은 마음가짐에 달려있다. 마음이 행복해야 진정으로 행복하다. 그런 의미에서 보면 돈보다 더 큰 문제는 마음이다. 반복되는 일상 속에 지치고 생기를 잃어버린 마음이 문제다. 마음이 위축되고 가라앉으면 아무리 물질이 풍족해도 행복을 느끼지 못한다.

양희는 본래 밝고 쾌활한 성격이지만 최근 들어 자신이 불행하다는 생각을 자주 했다. 매일 9시에 출근해서 5시에 퇴근하는 생활이 쳇바퀴 돌 듯 반복되고, 직장에서도 늘 같은 업무를 하다 보니 사는 것 자체가 재미없었다. 가슴 뛸 일도, 기대할 것도 없는 삶은 창백하고 무료했다. 일에 대한 열정도 사그라졌고 인간관계도 틀에 박힌 듯 굳어져갔다. 심지어 연애도 권태기에 접어들었는지 남자친구와도 자주 다퉜다.

어느 날 버스를 타고 퇴근하던 양희는 무심코 내려야 할 곳을 지나치고 말았다. 어쩔 수 없이 다음 정거장에 내려서 집 방향으로 걸어가는데, 문득 꽤 괜찮아 보이는 미용실이 눈에 들어왔다. 양희는 홀린 듯 미용실에 들어섰다. 그리고 충동에 이끌려 허리까지 내려오던 긴 머리를 최신 유행이라는 단발머리 스타일로 잘랐다. 결과는 성공적이었다. 컬이 살짝

들어간 단발머리는 그녀에게 생각보다 훨씬 더 잘 어울렸다. 양희는 거울에 비친 자신의 모습을 보며 저도 모르게 미소 지었다. 미용사와 다른 손님들도 예쁘다며 칭찬을 퍼부었다.

다음 날, 그녀의 새로운 스타일을 본 직장동료들은 잘 어울린다며 칭찬을 아끼지 않았다. 남자친구도 단발머리가 이렇게 잘 어울릴 줄 몰랐다며 열광적인 반응을 보였다. 그날 양희는 평소보다 많이 웃었다. 이렇게 웃어본 적이 얼마만인가 싶을 정도였다. 양희는 예전의 반짝반짝 빛나던 자신으로 되돌아간 기분이었다.

양희처럼 기분을 전환하고 싶을 때 미용실을 찾는 여성들이 많다. 심경에 변화가 생겨도 마찬가지다. 겨우 머리 스타일 하나 바꾼다고 기분이 얼마나 달라질까 싶지만, 사실 이는 생각보다 훨씬 큰 효과를 발휘한다. 실제로 외모가 바뀌면 마음가짐이 달라진다는 연구결과도 있다. 미국에서 진행된 연구인데, 연구원들은 먼저 외모에 문제가 있는 수감자를 선정해서 성형수술을 해주고 이들이 출소 이후 어떻게 살고 있는지를 추적 조사했다. 그 결과 성형수술을 한 출소자는 재범을 저지르는 확률이 현저히 낮게 나타났다. 외모가 변하면 마음가짐도 변한다는 사실이 증명된 셈이다.

살다 보면 누구나 기분 나쁜 순간이 있다. 그럴 때마다 사람들은 기분을 바꿔줄 만큼 즐거운 일이 생기기만을 바란다. 하지만 그런 일이 생기지 않는다면 어떻게 해야 할까? 우울한 마음으로 무작정 기다려야 할까? 아니다. 행복은 마음에서 비롯되고, 마음은 내가 다스린다. 남이, 또는 외부 환경이 즐겁게 해주기를 마냥 바라지 말고 나 스스로 내 마음을 기쁘게 만들 방법을 찾아야 한다. 누군가 건져주기만을 기다리지 말고, 스스로 능동적이고 주도적으로 침체된 기분에서 벗어나야 한다. 거창한 일을 하라는 게 아니다. 단지 머리 스타일을 바꾸는 것만으로도 기분이 한결 나아질 수 있다.

미국의 사회심리학자 스탠리 샥터Stanley Schachter는 감정 변화에 영향을 미치는 세 가지 요인으로 자극요소, 생리적 요소, 인지적 요소를 꼽았다. 샥터에 따르면 정서와 감정은 '인지' 활동에 따라 굴절될 수 있으며 인지 활동은 생리적 요소에 영향을 미친다. 즉 자신이 머리 스타일을 바꿨다는 사실을 의식하기만 해도 마음에 변화가 생기고, 이러한 인지적 변화가 인지적 행동 및 생리 상태에 영향을 주어서 결과적으로 불쾌한 기분을 바꿀 수 있다는 것이다.

인지는 심리에 영향을 준다. 그래서 마음을 바꾸려면 스스로 깨닫는 것이 무엇보다 중요하다. 자기 자신을 바르게 인식하고 객관적으로 상황을 판단하면 감정에 휩쓸려 비틀대지 않을 수 있다. 불행의 기분을 행복의 느낌으로 바꾸고, 우울함을 기쁨으로 변화시킬 수 있는 가장 근원적인 힘은 내 안에 있다. 물론 이 힘은 타고 나는 게 아니다. 후천적인 인지와 훈련을 통해 길러내야 한다. 이 과정은 결코 쉽지 않으며 하루아침에 완성되지도 않는다. 그러나 절대 포기해서는 안 된다. 일상생활에서 의식적으로 자아인지를 강화시키는 훈련을 하면서 겉모습도 속마음도 모두 행복하고 즐거운 사람이 되기 위한 노력을 꾸준히 이어가야 한다. 그래야 감정에 휘둘리지 않는 주체적인 삶을 꾸릴 수 있다.

일상생활 속 숨겨진
불가사의한 비밀 파헤치기

09

열 길 물속보다

알기 힘든 한 길 사람 마음

감정이 이성을 압도하는 시간, 밤

•

글 쓰는 사람은 밤에 작업하기를 좋아한다. 밤만 되면 감성적이고 흡입력 강한 문장이 술술 나오기 때문이다. 범죄율도 낮보다는 밤이 훨씬 더 높다. 사람들이 충동에 쉽게 휩쓸리기 때문이다. 홀로 깨어있는 조용한 밤에는 현실이 저만큼 물러선다. 온 세상이 고요하고, 낮에 고민했던 문제들이 아무것도 아닌 듯 느껴진다. 그러다 새벽동이 터오면 갑자기 현실이 얼굴을 들이밀고 잠시 잊었던 고민과 번뇌가 우르르 몰려온다.

왜일까? 낮과 밤의 시간은 왜 이토록 다른 것일까?

아침에는 신체의 신진대사가 대체적으로 느리다. 하루 중 혈당치가 가장 낮은 것도 이때다. 자연히 사고활동도 그다지 영민하지 못하다. 반대로 신진대사가 가장 활발한 시간대는 저녁이다. 에너지가 충분한 덕에 빠른 사고활동이 가능하고 집중력도 높아진다. 또한 일반적으로 밤에는 감당해야 할 사회적 역할이 낮만큼 많지 않다. 낮에는 자신에게 주어진 여러 가지 역할을 먼저 생각해야 하지만 일과가 끝난 뒤 혼자만의 시간인 밤이 오면 다른 누구도 아닌 오롯이 나 자신으로 있을 수 있다는 의미다. 그래서 생각을 흘러가는 대로 두어도 별 문제가 없다. 게다가 밤은 생각이 의식의 층면에서 무의식의 층면으로 옮겨가는 과도기적 시간이다. 그래서 이 시간에는 머리보다는 마음으로, 이성보다는 감성으로 세상을 보기 쉽다. 사실 사람은 누구나 본능적으로 행복을 창조해내는 능력이 있다. 다만 낮에는 수많은 사회적 역할을 감당하며 외부세계와 타인에게서 행복을 갈구하느라 자신을 들여다보지 못할 뿐이다. 그러다 밤에 집으로 돌아와 외부세계와 잠시나마 멀어지면 그제야 스스로에게 집중할 여유가 생긴다. 다른 누구에게 기대하지도 바라지도 않고 내가 나 자신의 일을 온전히 생각하는 시간, 나 스스로 행복을 만들고 누릴 수 있는 시간이 오는 것이다.

밤에 감정이 풍부해지는 이유는 감각기관의 활동성과 연관이 있다. 낮에는 시각, 청각 등의 감각기관이 외부세계의 정보를 받아들이느라 자연히 고도로 긴장되어 있을 수밖에 없다. 하지만 밤에는 감각기관이 받아들이고 처리해야 할 외부정보가 낮에 비해 훨씬 적은 편이다. 빛은 사라지고 소리도 줄어든다. 이렇게 시각적, 청각적 자극이 모두 적어지면 자신의 내면에 집중하기 좋은 환경이 조성된다. 이런 환경에서 스스로에게 집중하다 보면 감정이 훨씬 세밀하고 풍성하게 느껴지기 마련이다. 밤만 되면 쉽게 감성적이 되는 이유도 바로 이 때문이라 할 수 있다.

욕을 하면 속이 뻥 뚫린다고?

●

현대인과 스트레스는 떼려야 뗄 수가 없다. 산간벽지 두메산골에 들어가 혼자 도를 닦으며 살지 않는 한 스트레스는 불가항력이다. 그래서 스트레스 해소는 누구에게나 매우 중요한 문제다. 스트레스를 풀기 위해 누군가는 술을 마시고, 누군가는 친구를 만나며, 누군가는 클럽에 가서 춤을 춘다. 거하게 욕을 하는 사람도 있다. 이처럼 각양각색의 스트레스 해소법 중 가장 경제적이고 간편한 것은 무엇일까? 바로 마지막으로 소개한 방법, 욕이다.

"가끔은 일부러 욕을 하기도 합니다. 네, 인정해요."

현재 고등학생을 가르치고 있는 C씨는 고백하듯 말했다.

"물론 평소에는 입에서 욕이 튀어나오려 해도 꾹 참습니다. 학생들 앞에서 욕을 할 수는 없잖아요! 하지만 한 번씩 상황을 보고 욕해도 괜찮겠다, 싶으면 신나게 합니다. 그러고 나면 어쩐지 속도 시원하고 스스로 더 솔직한 사람이 된 것 같은 느낌이 듭니다."

살다 보면 정말 한 대 치고 싶을 만큼 재수 없는 인간과 마주칠 때가 있다. 하지만 실제로 주먹을 날리는 일은 거의 없다. 기껏 해봤자 욕 몇 마디 하는 게 우리가 할 수 있는 최선이다. 주먹 대신 욕을 날리는 셈이다. 그나마 이렇게 욕을 내뱉고 나면 불쾌한 기분이 한결 나아진다. 적어도 욕 한 마디 못했을 때만큼 답답하지는 않다. 스트레스가 어느 정도 발산되기 때문이다.

일부 특수한 상황에서는 욕을 하는 것이 무리에 녹아드는 방법이 되기도 한다. 친구에게 초대받아서 간 파티, 모든 사람이 담배를 피우고 있다고 가정해보자. 이런 상황에서는 아무리 담배가 싫어도 대놓고 싫다는 티를 내기가 쉽지 않다. 마찬가지로 모두가 욕을 하며 불만을 토해내는 상황에서 홀로 독야청청 고상한 척한다면 무리에 낄 수 없다. '우리 사람'이라는 동류의식을 심어주려면 같은 말을 사용해야 한다. 서로 심리적 거리를 좁히며 편안하고 유쾌한 대화 분위기를 만드는 데는 '같은 언어'를 사용하는 것이 가장 효과적인 방법이다.

욕을 무조건 금기시해서도, 반대로 무조건 옹호해서도 안 된다. 상황을 봐야 한다. 상황에 따라 욕은 해도 되는 것이었다가 절대 해서는 안 될 것이 되기도 하고 꼭 해야 할 것이 되기도 한다. 상황 파악만 잘한다면 욕을 하면서 스트레스를 해소하는 것도 꼭 나쁜 일만은 아니다.

말 끼어들기를 좋아하는 사람들의 심리

●

대화 중에 남의 말허리를 자르고 들어가기를 좋아하는 사람이 있다. 자기가 잘 알든 모르든, 관계가 있든 없든 꼭 한두 마디는 끼어들어야 직성이 풀린다. 이들은 여러 명이 모이는 자리에서도, 공공장소에서도, 심지어 단 둘이 대화를 나눌 때도 말허리를 자르고 싶은 욕구를 참지 못하고 상대의 말이 끝나기도 전에 끼어들어 자기 할 말을 하고 만다. 이런 사람과 이야기하다 보면 짐짓 기분이 불쾌해지기 일쑤다.

아이들도 말 끼어들기를 참 잘한다. 그런데 아이는 이해해줄 만한 여지가 있다. 저들끼리 신나서 놀다가 소리를 지르는 바람에 의도치 않게 어른들의 대화를 방해하기도 하고, 부모가 자기를 먼저 봐주기를 바라는 마음에 일부러 자꾸 대화에 끼어드는 것이니 말이다. 이는 어디까지나 아이의 특성으로 이해해야 한다. 게다가 아이는 아직 인격이 온전히 형성되지 않은 탓에 매우 자기중심적이며 사회(어른 세계)의 인정을 받고 싶다는 욕구 또한 강하다. 이런 욕구를 만족시키기 위해 어른들의 대화에 끼어드는 것이다. 이럴 때는 아예 아이에게 자신을 표현할 수 있는 기회를 주는 게 좋다. 하고 싶은 말을 다 하도록 허락해주는 것이다. 그런 뒤 남의 말에 끼어드는 것은 좋지 않은 행동이며 다른 사람에게도 말할 기회를 주어야 한다고 가르쳐서 아이가 건강한 인격체로 성장할 수 있게 도와야 한다.

인생에서는 아동기 말고도 지극히 자기중심적인 시기가 한 번 더 있다. 바로 청소년기다. 청소년기는 자신만 알던 아이의 세계에서 남도 생각해야 하는 어른의 세계로 넘어가는 과도기다. 자기중심적 단계에 있는 청소년은 자신이 유일무이한 존재이기 때문에 마땅히 주목을 받아야 한다고 생각한다. 또 한 가지 특징은 자신의 감정에 지나치게 매몰된 나머지 타인의 마음을 배려하지 못한다는 점이다. 그래서 이 시기에는 다른 사람의 말을 끊어서라도 자신의 존재를 증명하고 타인의 인정을 받고자 하는 경향을 보인다.

우리는 모두 이런 시기를 지나왔다. 그리고 그 과정에서 다른 사람의 말을 끊는 것이 얼마나 예의 없는 행동인지를 경험하고 배웠다. 아마 누구나 그럴 것이다. 그런데도 살다 보면 여기저기서 툭툭 이런 사람들과 마주치게 된다. 남의 말에 귀 기울이지 않고, 툭하면 끼어들어 신나게 자기 이야기만 하는 사람 말이다. 이런 사람은 어딜 가나 환영받지 못한다. 이들과 굳이 대화하고 싶어 하는 사람도 없다. 그런데 아무리 불편한 기색을 내보여도 이들은 꼭 끼어들고야 만다. 대체 왜 그렇게 남의 말에 끼어들기를 좋아하는 것일까? 이런 사람을 우리는 어떻게 대해야 할까?

그전에 먼저 혹시 내가 그런 사람은 아닌지 곰곰이 생각해보자. 만약 그렇다는 결론이 났다면 냉정한 자기성찰을 통해 자존감이나 인정욕구에 문제가 있지는 않은지 점검해보아야 한다. 그리고 또 다시 무의식적으로 남의 말에 끼어들고 싶을 때마다 다음의 말을 되새기도록 한다.

'다른 사람의 말에도 귀를 기울이고, 다른 사람에게도 말할 기회를 주

자. 잘 듣고 배울 점을 찾아보자. 그래야 더욱 원활하고 안정된 인간관계를 맺을 수 있다.'

자신을 점검했다면 다음은 이런 사람에게 대처하는 법을 배울 차례다. 처음에는 이들에게 자기 이야기를 할 기회를 준다. 먼저 충분히 들어주라는 것이다. 그런 뒤 이제는 대화의 바통을 넘기라는 의미로 이렇게 말한다.

"제가 말해도 될까요?"

그리고 '내가 말할 때는 끼어들지 말아 달라'는 뜻을 완곡히 전달한다. 남의 말에 자꾸 끼어드는 사람은 자신이 그렇게 한다는 사실조차 의식하지 못하는 경우가 많다. 그 점을 에둘러 지적해서 이들이 스스로 자신의 대화 태도를 돌아보고 반성하게 만드는 것이 중요하다.

앞으로 혹시라도 자꾸 말에 끼어드는 사람을 만나면 무조건 기피하거나 눈만 흘기지 말고 이들에게 원활한 대화의 기술을 가르쳐주기 바란다. 사람이 나빠서가 아니라 단지 못 배워서 그럴 수도 있다. 충분히 말할 수 있는 기회를 주고 생각을 인정해주면 이들도 조금씩 자신의 '나쁜 버릇'을 고쳐나갈 것이다.

화낼 줄 아는 사람이 더 건강하다

●

화가 났을 때는 어떻게 행동하는 것이 현명할까? 불쾌한 기분을 표현하고 발산해야 할까, 아니면 억눌러야 할까? 누군가는 내 마음이 편해지려면 화를 표출해야 한다고 하고, 누군가는 나중에 후회하게 될 수도 있으니 최대한 냉정하게 참는 편이 좋다고 한다. 과연 누구의 말이 맞는 말일까?

사람들은 보통 '감정 발산'이라는 말을 부정적으로 받아들인다. 감정을 있는 그대로 표현하면 득보다는 실이 많다는 것이다. 그러나 감정 발산에도 좋은 측면이 있다. 또 알고 보면 감정을 억누르는 것보다 폭발시키는 게 마음의 평화를 찾는 지름길이다. 그렇다면 분노라는 감정은 어떻게 해야 할까? 발산해야 하나, 말아야 하나?

미국 캘리포니아의 한 부부관계 전문 상담가는 화를 건강하게 발산하는 부부가 그렇지 않은 부부보다 친밀한 관계를 훨씬 오래 유지한다고 밝혔다. 그와 달리 화를 참거나 비신체적인 공격방식을 이용해 소극적으로 표현하는 부부는 오히려 마음의 상처가 깊어져서 관계가 악화되는 경우가 많다고 한다. 또 다른 전문가들도 부정적 감정일수록 올바른 방법으로 건강하게 발산해야 한다고 주장한다. 상대의 마음과 자존심을 해치지 않으면서 화를 표현하는 '건강하게 싸우는 법'을 배워야 한다는 것이다. 인간관계, 특히 부부관계에서는 자신의 감정을 솔직하게 표현하는 것이 매우 중요하다. 부정적 감정도 무조건 참거나 감추기보다는 서로의 자존감과 두 사람의 관계를 해치지 않는 선에서 적절히 표출할 수 있어야 한다. 그래야 건강한 관계를 유지할 수 있다.

대다수 심리적 질병은 감정을 억누르는 데서 시작된다. 그래서 심리상담사는 가장 먼저 내담자가 자신의 감정을 표현하고 발산할 수 있도록 돕는다. 같은 맥락에서 회사 안에 '화풀이방'을 따로 마련해놓은 기업도 있다. 업무 때문이든 동료나 상사 때문이든 화가 났을 때는 참지 말고 이 방에 들어가 실컷 소리도 지르고 욕도 하며 화를 발산하라는 의미다. 화는 억누르고 묵힐수록 더욱 크고 무거워진다. 그러니 자신이 감당할 수 없을 만큼 자라기 전에 빨리 푸는 것이 상책이다.

관련 연구에 따르면 분노를 적절히 발산할 줄 아는 사람은 정서적, 사회적 문제를 겪을 확률이 낮다고 한다. 분노가 반드시 파괴적인 감정인 것만은 아니다. 남에게 피해 주지 않고 효과적으로 발산할 수만 있다면 때로는 생각지도 못한 원동력으로 작용할 수도 있다.

이 세상에는 '분노유발자'도 많고, 화가 치밀어 오르는 일도 많다. 이왕 그렇다면 나의 정신건강을 위해서라도 적절하고 건강하게 화를 내는 법을 배우는 게 좋지 않을까? 무엇보다도 성숙한 표현방법을 배우는 것이 중요하다. 화를 발산하는 이유는 어디까지나 나를 위해서지, 타인을 곤경에 빠뜨리기 위한 게 아니기 때문이다.

쾌감을 위해 훔치는 사람들

●

2002년 10월, 모 대학에서 이상한 절도사건이 벌어졌다. 여학생 기숙사에서 두 달 동안 스무 차례나 물건이 사라졌는데, 모두 만 원 이하의 물건만 사라진 것이다. '도둑'은 어찌된 일인지 거액의 현금과 귀금속, 핸드폰이나 노트북에는 손도 대지 않고 우유, 과일, 동전지갑처럼 사소한 물건들만 훔쳐갔다.

경찰조사 끝에 현정이라는 여학생이 절도범으로 지목됐다. 경찰의 통보를 받은 학교 측은 아연실색했다. 현정은 평소 행실이 바르고 성적이 우수한 모범생이었기 때문이다. 그렇다고 가정형편이 어렵지도 않았다. 무엇 하나 부족하지 않은 그녀가 절도라니, 대체 어찌된 일일까?

처음에는 현정도 혐의를 강하게 부인했다. 그러나 사감교수가 타이르고 설득하자 마침내 잘못을 인정했다. 그리고 왜 물건을 훔쳤냐는 질문에 놀랄만한 대답을 내놓았다.

"탐나서 훔친 건 아니에요. 그냥 복수하려고 훔쳤어요. 훔치면 기분이 좋아졌거든요."

알고 보니 그녀는 함께 기숙사 생활을 하는 사람들에게 상당한 적의를 품고 있었다. 그래서 그들의 물건을 훔쳤고, 그 과정에서 쾌감을 느꼈다.

현정은 어떤 이유로 이처럼 괴팍한 성정을 갖게 되었을까? 또 어째서 주변 사람들에게 적의를 품은 것일까? 이후 추가적으로 이뤄진 조사와 심리 상담에서 그녀가 타인에게 적개심을 갖게 된 원인이 밝혀졌다. 어려서부터 어머니가 사람들에게 부당하게 대우받는 모습을 보고 자란 것이 시작이었다.

그녀의 어머니는 성실하고 착한 사람이었으며 누구에게나 친절했다. 하지만 어찌된 일인지 늘 동네사람들의 멸시와 조롱을 받았다. 어렸을 때는 현정도 그 이유를 몰랐지만 좀 더 자란 뒤에 동네사람들이 단지 키가 작고 못생겼다는 이유로 어머니를 무시한다는 사실을 알았다. 그 사실을 깨닫고 그녀는 더욱 공부에 매달렸다. 자신이 공부를 잘하면 사람들도 더 이상 어머니를 무시하지 않으리라 생각했기 때문이다. 하지만 그녀가 아무리 공부를 잘해도 상황은 나아지지 않았다. 아니, 외려 더 나빠졌다. 그녀가 콤플렉스에 묶여 공부만 파고드는 동안 같은 반 아이들은 현정을 괴팍한 아이, 어울리기 힘든 아이라고 생각했고 조금씩 무시하기 시작했다. 현정은 자연히 외톨이가 되었다.

그녀는 자괴감과 절망에 빠졌다. 아무리 노력해도 소용없다는 생각,

자신과 어머니를 무시하는 사람들을 향한 미움과 원망이 갈수록 짙어졌다. 이러한 스트레스와 분노는 대학에 진학한 뒤에도 계속 이어지며 더 심해졌다. 심지어 주변사람 모두가 자신을 싫어한다는 피해의식까지 생겼다. 현정의 머릿속은 온통 사람들에게 복수할 생각으로 가득 찼다. 이웃이든 학교 친구든 상관없었다. 그러던 어느 날, 현정은 자신을 무시한 동기가 가장 아끼는 화장품을 몰래 훔쳐서 버렸다. 동기가 화장품을 찾으며 당황해하는 모습을 보자 가슴 깊은 곳에서 쾌감이 느껴졌다. 그날 이후 현정에게는 도벽이 생겼다. 물건을 훔치는 데 성공할 때마다 엄청난 쾌감이 그녀를 덮쳤다.

범죄를 저지르면 처벌을 받는다. 처벌의 궁극적 목적은 잘못된 행동을 교정하는 것이다. 하지만 현정처럼 심리적 이유로 절도를 하는 사람은 근본원인이 해결되지 않는 한 처벌을 받아도 도벽을 고치지 못한다. 이런 사람을 도우려면 먼저 심리적 원인을 찾고 치료해야 한다. 처벌과 함께 적절한 심리 치료가 병행되면 얼마든지 정상적인 상태를 회복할 수 있다.

만약 내 자녀에게 이런 문제가 있다면 어떻게 해야 할까? 무조건 나무라거나 모욕하는 것은 절대 금물이며, 아이의 입장에서 생각하며 더 많은 관심과 이해를 베풀어야 한다. 학교 차원에서는 효과적인 상담 시스템을 구축해서 아이가 정신적 고통을 호소하고 위로받을 수 있는 창구를 마련해야 한다.

잘못을 저지른 아이 뒤에는 종종 무관심한 부모, 무관심한 교사, 무관심한 사회가 있기 마련이다. 한 아이가 건강한 인격을 지닌 어른으로 성장하려면 가정과 학교, 사회의 주의 깊은 관심과 노력이 필요하다.

마음의 쓰레기통 비우기

●

여자들은 커다란 가방을 선호한다. 평소 챙겨 다닐 물건이 많기 때문이다. 그런데 가방 정리를 제때 하지 않으면 물건 하나 찾으려고 온 가방을 뒤집어야 하는 상황이 벌어진다. 그렇게 가방을 뒤집어보면 언제부터 있었는지도 모를 잡동사니부터 진즉에 버렸어야 할 쓰레기까지 온갖 게 다 나온다.

마음도 가방과 같다. 제때 정리하지 않으면 쓸데없는 잡동사니, 버려야 할 쓰레기 같은 감정이 마음의 공간을 가득 채운다. 쓰레기에 점령당한 마음은 불쾌하고 우울하다. 긍정적인 감정은 쓰레기에 밀려 사라진 지 오래다.

엉망이 된 가방을 해결하는 방법은 간단하다. 정기적으로 가방 속 물건을 다 꺼내서 비우고 정리하면 된다. 마음도 마찬가지다. 정기적으로 '마음의 쓰레기통'을 비우면 된다.

어느 깊은 밤, 한 정신과 의사의 집에 낯선 여인이 전화를 걸어왔다. 여인은 의사가 전화를 받자마자 다짜고짜 외쳤다.

"그 자식이 증오스러워요!"

"누구 말씀이시죠?"

의사는 침착하게 물었다.

"내 남편 말이에요!"

여인의 일갈에 의사는 고개를 갸웃했다. 처음에는 자신이 담당한 환자인 줄 알았으나 아무리 들어도 낯선 목소리였다. 결국 그는 예의 바르게 전화를 잘못 거셨노라고 여인에게 말했다. 하지만 상대는 그의 말을 무시하고 계속해서 하소연을 늘어놓았다. 자신은 하루 종일 자식 넷을 건사하느라 눈코 뜰 새 없는데 남편은 매일 드러누워 TV만 본다는 것이다. 그러면서 자신이 어쩌다 바람이라도 쐴 겸 외출하겠다고 하면 어딜 나가느냐며 버럭 화를 낸다고 했다.

"자기는 매일 술 마시고 새벽에나 들어와요. 다 회사 접대라는데, 솔직히 어떻게 믿어요? 친구를 만나는지, 여자를 끼고 노는지 알게 뭐냐고요!"

의사는 다시 한 번 정중하게 나는 당신을 알지 못하며 아마도 전화를 잘못 건 것 같다고 말했다. 하지만 여인은 여전히 꿋꿋하게 자기 할 말만 했다. 그렇게 한참을 더 원망을 쏟아놓는가 싶었는데 어느 순간 갑자기 입을 다물었다. 그리고 잠시 후, 한결 가라앉은 목소리로 말했다.

"사실 저도 전화를 잘못 걸었다는 것 알아요. 선생님이 누군지도 모르고요. 하지만 어디에다가라도 말하지 않으면 정말 미칠 것만 같았어요. 어쩌면 아예 모르는 분이라 더 솔직히 말할 수 있었는지도 모르죠. 나를 아는 사람에게 말하기에는 너무 창피하고, 너무 오랫동안 마음에 쌓여뒀던 이야기거든요. 정말 죄송해요. 그리고 진심으로 감사드려요. 덕분에 훨씬 편해졌어요. 감사해요."

여인은 몇 번이고 감사하다고 말한 뒤 후련한 듯 전화를 끊었다.

사람들은 스트레스를 받으면 친구나 가족에게 털어놓는다. 말하는 것만으로도 한결 마음이 편해지기 때문이다. 하지만 친구, 가족이라고 전부 다 말할 수 있는 것은 아니다. 너무 치욕스러워서, 자존심이 상해서, 혹은 이 이야기까지 하면 내가 너무 벌거벗은 느낌이라 차마 할 수 없는 말들이 있다. 어떤 이야기는 상대가 나보다 더 힘들고 더 아파할 것 같아서 할 수 없는 것도 있다. 그렇다고 마음에 담고 혼자 끙끙 앓자니 내가 죽을 지경이다. 이럴 때는 차라리 모르는 사람에게 털어놓는 편이 훨씬 편하다. 나를 모르는 사람, 알더라도 스쳐지나갈 인연인 사람, 서로의 인생에 관여할 일도 미래에 참견할 일도 없는 사람에게는 오히려 진실한 속마음이 더 쉽게 나온다.

정기적으로 적당히 감정을 발산해주는 것은 매우 훌륭한 '심리 디톡스'다. 건강한 몸과 마음을 위해서는 분노 불만 원망 등의 부정적 감정은 쌓아두지 말고 그때그때 털어내는 것이 가장 좋다. 부정적인 감정은 마음의 생기를 갉아먹는다. 그렇기에 되도록 빨리 해소하고 한시라도 빨리 긍정적인 기운을 회복해야 한다.

때로는 쌓인 감정을 푸는 것만으로도 삶의 의욕이 되살아난다. 일명 '호손효과'다. 이는 미국 국가연구위원회가 호손 웍스라는 공장에서 진행한 조사연구를 통해 발견된 현상을 말한다. 이 공장은 시카고 교외에 자리한 전화교환기 제조 공장으로 오락시설, 의료제도, 연금제도 등 직원복지시스템이 비교적 잘 갖춰져 있었다. 그런데도 직원의 불만도가 이상하리만치 높았다. 심지어 이 때문에 업무에 지장이 생길 정도였다. 연구원들은 원인을 찾기 위해 일련의 실험을 실시했다.

그중에서도 가장 중점적으로 진행된 것은 '면접실험'이었다. 이 실험의 핵심은 전문가들이 직원을 개인적으로 찾아가 대화를 나누며 처우 및 환경에 대한 의견과 불만을 귀 기울여 들어주는 것이었다. 약 2년 간 이어진 실험의 결과는 놀라웠다. '면접실험'에 참여한 직원 대다수가 더 이상 불만을 제기하지 않고 업무에 집중하기 시작한 것이다. 그 영향으로 공장 생산율도 크게 개선됐다.

알고 보니 그간 직원들은 공장의 온갖 제도와 업무 환경, 복지 처우에 불만이 생겨도 이를 토로할 통로나 사측과 소통할 창구가 전혀 없었다.

불편한 감정을 해결하지 못하고 오랫동안 마음에 쌓아둔 셈이다. 이런 상태로 일을 하니 업무 효율이 좋을 리 없었다. 하지만 '면접실험'을 통해 불편한 감정과 불만을 그때그때 적극적으로 발산하고 해결할 수 있게 되자 직원들은 한결 가볍고 시원한 마음으로 일에 집중할 수 있게 되었다. 객관적 상황의 변화 없이, 단지 불편한 감정을 실컷 발산한 것만으로도 문제가 어느 정도 해결된 셈이다. 사회심리학자들은 이러한 현상에 '호손 효과'라는 이름을 붙였다.

사람은 살면서 수많은 바람과 욕망을 갖는다. 하지만 그중 실제로 실현되는 것은 극히 일부다. 실현되지 않은 바람, 만족되지 못한 욕망은 부정적인 감정을 낳는다. 그런데 부정적인 감정은 무조건 억누른다고 해결되지 않으며, 오히려 엄청난 스트레스를 야기할 수 있다. 마음이 불편하면 침착하고 냉정한 사고활동 또한 어려워진다. 직장에서 걱정이나 불만이 생기면 업무 효율이 떨어지는 이유도 이 때문이다. 따라서 자신의 감정을 있는 그대로 존중하며, 부정적 감정은 건강한 방법으로 제때 적절히 해소해야 한다. 그래야 일상생활이든 직장생활이든 건강한 흐름을 계속 이어갈 수 있다.

가끔은 응석 부려도 괜찮아

●

현대인은 누구나 바쁘고 각박한 생활 속에 수많은 스트레스를 감당하며 살아간다. 이런 상황에서 가장 큰 상처를 주는 동시에 가장 큰 위로가 되는 존재는 다름 아닌 '사람'이다. 인간관계는 인생의 열쇠라고 할 만큼 중요하다. 사람이라면 누구나 다른 사람과 잘 지내기를 바라며, 안정적이고 친근한 인간관계를 맺을 수 있기를 바란다. 그런데 그러려면 때로는 나 자신이 먼저 벽을 허물 필요가 있다. 경쟁심에 날카롭게 곤두선 신경을 누그러뜨리고 마음의 가드를 내려놓아야 한다. 약한 모습을 보여도 괜찮다는 뜻이다. 또 나의 약한 모습을 보인 것이 계기가 되어 오히려 인간관계가 더욱 굳건해지기도 한다. 항상 완벽하려고 애쓰지 말고 자기 자신에게, 또 남에게 적당히 '응석'도 부릴 줄 알아야 사는 게 한결 수월해진다.

사람들은 대개 응석을 어린아이나 정신이 미성숙한 사람의 전유물이라고 여긴다. 그래서 가족, 배우자, 연인, 친구 등 가깝고 친한 사람에게조차 응석 부릴 생각을 하지 않는다. 말도 못할 만큼 스트레스가 쌓여도 차마 힘들다는 소리도 하지 못하고 혼자 끙끙 앓는다. 하지만 알고 보면 응석은 누구나 시도할 수 있는 스트레스 완화법이다. 그냥 말하기에는 힘든 이야기도 약간의 응석과 애교를 섞으면 훨씬 쉽게 전달할 수 있다. 효과 또한 상상 이상이다.

우리 사회는 다 큰 남자의 애교나 응석을 전혀 용납하지 못한다. 심지어 가족이나 친구, 동료에게 아쉬운 소리만 해도 '남자답지 못할' 뿐 아니라 한심하다고 취급받기 일쑤다. 하지만 그런 남자도 응석을 부릴 수 있는 존재가 있다. 바로 연인이다. 남자가 연인에게 애교나 응석을 부리는 것은 전혀 부끄러운 일이 아니다. 간질간질한 말과 행동은 연인 사이를 부드럽게 만드는 윤활제가 되며, 힘듦을 솔직히 표현하는 것도 한심하다기보다는 연민의 마음을 불러일으킨다. 사랑하는 사람에게는 나의 약한 모습을 보여도 괜찮다. 한심하기는커녕 도리어 더욱 사랑스럽게 보일 수도 있다. 특히 다투거나 감정이 상했을 때는 각자 자존심을 내세우며 경직된 태도를 고집하는 것이 오히려 관계를 악화시킬 수 있다. 이럴 때는 적당한 응석과 애교가 상황을 수월하게 해결하는 비결이 되기도 한다. 제대로 쓸 수만 있다면 연인 사이에서 은밀한 애교와 응석만큼 효과적인 '진정제'는 없다.

연인에게 응석을 부릴 수는 있어도 직장 동료나 상사에게 응석 부린다는 것은 역시나 상상 밖의 일이다. 동료나 상사에게 연인에게 하듯이 응석을 부리면 역효과가 날 뿐더러 향후 사회생활까지 힘들어질 수 있다. 여기서 제안하는 것도 그런 종류의 응석은 절대 아니다. 무조건 강경하고 딱딱한 태도를 고집하지 말고, 유연함으로 강함을 넘어서는 방법을 배우라는 것이다.

직장인은 대부분 인간관계에서 가장 많은 스트레스를 받는다. 일이야 내가 열심히 하면 그만이지만 사람 관계는 아무리 노력한들 내 뜻대로 된다는 보장이 없기 때문이다. 원활한 인간관계를 맺으려면 원활한 소통이 뒷받침되어야 한다. 그리고 원활한 소통을 위한 기술이 바로 '적당한 애교와 응석'이다. 사회적 응석과 애교에는 기술이 필요하다. '애교의 고수'들은 자신과 상대의 체면을 해치지 않으면서도 대화를 통해 갈등을 완화하고 상황을 부드럽게 풀어간다. 핵심은 상대의 체면을 세워주는 것이다. 부드럽고 공격적이지 않은 태도로 상대를 적당히 높여주면 손쉽게 신뢰를 얻을 수 있다.

직장에서 매사에 완벽을 추구하다 보면 자연히 날이 선다. 또한 굳이 남이 스트레스를 주지 않아도 혼자 알아서 몇 배로 스트레스를 받는다. 이러면 동료와도 잘 지내기가 힘들다. 지나치게 완벽주의인 사람은 여유가 없고 기준이 지나치게 높은 탓에 주변 사람에게 부담감을 준다. 어떻게 해야 이런 상황을 벗어날 수 있을까? 가장 먼저 할 일은 자신의 완벽주의 성향을 인정하고 기준을 낮추는 것이다. 자존심을 해치지 않는 선에서 적당히 약한 모습을 보이며 동료나 상사에게 공을 돌려도 좋다. 적절히 다른 사람의 체면과 권위를 세워주라는 뜻이다. 이렇게 하면 업무 분위기를 부드럽게 바꿀 수 있으며 혹시 있을지도 모를 나를 향한 잠재적 적대감도 완화시킬 수 있다. 나만 앞세우지 말고 다른 사람에게도 자신을 뽐낼 기회를 주는 것, 이것이 바로 원활한 직장생활을 위한 '꿀팁'이다.

하지만 우리가 가장 응석을 부려야 할 대상은 따로 있다. 바로 나 자신이다. 심리 치료의 가장 높은 경지는 자기 치료다. 사람은 자아동일성과 자기만족감이 높을 때 제일 만족스럽고 자유롭게 살 수 있는데, 자아동일성과 자기만족감을 높이는 가장 효과적인 방법이 바로 나 자신에게 응석부리기다.

우리는 매일 너무 많이 생각하고 너무 적게 기뻐한다. 그리고 공기처럼 주위를 둘러싼 스트레스에 늘 억눌린다. 이럴 때 응석을 부리면 심적 압박과 불안한 정서를 누그러뜨릴 수 있다. 만약 도저히 남에게 응석을 부릴 수 없다면 자기 자신에게라도 응석을 부려보자. '오늘은 정말 힘들었어, 저녁 내내 푹 쉬고 내일 다시 힘내보자', '오늘은 청소도 하지 말고 밥도 시켜 먹을래, 힘든 하루였으니까 그 정도는 해도 괜찮아'라는 말을 스스로에게 하는 것이다. 하기 싫은 일, 하기 싫은 말, 보기 싫은 사람은 잠시 한편에 밀어두어도 좋다. 모든 것을 당장 해결하고 당장 이겨내야 한다고 스스로를 닦달하지 않아도 된다는 뜻이다. 가끔은 자신에게 응석을 부리고 자신의 응석을 관대히 받아줘 보자. 내가 나에게 주는 스트레스만 줄어도 세상은 훨씬 살만해진다.

외도에 빠지기 쉬운 사람의 심리

●

한 통계에 따르면 배우자의 외도로 이혼에 이른 비율은 전체의 80퍼센트에 이른다고 한다. 또한 이혼한 사람 중 60퍼센트 이상이 배우자의 신체적, 혹은 정신적 일탈을 경험했다고 답했다. 결혼생활, 나아가 인생 전체를 망칠 수 있다는 사실을 뻔히 알면서도 외도를 저지르는 사람의 심리는 무엇일까?

외도가 잘못된 일이라는 사실을 모르는 사람은 없다. 외도의 후폭풍이 얼마나 심각한지도 안다. 그런데도 유혹을 이기지 못하는 사람들이 있다. 외도로 이혼한 사람 중 절반 이상이 외도를 후회한다면서도 '과거로 돌아갈 수 있다면 다른 선택을 하겠느냐'는 질문에는 침묵으로 일관했다. 또 다시 외도를 저지르지 않을 자신이 없다는 것이다. 심지어 어떤 사람은 같은 짓을 몇 번이나 저지른다. 거의 병이라고 해도 좋을 정도다. 이런 상태를 가리키는 말도 있다. 바로 '외도벽'이다. 외도벽에 빠진 사람에게 외도는 스트레스 해소법이라 해도 과언이 아니다.

소진은 자신의 남편이 바람을 피리라고는 꿈에도 생각하지 못했다. 그만큼 스스로에게 자신감이 있었다. 외모든 경제력이든 뭐든 사람들의 부러움을 살지언정 모자란 면은 하나도 없다고 자신했다. 그랬기에 어쩌다 누구네 남편이 바람났다는 소식을 들으면 '여자가 얼마나 모자라면 남편이 바람났겠느냐'며 은근히 무시하기도 했다. 남편 동희의 휴대폰에서 웬 여자와 주고받은 애매한 문자들을 발견하기 전까지는 말이다. 문자를 본 순간 소진은 큰 충격을 받았다. 수년간 쌓아온 자신감과 믿음이 한순간에 와르르 무너졌다. 소진은 즉시 휴대폰을 들이밀며 동희에게 따져 물었다. 본래 공처가인 동희는 파랗게 질려서 아무 의미도 없이 장난으로 주고받은 문자였다며 끝까지 잡아뗐다. 그러나 소진은 그 말을 믿지 않았고, 몰래 남편의 주변을 조사하기 시작했다. 그리고 문자의 상대가 남편 회사에 새로 들어온 여직원이라는 사실을 알아냈다. 젊다는 점 하나 빼고는 외모며 능력이며 무엇 하나 그녀에게 못 미치는 그런 여자였다. 겨우 이 정도 여자와 바람이 나다니! 자존심이 상한 소진은 당장 남편의 회사로 달려가 한바탕 난리를 쳤다. 결국 동희는 정직을 당했고 상대 여자는 자취를 감췄다.

동희는 절망에 빠졌다. 사실 그 여자와 잘해볼 생각은 전혀 없었다. 그저 드세고 잘난 부인과 살며 받는 스트레스를 해소하는 차원에서 '잠시 한눈을 팔았을' 뿐이었다. 그러나 그 대가는 혹독했다. 부인은 이혼을 요구하고, 직장생활이 위태로워졌으며, 지인과 고객에게까지 소문이 나서 도무지 얼굴을 들고 다닐 수 없게 되었다. 그나마 친구들은 위로해줬지만 고객들은 그의 품행을 문제 삼아 거래를 끊겠다고 통보해왔다. 조용히 해결하면 좋았을 것을, 동네방네 떠들며 일을 크게 벌인 아내가 원망스러웠다. 남자에게 체면이 얼마나 중요한지 잘 알면서 이렇게 공개적으로 망신을 준 아내에게 화까지 났다. 동희는 자신의 잘못은 잊고 아내의 모진 행동만 탓하다가 결국 씩씩거리며 이혼서류에 도장을 찍었다.

위 사례 속 동희처럼 스트레스 때문에 외도를 했다는 핑계를 대는 사람이 의외로 많다. 가정에서, 직장에서 받는 스트레스를 해소하려다 외도에 빠졌다는 것이다. 특히 경제력 때문이든 성격 때문이든, 가정에서 지배적인 역할을 하지 못하고 오랜 기간 자존심에 상처를 받은 남자일수록 이런 핑계를 잘 댄다. 자신이 유혹을 이기지 못한 잘못을 다른 사람의 탓으로 돌리는 것이다. 이들은 외도를 부정적 감정을 해소하는 배출구 정도로 여기며, '그나마 외도하며 숨통이 트인 덕분에 결혼생활을 유지할 수 있었다'라는 궤변까지 늘어놓는다. 외도로 스트레스를 해소했기 때문에 결혼생활에 더욱 충실할 수 있다는 것이다. 외도는 매우 자극적이며 순간적 쾌감이 크다. 그래서 처음에는 스트레스가 풀리는 것처럼 느껴지는 게 사실이다. 그러나 아무리 그럴 듯하게 포장해도 결국은 사회적으로나 인도적으로나 용인되는 행위가 아니기 때문에 결과적으로는 더 큰 스트레스를 받는 상황에 처할 수밖에 없다.

하지만 이 같은 위험에도 불구하고 외도는 사라지기는커녕 외려 성행중이다. 이 같은 현상에는 여러 가지 원인이 있겠지만 요즘은 외도에 드는 '비용'이 과거만큼 높지 않다는 점도 크게 한몫한다. 가장 큰 변화는 역시 인터넷의 발달이다. 인터넷이 발달하면서 유혹이 더욱 다양해졌을 뿐만 아니라 지불해야 하는 비용 역시 크게 줄었다. 가상의 공간인 인터넷에서는 현실의 결혼생활, 직장생활, 인간관계에서 생긴 불만과 스트레스를 해소할 기회를 비교적 쉽게 찾을 수 있다. 그렇다보니 개인이 인터넷에 의존해 일탈할 확률 또한 과거와 비교도 할 수 없이 커졌다. 인터넷에서 피상적이지만 우호적인 관계를 경험한 사람들은 그만큼 다정하지도, 상냥하지도 않은 현실의 배우자에게 더 큰 불만과 짜증을 느끼게 되었고 인터넷에서 자기 구미에 맞는 외도 대상을 찾는 일이 급증했다. 또한 다양한 데이트 어플리케이션의 출현도 외도가 일상적으로 성행하는데 적잖은 역할을 했다고 볼 수 있다.

전문가는 부부 간의 원활한 소통만이 일탈 행위를 막을 수 있다고 충고한다. 물론 부부 사이에 대화를 늘린다고 스트레스가 당장 해결되지는 않지만 장기적으로 보면 관계를 유지하는 데 매우 큰 도움이 된다. 개인 역시 운동 같은 건강한 방식으로 스트레스를 해소하려고 노력해야 한다.

만약 부부 중 한쪽이 받는 스트레스가 지나치게 크다면 다른 한쪽이 좀 더 배려하고 더 많은 시간을 대화에 투자함으로써 신뢰를 돈독히 쌓을 필요가 있다. 서로 개인적인 공간을 충분히 인정해주면서도 친밀한 거리를 유지하는 것, 이것이 바로 건강한 부부 관계의 비결이다.

완벽주의자에게 고하는 충고

●

완벽주의자는 삶의 모든 면에서 완벽을 추구한다. 외모, 능력, 심지어 인간관계도 예외가 아니다. 이들은 자신의 인생에서 어느 구석 하나 완벽하지 않으면 견디지 못한다. 하지만 세상사는 전부 상대적이다. 아무리 죽어라 노력해서 구석구석 완벽히 갖추었다 해도 비교대상이 누구냐에 따라 나의 인생이 훨씬 부족해보일 수도, 전혀 완벽해보이지 않을 수도 있다. 이렇듯 자신이 아무리 노력해도 완벽에 도달할 수 없다는 점을 깨달을 때마다 완벽주의자는 엄청난 스트레스에 시달린다.

한 아버지가 아들과 함께 시장 구경에 나섰다. 인파로 가득한 시장 안은 맛있는 음식 냄새로 가득했다. 다양한 음식을 구경하며 길을 걷던 부자는 한 국수가게 앞에서 국수를 마는 주인장의 손놀림에 그만 눈길을 빼앗기고 말았다. 국숫집 주인은 아주 빠른 속도로 여러 가지 일을 물 흐르듯 해치우는 중이었다. 끓는 물에 국수를 넣고 고명거리를 손질하고 멸치 대가리를 따서 육수통에 던져 넣은 다음 그릇을 주르륵 늘어놓고 익은 국수를 건져 찬물에 휘리릭 헹궈 물기를 빼고 그릇마다 척척 나눠 놓은 뒤 뜨거운 육수를 붓고 고명을 얹어 손님들 앞에 내려놓기까지

……. 게다가 그 와중에 손님과 여유 있게 대화도 나누었다. 국숫집 주인이 보여준 '달인의 면모'에 감탄한 아들이 아버지에게 말했다.

"아빠, 만약 저 아저씨랑 국수 만들기 내기를 하면 아빠가 100퍼센트 지겠는데요?"

아이의 갑작스런 말에 아버지는 빙그레 웃으며 고개를 끄덕였다.

"그래, 내가 질 게 분명하구나. 그것도 아주 처참하게 말이야!"

그 후로도 부자는 엄청난 '고수'들을 계속 마주쳤다. 똑같은 크기와 모양의 만두를 수십 개씩 빚어내는 만두가게 청년, 손도 보이지 않을 만큼 빠르게 꽈배기를 만들어 노릇하게 튀겨내는 꽈배기가게 아가씨……. 그때마다 아버지와 아들은 이런 대화를 나눴다.

"나는 몇 년을 연습해도 저 청년 발끝도 못 따라가겠다."

"그뿐이에요? 저 꽈배기 누나도 못 이기겠죠?"

아버지는 시종일관 기분 나쁜 기색 없이 자신의 '패배'를 인정했다. 아들 앞이라고 되도 않는 호언장담을 하거나 허세를 부리지도 않았다. 그가 이렇게 할 수 있었던 까닭은 자신을 적당히 낮춰볼 줄 아는 사람이었기 때문이다.

자신을 적당히 낮출 줄 아는 사람은 매사에 다른 사람을 이기려 하지도, 모든 면에 완벽해지려고 스스로를 몰아붙이지도 않는다. 또한 맹목적으로 남과 경쟁하는 등의 허세를 부리지 않고 자신의 약점과 부족함을 담담히 인정한다. 사실 이는 매우 큰 지혜다. 자신의 부족함을 인정할 줄만 알아도 일상생활의 불필요한 스트레스를 피할 수 있기 때문이다. 위 이야기 속 아버지는 이러한 삶의 지혜를 몸소 행동으로 아들에게 가르쳐주었다. 그는 아들에게 누구보다 강하고 완벽한 아버지로 보이려고 애쓰지 않았다. 그보다는 여전히 배울 것도, 못하는 것도 많지만 마음에 여유가 있고 편안한 사람으로 아들 앞에 섰다. '크고 대단한' 아버지의 이미지를 지키기 위해 쓸데없는 부담감을 짊어질 필요가 없다는 사실을 잘 알고 있었던 것이다.

매사에 남보다 뛰어나거나 더 잘하려고 애쓰지 않아도 된다. 정말 그렇다. 자신을 적당히 낮추어 볼 줄 알면 불필요한 부담이 상당 부분 사라진다. 사실 완벽이란 이상의 경지다. 세상의 그 어떤 사람도 완벽에 가까워질 수는 있을지언정 절대 완벽해질 수는 없다. 프랭클린 루스벨트 전 미국대통령은 자신이 만든 정책의 정확률이 75퍼센트만 되어도 기대한 최고치를 달성한 셈이라고 솔직히 인정했다. 국민들에게 능력을 인정받아 네 번이나 재당선된 대통령도 완벽을 추구하지 않는데, 우리가 스스로에게 완벽을 요구할 필요가 어디 있겠는가? 지나치게 완벽을 추구하다 보면 자책에 빠지기 쉽다. 큰 흐름에 아무 영향도 주지 않는 사소한 실수나 부족함은 적당히 넘길 줄도 알아야 한다. 단지 완벽하지 않다는 이유로 일일이 후회하고 실망하고 스트레스를 받으면 결국 다음 일에 집중하기가 힘들어진다. 이처럼 완벽주의는 득보다 실이 훨씬 더 많다.

정신건강을 위해서는 포기하는 법도 배워야 한다. '두 보 전진을 위한 한 보 후퇴'라는 말도 있듯이 더 나은 것을 얻으려면 포기할 줄도 알아야 한다. 하지만 대부분 사람은 더 많이 가질 생각뿐이다. 체면, 돈, 지위, 권력, 신뢰, 지식, 경험, 능력, 학력, 인맥 등 하나도 빠짐없이 많으면 많을수록 좋다고 여기며 어떻게든 더 가지려고 애쓴다. 그러나 사실은 더 많이 가지면 가질수록 마음의 짐만 더 크고 무거워진다. 모든 것을 다 가질 필요는 없다. 내게 가장 중요하고 가장 필요한 것만 가져도 충분히 행복할 수 있다. 그러니 그다지 중요하지도, 필요하지도 않은 것은 놓아버려라. 삶이 훨씬 가벼워질 것이다.

늘 완벽을 추구하며 자신의 부족함을 인정하지 않는 사람은 엄청난 스트레스 속에 살 수밖에 없다. 스스로를 객관적으로 보고 단점과 부족함을 용감히 인정하는 것, 자신을 적당히 낮춰서 볼 줄 아는 것, 결국은 이것이 행복한 인생을 위한 지혜다.

인생을 지탱하는 단 하나의 기둥 - 자신감

●

300여 년 전, 무명의 젊은 건축가 크리스토퍼 렌Christopher Wren이 영국 윈저 시청사 설계 작업에 참여했다. 그는 건축역학 지식을 응용해서 기둥 하나만으로 천장을 지탱할 수 있게 홀을 설계했다. 그런데 1년 후, 공사를 감사하던 시청의 고위관리가 기둥 하나로 천장을 지탱하는 것은 너무 위험하다며 기둥을 더 세우라고 요구했다. 렌은 기둥 하나만으로도 충분하다고 주장했고, 자신의 설계를 바꾸지 않기 위해 시와 법정 다툼까지 벌였다. 하지만 재판에 지면서 결국 시의 요구에 따라 기둥을 네 개 더 세우기로 했다.

그 뒤로 300년 동안 시청의 고위관리는 수도 없이 바뀌었지만 시청사는 여전한 모습으로 견고히 그 자리를 지켰다. 그리고 20세기 후반, 시는 청사 천장을 보수하려다 놀라운 사실을 발견했다. 홀에 세워진 다섯 개의 기둥 중 실제로 천장을 지탱하고 있는 기둥은 단 하나에 불과했던 것이다. 나머지 네 개는 천장에 닿아있지도 않았다.

이 사실이 알려지자 세계 각국에서 건축가와 관광객이 윈저 시청사로 몰려들었다. 목적은 단 하나, 이 신기한 기둥을 직접 보기 위해서였다.

그리고 이 홀에는 '무지를 비웃는 건축물'이라는 별명이 붙었다. 사람들이 가장 신기하게 여긴 부분은 크리스토퍼 렌이 기둥에 새겨놓은 글귀였다.

[자신감과 진리에는 단 하나의 기둥만 있어도 된다.]

당시 그는 이런 말을 함께 남겼다.

"100년 후 사람들이 이 기둥 앞에 서서 할 말을 잃을 것이다. 그들이 보게 될 것은 기적 따위가 아니라 바로 나의 자신감이다."

자신감은 굳건한 내면에서 비롯된 자기긍정과 믿음이다. 고층건물을 지탱하는 기둥처럼 우리의 인생을 지탱하는 것은 자신감이라 해도 과언이 아니다.

만약 자신감이 없어서 고민이라면 다음의 몇 가지 방법을 실천해보자.

자신감을 키우는 방법

- **'나는 할 수 있다'는 적극적인 자기암시**

매일 아침 일어나자마자, 혹은 밤에 잠자기 전에 스스로에게 '나는 멋있고 훌륭한 사람이야, 나는 잘해낼 수 있어'라는 말을 한다. 적극적이고 긍정적인 자기암시를 통해 스스로 기운을 북돋고 마음의 힘을 기르면 조금씩 자신감이 생긴다.

- **단정한 용모 유지**

용모를 보기 좋고 깔끔하게 유지한다. 타인의 긍정적 평가는 정신적 풍모와 자신감을 키우는 데 의외로 큰 도움이 된다. 하지만 아무리 내면이 중요하다한들 겉모습이 엉망진창이면 호감과 호평을 얻기 어렵다. 따라서 스스로 자신감이 부족하다고 판단된다면 일단 겉모습부터 바꿔보자. 외양적인 면에서 자꾸 칭찬을 듣다 보면 내면적으로도 점차 자신이 붙는다.

• 걸음걸이 교정

심리학자들은 걸음걸이를 교정하는 것만으로도 심리 상태를 바꿀 수 있다고 말한다. 자신감 있는 사람은 언제나 가슴을 곧게 펴고 가벼운 걸음으로 걷는다. 자신의 걸음걸이를 체크하고 자세를 바로 잡은 뒤 자신감 넘치는 사람처럼 걸어보자.

• 눈 보기 연습

사람의 눈은 수많은 정보를 전달한다. 따라서 자꾸 시선을 피하면 상대에게 무언가 켕기는 구석이 있거나 숨기는 게 있다는 느낌을 주기 쉽다. 자신감 넘치고 당당한 사람은 언제나 상대의 눈을 똑바로 바라본다. 스스로에게 당당하고 자신 있기에 굳이 눈을 피할 이유가 없는 것이다. 따라서 다른 사람을 대할 때는 피하지 말고 곧은 시선으로 당당하게 눈을 마주치도록 하자. 그러면 나 자신의 마음가짐은 물론, 다른 사람이 나를 대하는 태도도 달라질 것이다.

처칠이 가진 비장의 무기 - 유머

●

영국의 수상 윈스턴 처칠은 제2차 세계대전 당시 반파시즘 진영을 이끈 3대 지도자 중 한 명으로 20세기의 매우 중요한 정치적 인물이다. 그는 정치가인 동시에 훌륭한 연설가였으며 작가이자 기자, 역사학자, 화가였다. 하지만 그가 대중에게 인기 있었던 이유는 따로 있다. 바로 유머감각이다.

유머감각이 있는 사람은 매력적이다. 총명하고 자신감 넘치며 여유 있는 사람은 어떠한 상황에서도 유머를 잃지 않는다. 또한 난처한 상황이나 곤경에 처해도 유연하게 대처할 줄 안다. 실제로 처칠은 유머감각을 발휘해서 여러 차례 위기를 모면했으며 불리한 상황을 유리하게 전환시켜 자신과 국가의 존엄을 지켰다.

한번은 처칠과 앙숙관계였던 조지 버나드 쇼가 새로운 극본을 무대에 올리면서 특별히 전보를 보내어 그를 초대했다.

[각하, 제 연극 초연에 두 자리를 남겨두었으니 친구와 함께 와서 보십시오. 만약 친구가 있으시다면 말이죠.]

이 전보에 처칠은 곧장 이렇게 답했다.

[아쉽지만 초연에는 갈 수가 없고, 두 번째 공연은 꼭 보러 가겠습니다. 만약 두 번째 공연이 있다면 말이죠.]

이는 처칠의 유머감각을 엿볼 수 있는 대표적 일화다.

처칠은 일상생활뿐만 아니라 정치무대에서도 유머라는 무기를 능수능란하게 다뤘다. 제2차 세계대전 당시 백악관을 방문했을 때의 일이다. 처칠에게는 독특한 버릇이 있었는데 하루 한 번 하던 업무를 모두 멈추고 뜨거운 물로 목욕을 하는 것이었다. 그날도 처칠은 여느 때처럼 목욕을 한 뒤 허리에 목욕수건만 두르고 욕실에서 나왔다. 그런데 누군가 문을 두드리고 들어왔다. 다름 아닌 루스벨트 대통령이었다. 처칠은 그를 반갑게 맞이하려다 그만 목욕수건을 놓쳤고, 실오라기 하나 걸치지 않은 모습으로 서게 되었다. 루스벨트는 놀라 얼른 문을 닫으려 했지만 처칠은 오히려 양 팔을 크게 벌리며 호탕하게 말했다.

"보시다시피 대영제국의 수상은 미국의 대통령에게 아무것도 숨기는 것이 없답니다!"

루스벨트는 처칠의 순발력과 재치에 크게 감탄했다. 처칠은 솔직하면서도 유머러스한 방법으로 미국 대통령의 신임을 얻었고, 성공적으로 동맹을 맺음으로써 영국을 곤경에서 구해냈다. 처칠에게 유머는 지혜인 동시에 엄청난 힘이었던 셈이다.

유머의 힘은 무한하다. 특히 곤란한 상황일수록 유머의 진가가 드러난다. 굳어진 분위기를 부드럽게 풀고 불편한 마음을 즐겁게 만드는 비법으로 유머만한 것이 없을 정도다. 유머에는 날카로운 대립과 일촉즉발의 긴장된 상태를 단번에 녹이고 상대가 열린 마음으로 나의 말에 귀를 기울이게 만드는 놀라운 힘이 있다.

늘 엄숙하고 진지한 사람보다는 적당히 여유 있고 농담도 할 줄 아는 사람이 훨씬 대하기 편하다. 또 일에서든 인간관계에서든 어느 정도는 유머감각이 있는 게 훨씬 유리하다. 그렇다면 어떻게 해야 유머감각을 기를 수 있을까? 먼저 마음에 여유가 있어야 한다. 광범위한 분야에서 다양한 지식을 습득하는 것도 유머감각 향상에 도움이 된다. 아는 것이 많을수록 다양한 상황, 다양한 사람과 나눌 수 있는 이야깃거리가 많아지기 때문이다. 미리 준비가 되어있으면 어떤 상황에서도 여유가 생긴다. 유머는 여유로운 마음에서 나온다는 사실을 기억하자.

굶어죽을지언정 빌어먹지 않는다 - 자존심

전국 시대 제나라에 심각한 기근이 들었다. 3개월 내내 비가 내리지 않아 논바닥이 쩍쩍 갈라졌고 밭에는 풀 한포기 나지 않았다. 가난한 사람들은 풀뿌리에 나무껍질까지 벗겨먹으며 간신히 연명했지만 그마저도 부족해서 굶어죽는 이가 속출했다. 하지만 그 와중에도 부자들은 여전히 잘 먹고 잘 살았으며 부잣집 창고에는 곡식이 그득했다.

그런 부자 중에 검오(黔敖)라는 이가 있었다. 그는 가난한 사람들이 굶주려 여기저기 쓰러져있는 모습을 보고 재밌는 생각을 떠올렸다. 구세주 역할을 하기로 한 것이다. 검오는 하인에게 떡을 만들게 한 뒤 거리로 나가 굶주린 사람들에게 나눠주었다. 단, 그냥 주지는 않았다. 직접 떡을 던지듯 건네주며 오만한 태도로 이렇게 말했다.

"비렁뱅이야, 감사하게 받아먹어라!"

굶주린 사람들은 모두 감지덕지하며 받아먹었다. 검오는 일부러 떡 몇 개를 던진 뒤 사람들이 서로 주우려고 다투는 모습을 보며 낄낄대기도 했다. 그러면서 마치 자신이 생보살이라도 되는 양 우쭐댔다.

그때 한눈에 보아도 아주 오랫동안 굶은 듯 보이는 걸인이 검오 쪽으로 비틀비틀 걸어왔다. 퀭한 눈, 힘없이 벌어진 입, 뼈마디가 툭툭 불거진 팔다리가 당장 쓰러진다 해도 이상하지 않을 만큼 위태해보였다. 검오는 떡 두 개와 국 한 그릇을 퍼들고 큰소리로 걸인을 불렀다.

"여봐라! 와서 받아먹어라!"

하지만 걸인은 고개조차 돌리지 않고 검오를 지나쳐서 계속 걸어갔다. 검오가 다시 한 번 불렀다.

"이봐, 못 들었어? 먹을 걸 준다니까?"

반쯤 감겨있던 걸인의 눈이 갑자기 번쩍 뜨였다. 그는 형형한 눈빛으로 검오를 노려보며 말했다.

"저리 치우시오. 그런 모욕을 감수하며 빌어먹느니, 차라리 굶어죽는 게 낫소!"

그러더니 몇 걸음 더 가지 못하고 그 자리에 쓰러져 죽었다.

걸인이 죽음을 불사하면서까지 지키려 했던 것은 무엇일까? 바로 자존심이다. 그에게 자존심은 목숨과 맞바꿀 수 있을 만큼 소중했다. 이

걸인만큼은 아니지만 어려움과 고난에서 벗어나는 것보다 자신의 자존심을 지키는 일을 훨씬 중요하게 여긴 인물은 역사에서도 흔하게 찾아볼 수 있다. 도원명(陶淵明)은 '쌀 다섯 되를 위해 허리를 굽히지 않겠다.'라고 했고, 이백(李白)은 '어찌 권력자에게 허리를 굽혀 아첨하는 일로 스스로를 불쾌하게 만들겠느냐'고 일갈했다. 그들에게 자존심은 쉽게 포기할 수 없는 존엄성 그 자체였던 셈이다.

자존심은 자신을 존중하는 마음이다. 심리학에서 자존심이란 자기 자신의 이미지에 대한 주관적인 느낌으로, 실제에 비해 과분하거나 부정확할 수 있다. 건강한 자존심을 가진 사람은 스스로를 가치 있게 여기고 자신의 부족함을 비교적 잘 받아들이며 그럼에도 자신이 남에게 존중받을 만한 가치가 있다고 믿는다. 자존심을 구성하는 요소에는 안정감, 귀속감, 성취감 등이 있는데 이는 모두 개인의 외재적 환경과 관련되어있다. 즉 자존심은 타고나는 게 아니라 일상생활 속에서 후천적으로 얻어진다는 뜻이다. 그렇다면 건강한 자존심을 기르려면 어떻게 해야 할까? 무엇보다 자존심의 버팀목이 될 수 있는 자신의 장점과 우위를 파악하는 게 중요하다. 스스로를 지나치게 과대평가하면 안 되지만 그렇다고 비이성적으로 깎아내려도 곤란하다. 자존심이 결여된 인생은 기초가 약한 건물과 같다. 자신의 인생을 든든한 기초 위에 세우고 싶다면 무엇보다도 먼저 나 자신을 소중히 여기고 존중할 줄 알아야 한다. 스스로를 존중할 줄 알아야 타인도 존중할 수 있다.

비웃음을 경탄으로 바꾸는 특별한 지혜 - 도량

•

미국 대통령을 역임한 제럴드 포드는 체격이 좋고 건강한 사람이었다. 대학 시절에는 럭비 선수로 활동했고 예순 두 살에 백악관에 입성한 후에도 여전히 스키, 골프, 테니스 등 다양한 종목의 운동을 즐길 만큼 건재했다.

그런데 건강이라면 누구보다 자신 있던 포드에게 전혀 다른 이미지가 덧씌워지는 사건이 벌어졌다. 1975년 5월, 오스트리아 잘츠부르크를 방문했을 당시 전용기 계단을 내려오다가 그만 발이 미끄러져 대자로 넘어지고 만 것이다. 다행히 다친 데 없이 곧장 일어섰지만 기자들이 이를 곧장 대서특필하는 바람에 바다 넘어 본국까지 알려졌다. 그의 굴욕은 여기서 끝이 아니었다. 같은 날, 비에 젖은 계단을 오르다 두 번이나 미끄러져 넘어졌고 이 모습 역시 전 세계에 보도됐다. 결국 포드는 손발이 굼뜨고 민첩하지 못하다는 조롱을 받았다. 나중에는 이런 이미지가 고착되어서 그가 넘어지지 않은 것이 뉴스거리가 될 정도였다. 한 CBS 기자는 공개적으로 이렇게 언급하기까지 했다.

"저는 언젠가 포드 대통령이 넘어져서 머리가 깨졌다거나, 허리를 삐끗했다거나, 적어도 어딘가 다쳤다는 뉴스를 여러분께 전하는 날을 기다리고 있습니다."

기자들의 무분별한 보도는 포드 대통령을 더욱 둔하고 굼뜬 사람으로 보이게 만들었다. 이런 상황이 계속되자 쇼 프로그램에서조차 그를 조롱하며 농담거리로 삼았다. 체비 체이스라는 유명한 코미디언은 SNL이라는 프로그램에서 포드 대통령이 넘어지는 모습을 우스꽝스럽게 따라 하기도 했다.

이에 대통령 비서관인 론 네이슨은 언론에 강하게 항의했다.

"포드 대통령은 우리가 아는 대통령 중 가장 건강하고 건장하며 고상한 분이십니다."

하지만 정작 포드 대통령 본인은 대중의 놀림을 아무렇지도 않게 넘겼다.

"저는 활동적인 사람입니다. 그리고 활동적인 사람은 남들에 비해 넘어질 확률이 높지요."

1976년 3월, 그는 워싱턴에서 열린 연례 기자합동회견에서 체비 체이스가 무대에 올라 '넘어지는 자신을 연기'하는 모습을 관람하며 사람들과 함께 웃음을 터트렸다. 나중에는 직접 무대로 올라가 호탕하고 너그러운 태도로 체이스에게 '당신은 최고로 잘 넘어지는 코미디언'이라는 찬사를 보내기도 했다.

삶에는 지혜가 필요하다. 만약 지혜가 부족하다면 최소한 도량이라도 넓어야 한다. 낙관적이고 대범하며 너그러운 마음가짐으로 문제를 보는 사람은 세상의 아름다운 면을 발견할 수 있다. 반대로 비관적이고 편협하며 각박한 마음을 가진 사람에게는 세상이 온통 어둡기만 하다. 똑같은 감방에 갇혀있어도 작은 철장을 통해 별이 가득한 하늘을 바라보느냐, 아니면 벌레가 잔뜩 기어 다니는 바닥을 쳐다보느냐의 차이다.

놀림을 받을 때 벌컥 화를 내는 것은 지혜로운 대처법이 아니다. 이런 식으로 대응하면 오히려 더 큰 놀림과 조롱을 받게 된다. 비웃음과 조롱이 제풀에 사라지게 하려면 별 일 아니라는 듯 웃어넘겨야 한다. 그릇이 큰 사람은 타인의 사소한 생각에 연연해하지 않으며, 품격과 기개로 조소를 웃어넘긴다. 소인배나 개구리처럼 팔짝거리며 혀를 놀리지, 도량이 깊은 사람은 어떤 비난을 받아도 깊은 강처럼 잔잔하다. 모든 것을 품고

소화할 만큼 마음이 넓고 크기 때문이다.

어떻게 해야 이렇게 넓은 도량을 가질 수 있을까? 간단하다. 다음의 몇 가지를 실천할 수 있으면 된다.

넓은 도량을 가지는 방법

- 평소 다른 사람의 작은 실수나 사소한 이익은 지나치게 따지지 말고 너그럽게 넘긴다. 반대로 중요하고 큰일은 두루뭉술하게 처리하지 말고 시비를 확실히 가린다.
- 일이 내가 원하는 대로 되지 않는다고 조급해하지 않는다. 만사가 전부 내 뜻대로 흘러갈 수 없다는 점을 인정하기만 해도 시야가 훨씬 넓어지고 마음의 그릇도 한결 깊어진다.
- 비난이나 조롱을 받으면 무조건 반박하려고만 하지 말고 먼저 나 자신을 돌아본다. 자아성찰은 마음 그릇을 넓히는 최고의 방법이다.
- 고생을 두려워하지 말고 타인을 배려하는 마음을 기른다.
- 다른 사람을 볼 때 잘못보다는 잘한 점을 크게 평가한다. 타인의 단점만 보고 장점을 볼 줄 모르는 사람은 절대 도량이 깊어질 수 없다.

고승과 소사미 - 평상심

어느 사찰에 십대 부랑아가 들어왔다. 오랜 떠돌이 생활로 겉모습은 꼬질꼬질하고 남루했지만 영민하고 말주변이 좋으며 재바른 아이였다. 스님들의 배려로 깨끗하게 씻고 머리까지 말끔히 깎은 후, 부랑아는 소사미(少沙彌 : 아직 불도를 깨닫지 못한 젊은 승려)가 되었다.

교육을 맡은 고승은 소사미에게 생활습관과 상식부터 하나씩 차근차근 가르쳤다. 그리고 소사미가 이해력이 좋고 빨리 배우는 것을 보고 글자와 경문도 가르치기 시작했다. 그러다 고승은 소사미의 치명적인 단점을 발견했다. 쉽게 교만해지고 허세 부리며 뽐내기를 좋아했던 것이다. 예를 들어 소사미는 글자 몇 개를 배우면 붓을 들고 다니며 벽이며 바닥이며 가리지 않고 글씨를 써댔다. 또 교리 하나를 깨달으면 제 또래의 소사미들을 모아놓고 대단한 진리라도 설파하는 양 일장연설을 늘어놓았다. 게다가 고승이 격려 차원에서 칭찬 몇 마디를 해주면 곧장 어깨에 힘이 들어가 잔뜩 뻐기고 다니며 아무도 안중에 없다는 듯 오만하게 굴기 일쑤였다.

소사미의 이런 고약한 행태를 고치기 위해 고승은 한 가지 묘안을 떠올렸다. 어느 날, 고승은 소사미에게 꽃봉오리가 맺힌 화분 하나를 건네며 말했다.

"이건 야래향이라는 식물이다. 오늘밤 밤샘참선을 할 때 이 식물을 잘 관찰하고 어떤 일이 있었는지 내일 내게 알려주면 좋겠구나."

다음날 아침, 고승이 채 찾기도 전에 소사미가 먼저 화분을 안고 잔뜩 흥분한 모습으로 찾아왔다. 그리고 뭇 승려 앞에서 큰소리로 외쳤다.

"정말 신기한 꽃입니다, 큰스님! 어제 분부하신대로 밤새 이 꽃을 지켜보았는데, 한밤중에 꽃봉오리가 스르르 피어나더니 맑고 깨끗한 향이 온 사방으로 퍼지는 게 아닙니까? 그런데 새벽이 다가오자 다시 오므라들고 향기 또한 사라졌습니다!"

고승은 유달리 온화하게 물었다.

"혹시 꽃이 필 때 시끄럽더냐?"

소사미는 신이 나서 대답했다.

"아뇨! 필 때나 오므라들 때나 쥐죽은 듯 조용했습니다. 아무 소리도 들리지 않았어요!"

"아, 그랬구나."

고승은 심상히 고개를 끄덕이더니 은근하게 말했다.

"나는 또, 향이 뛰어나다기에 꽃이 엄청 시끄럽게 자랑하면서 피어나는 줄로만 알았단다."

노승의 말에 소사미는 한 대 얻어맞은 듯 멍해졌다. 그러더니 곧 얼굴을 붉히며 작은 목소리로 말했다.

"큰 가르침을 얻었습니다. 소승, 잘못을 반드시 고치겠습니다."

그날 이후 소사미는 신중하고 겸손한 승려가 되었다.

시끄럽게 우는 새는 벌레를 잡지 못한다. 자신이 이룬 것을 사방팔방 뽐내며 자랑하기를 좋아하는 사람은 얇은 유리처럼 깨지기 쉽다. 산은 깊을수록 어둡고 물은 깊을수록 고요한 법이다. 학문과 덕행이 높은 사람은 자신을 내세우지 않고, 진짜 성공하고 향기로운 인생은 세상에 쉽게 드러나지 않는다.

다른 사람보다 얼마나 더 똑똑하든 아름답든 부자이든 상관없다. 겸허하고 낮은 태도와 신중한 마음가짐이 뒷받침되지 못한다면 그 모두가 잠시 스쳐지나가는 것에 불과하다. 따라서 삶의 모든 부분에서 자만하거나 경박해지지 않도록 늘 경계하며 평상심을 유지해야 한다. 설혹 뛰어난 성취를 거둔다고 해도 꽃처럼 조용히 필 줄 아는 사람만이 오래도록 향기를 내뿜을 수 있다.

내게 주어진 모든 것에 대한 고마움 – 감사

●

황메이리엔(黃美廉)은 어릴 때 뇌성마비를 앓았다. 그 탓에 사지의 균형을 잃었으며 소리 내어 말할 수 있는 능력 또한 잃었다. 그녀는 어려서부터 자신을 이상하게 쳐다보는 눈빛 속에 자랐고, 남들은 상상도 못할 고생을 했다. 그러나 그 어떤 고통과 고난에도 황메이리엔은 좌절하지 않았다. 그녀는 불굴의 투지와 굳건한 정신으로 장애에 당당히 맞섰고, 불가능에 도전했으며, 마침내 놀라운 성취를 이뤄냈다. 캘리포니아 대학에서 예술학 박사를 땄을 뿐 아니라 핑거페인팅 화가로 세계적 명성을 얻은 것이다.

어느 날 황메이리엔은 한 대학에 강연자로 초청 받았다. 무대에 오른 그녀를 보고 학생들은 웅성거렸다. 제멋대로 흔들리는 팔, 불안하게 한 쪽으로 기울어진 머리, 일부러 내민 듯 튀어나온 턱, 그녀의 모습은 생경하기 그지없었다. 게다가 이따금씩 그녀의 입에서 튀어나오는 소리는 말이라기보다 비명에 가까웠다. 그랬다. 그녀는 말을 할 수 없는 사람이었다. 그런데 대체 어떻게 강의를 한다는 것일까? 학생들의 의구심 어린 눈빛에도 황메이리엔은 일절 주눅 들지 않고 칠판 앞에 섰다. 그리고 말 대신 칠판에 글씨를 써서 청중과 소통했다. 비록 말은 하지 못했지만 청력이 매우 좋아서 사람들의 질문에 금방 반응했으며 상대가 자신이 표현하려는 바를 제대로 짚어내면 흔들리는 손으로 열심히 박수를 쳤다. 처음의 어색함과 낯설음은 사라지고 강연장은 곧 열광적 반응으로 가득 찼다.

강의 도중 한 학생이 조심스럽게 질문했다.

"황 박사님, 자신의 장애를 원망하신 적은 없나요?"

황메이리엔은 망설임 없이 분필을 들고 칠판에 글씨를 쓰기 시작했다. 한 글자, 한 글자 쓸 때마다 온몸에 힘이 들어가듯 등이 잔뜩 굽었다. 그녀가 그렇게 온힘을 다해 쓴 답은 이러했다.

[원망한 적 없어요. 전 하나님이 내게 주신 모든 것에 감사해요.]

그녀는 잠시 분필을 내려놓고 고개를 돌려 질문한 학생을 바라보았다. 그리고 밝게 웃고는 다시 분필을 들고 거침없이 써내려갔다.

[어머니는 내게 귀여운 얼굴을 주셨어요. 하나님은 내게 길고 예쁜 다리를 주셨죠. 선생님들은 내게 언제나 친절했어요…….]

강연장 안에는 분필이 칠판에 부딪치는 소리만 울려 퍼졌다. 다들 숨죽인 채 황메이리엔의 손끝만 바라보았다. 그녀는 또 한 번 대중을 바라보고는 마지막 한 줄을 썼다.

[나는 내게 주어진 모든 것에 감사한답니다.]

황메이리엔은 모든 것에 감사할 줄 아는 사람이었다.

감사란 자신과 남을 이롭게 하는 마음이며 자연과 사회, 타인에 대한 존중인 동시에 자연법칙, 사회규범, 생명의 가치에 대한 경외와 존경이다. 감사할 줄 아는 사람은 자연히 행복해진다.

큰 나무는 대지에게 고마워하며 흰 구름은 푸른 하늘에게 감사해한다. 마음에 감사가 있으면 내 주변의 모든 것을 감사하게 여길 수 있다. 감사할 줄 아는 사람의 눈에 비친 세상은 아름답고 다채롭다. 감사할 줄 아는 마음이 삭막한 풍경에 따스한 색채와 감정을 덧칠하기 때문이다. 그런 의미에서 보면 감사는 남이 아니라 바로 나 자신을 위한 마음이라 할 수 있다.

비관적인 왕과 낙관적인 신하 - 낙관주의

●

인생에는 마음처럼 되지 않는 일이 많다. 또한 내게 선택권이 없는 일도 수두룩하다. 《명상록》의 저자 마르쿠스 아우렐리우스Marcus Aurelius는 이런 말을 남겼다.

"만약 하늘이 나에 대해, 또 내게 일어날 모든 일에 대해 이미 결정을 내렸다면 그들의 결정은 필시 옳을 것이다."

아우렐리우스는 실제로 평생 자신에게 일어난 모든 일을 순순히 받아들였다. 그의 이런 태도는 운명에 순응하는 소극주의로 보일 수도 있다. 하지만 인생에는 내가 예측할 수도, 나의 의지로 바꿀 수도 없는 일이 너무나 많이 생긴다. 또한 절대적인 일도 없으며 모든 일에 양면성이 존재한다. 인생사 새옹지마라 하지 않던가. 세상일은 변화무쌍하다. 처음에는 호재인 줄 알았던 일이 알고 보면 악재일 수 있고, 악재인 줄 알았던 일이 호재로 변할 수도 있다. 따라서 모든 일에서 긍정적인 면을 찾아내는 낙관적인 태도를 기르는 것이 중요하다.

어느 왕국에 매사에 비관적인 왕과 매사에 낙관적인 신하가 있었다. 신하는 입버릇처럼 '잘된 일입니다'라고 말했는데, 왕은 그 말을 들을 때마다 코웃음을 치거나 짜증을 냈다.

어느 날, 왕이 산책을 나가려는데 갑자기 비가 엄청나게 쏟아져서 흥이 깨지는 일이 생겼다. 기분이 잔뜩 상한 왕에게 신하는 이렇게 말했다.

"잘된 일입니다. 비가 오고 나면 모든 더러움이 씻겨나가지 않습니까? 비가 그친 후 산책을 나가시면 더욱 깨끗한 공기와 풍경을 즐기실 수 있을 것입니다."

암행을 나갔다가 폭염 때문에 왕이 짜증을 냈을 때는 이런 말을 하기도 했다.

"이렇듯 더운 날씨를 만난 덕에 백성들이 얼마나 고생하는지를 몸소 깨닫게 되셨으니, 정말 잘된 일입니다."

그런 말을 들을 때마다 왕은 속에서 천불이 났지만 꾹 참았다. 그러다 일이 터지고 말았다. 왕이 사냥무기를 손질하다가 날카로운 칼날에 손가락 한 마디가 잘려버린 것이다. 다들 혼비백산해서 벌벌 떨며 왕의 안색을 살피는데, 예의 그 신하가 침착한 얼굴로 말했다.

"이 또한 반드시 하늘이 이유가 있어서 허락한 것일 테니, 잘된 일입니다."

왕은 드디어 폭발해버렸다. 그는 신하를 매질하고 감옥에 가둔 뒤 초췌한 몰골의 신하에게 이죽거렸다.

"어떠하냐. 이것도 잘된 일이냐? 이것 역시 하늘이 이유가 있어서 허락한 일이라고 할 테냐?"

왕의 조롱에도 신하는 여전히 담담하게 그렇다고 대답했다. 왕이 더욱 화가 나서 소리 질렀다.

"좋다. 네가 이것도 잘된 일이라 여긴다니 평생을 감옥에서 썩게 해주마!"

며칠 후, 사냥에 나선 왕은 부주의하게 호위들과 멀어져 숲 속 깊은 곳까지 들어갔다가 그만 식인종에게 붙잡혔다. 식인종들은 쾌재를 부르며 왕을 삶아먹기 위해 큰 솥에 물을 붓고 팔팔 끓이기 시작했다. 그런데 왕을 벗기고 구석구석 씻기다가 손가락 마디 하나가 없는 것을 보더니 소리를 지르며 그를 밀쳤다. 이들 부족에게 사지가 온전하지 않은 '불완전한 동물'은 매우 불길한 징조였기 때문이다. 식인종들은 부정을 씻는 특별한 의식을 치른 후 왕을 아주 먼 숲으로 쫓아내어버렸다.

구사일생으로 살아난 왕은 왕국으로 돌아오자마자 감옥에 갇힌 신하를 찾아가 떨리는 목소리로 말했다.

"네 말대로 손가락을 잃은 것이 아주 잘된 일이었다."

전후사정을 들은 신하는 옅게 웃으며 고개를 끄덕였다. 왕이 갑자기 생각난 듯 물었다.

"그런데 내가 너를 이렇게 오래 감옥에 가둬둔 것도 잘된 일이냐?"

신하는 당연하다는 듯 말했다.

"물론입니다. 생각해보십시오, 폐하. 만약 저를 감옥에 가두지 않으시고 사냥에 데려가셨다가 같이 식인종에게 잡혔다면 저는 꼼짝없이 잡아먹혔을 것입니다. 폐하야 손가락 마디가 없지만 저는 온몸이 온전하지 않습니까!"

마침내 왕은 모든 일에 양면성이 있으며, 신하는 언제나 좋은 면을 먼저 보아왔다는 사실을 깨달았다.

노자는 '복은 재앙에 기대어있고 재앙은 복 안에 숨어있다(禍兮福之所倚, 福兮禍之所伏)'라고 했다. 그의 말대로 나쁜 일이 좋은 결과를 낼 수도 있고, 좋은 일이 나쁜 결과를 불러올 수도 있다. 그러니 당장 눈앞의 일이 잘 풀리지 않는다고 좌절하지 마시라. 사업이 어려움에 빠졌을 때, 오히려 이를 계기로 한계를 뛰어넘게 될지도 모른다. 업무 중에 실수나 잘못을 하는 것도 나쁘기만 한 일은 아니다. 이런 경험들이 쌓여서 나중에 더 큰 자산이 될 수 있기 때문이다. 실수와 잘못을 똑같이 반복하지만 않으면 된다. 인간관계에 문제가 생겼다면 마냥 우울해하지만 말고 스스로를 돌아보고 반성하는 기회로 삼자. 사람은 끊임없이 자아성찰을 해야만 비로소 성장할 수 있는 존재다. 그러한 기회를 얻게 되었음을 기뻐하자.

내게 일어난 모든 일을 순순히 받아들이되, 낙관의 정신으로 긍정적인 면을 찾을 수 있어야 한다. 무슨 일이든 나쁜 면부터 보는 사람은 언제나 부정적인 감정에 사로잡힐 수밖에 없다. 긍정적인 부분을 먼저 찾고 생각하는 낙관적 태도는 다른 누구도 아닌 바로 나 자신을 위한 것이다. 자신의 감정을 다스릴 줄 알고 스스로 기운을 북돋을 줄 아는 사람은 그 어떠한 역경과 고난도 이겨낼 수 있다.

세상에서 가장 숭고한 일 - 관용

●

어느 나라의 국왕이 죽기 전에 세 아들 중 한 명에게 왕위를 물려주기로 결심하고, 아들들을 불러 말했다.

"나도 이제 많이 늙고 쇠약하여 언제 죽을지 모르니 너희 셋 중 한 사람에게 왕위를 물려줄까 한다. 단, 조건이 있다. 너희 모두 세상에 나가 1년 간 여행을 하고 돌아오너라. 그리고 그 1년 동안 가장 숭고한 일을 한 사람에게 왕위를 물려주겠노라."

1년 후 세 아들은 모두 무사히 왕국으로 돌아왔다. 가장 먼저 큰아들이 나서서 말했다.

"여행을 하다가 한 사람을 만났는데, 그 사람에게 매우 큰 신뢰를 얻었습니다. 그는 제게 다른 지방에 사는 아들에게 전해주라며 큰돈을 맡겼지요. 저는 그 돈을 단 한 푼도 빠뜨리지 않고 온전히 그의 아들에게 전해주었습니다."

국왕이 말했다.

"매우 정직하고 올바르게 행동했구나. 그러나 정직은 인간으로서 마땅히 갖추어야 할 도리일 뿐, 숭고한 일이라고 할 수 없다."

이번에는 둘째아들이 나섰다.

"여행을 하다가 한 마을에 강도떼가 든 것을 보고 용감히 싸워서 마을 사람의 재산을 모두 지켜주었습니다."

"매우 잘했다. 하지만 사람을 구하는 것은 너의 의무이지, 고상한 일은 아니다."

마지막으로 막내아들이 자신 없는 표정으로 입을 열었다.

"여행을 하다 원수가 생겼습니다. 그는 저를 끈질기게 괴롭혔고, 몇 번은 실제로 저를 죽일 뻔했습니다. 그러던 어느 날 밤, 말을 타고 절벽 옆을 지나가다가 절벽 근처 큰 나무 아래에서 원수가 자고 있는 것을 발견했습니다. 슬쩍 밀기만 해도 절벽에서 떨어져 죽게 할 수 있었지요. 하지만 저는 그렇게 하는 대신 그를 깨워 이런 곳에서 자는 것은 위험하니 어서 일어나 가던 길을 가라고 말했습니다. 그리고 그를 남겨둔 채 그곳을 떠났지요. 며칠 후, 강을 건너려고 말에서 내렸는데 호랑이 한 마리가 갑자기 수풀에서 뛰어나오더니 저를 덮쳤습니다. 꼼짝없이 죽었구나 싶었던 그때, 제 원수가 나타나 단칼에 호랑이를 죽이고 제 목숨을 구해주었습니다. 왜 나를 구해주었냐고 묻자 그는 '네가 나를 먼저 구했기 때문'이라며 제가 베푼 은혜가 자신의 원한을 없앴다고 말했습니다. 저, 그런데……, 이것이 과연 대단한 일인지는 잘 모르겠습니다."

국왕은 막내아들을 크게 칭찬했다.

"아니다, 아이야. 자신의 원수를 구하는 것은 매우 숭고하고 신성한 일이다. 네가 이처럼 숭고한 일을 했으니 네게 왕위를 물려주겠다. 오늘부터 네가 바로 이 나라의 왕이다!"

막내아들이 원수의 목숨을 빼앗을 수 있는 기회가 있었는데도 그렇게 하지 않은 이유는 관용의 마음이 있었기 때문이다. 마찬가지로 원수가 위급한 상황에서 그를 구해준 것도 관용을 베푼 것이라 할 수 있다. 관용과 너그러움을 베풀 수 있는 사람이야말로 중요한 일을 맡기에 적합하다. 그래서 국왕은 막내아들에게 왕위를 물려준 것이다.

인생에는 관용을 베풀 수 있는 마음가짐이 필요하다. 그렇다면 관용의 마음은 어떻게 기를 수 있을까? 무엇보다도 타인의 잘못을 대하는 태도가 중요하다. 누군가 잘못했다는 생각이 들면 무조건 손가락질하기보다는 다음의 과정을 먼저 따라가 보자.

관용을 베풀 수 있는 마음가짐

• 첫째

상대가 반드시 잘못한 것은 아닐 수 있다고 생각해본다. 상대가 꼭 틀렸다는 보장도 없고, 내가 상대의 진짜 의도를 아직 이해하지 못했거나 잘못 알았을 수도 때문이다. 사람은 누구나 자기 기준에 따라 남을 판단하기에 완벽히 객관적일 수도, 공정할 수도 없다. 따라서 섣불리 결론을 내리면 오해가 생기거나 충돌과 갈등이 벌어질 수도 있다. 그러니 결정을 내리기 전에 먼저 전후사정을 정확하게 파악하고 상황을 객관적으로 판단하려고 노력해야 한다.

• 둘째

상대가 잘못한 것이 확실해져도 무작정 비난하지 말고 사람은 누구나 잘못을 저지를 수 있다는 점을 기억한다. 설혹 성인군자라도 일점일획의 과오조차 없을 수는 없다. 넓은 아량과 이해심으로 상대의 잘못을 품어주면 만사가 훨씬 순조롭게 흘러가며, 결과적으로 더 많은 친구를 얻게 된다.

• 셋째

만약 상대의 잘못 때문에 내 마음이 괴롭거나 화가 난다면 그럴 만한 가치가 있는 일인지 스스로에게 되물어본다. 나의 감정을 이만큼 소모할 가치가 있는지 생각해보라는 것이다. 대부분의 경우, 내가 화를 내든 말든 마음을 끓이든 말든 상황은 변하지 않는다. 어차피 바꿀 수 없다면 굳이 내 마음을 괴롭힐 이유가 어디 있겠는가. 그래서 관용을 기르는 과정은 자기통제와 절제를 배우는 과정과도 일맥상통한다. 결국은 다른 사람을 위해서가 아니라 나 자신의 평화와 안정을 위해 관용을 베풀 줄 알아야 한다.

어느 대학원생의 '당대 최고의 걸작' - 자아도취

•

한 명문대학의 대학원생이 심리상담센터를 찾아왔다. 제 발로 온 것은 아니고 여자친구에게 억지로 끌려온 것이었다. 다음은 그가 상담사에게 한 자기소개다.

"저는 현재 법학 전공으로 박사과정을 밟고 있습니다. 보기 드문 인재라고 할 수 있죠. 하지만 최근 들어 문제가 생겼습니다. 어쩌면 박사과정을 포기해야 할 만큼 큰 문제요……. 얼마 전부터 논문을 쓰기 시작했는데, 저는 그 논문이 아주 가치 있다고 자신합니다. 발표만 되면 법학계에 엄청난 지각변동을 일으킬 겁니다. 그런데 3분의 2 정도 쓰고 나서 지도교수님께 보여드렸는데 교수님의 반응이 제 예상과 달리 시큰둥했습니다. 그뿐만 아니라 이 핑계, 저 핑계를 대며 제가 논문을 완성하지 못하도록 막았습니다. 빤하지요. 논문이 발표되면 자기들이 기득권을 잃을까 봐 겁이 난 겁니다. 나를 질투하는 거죠. 사실 그런 행동 자체가 그들이 매너리즘에 빠져있다는 증거입니다. 하지만 저는 끝까지 포기하지 않고 제가 그들과 비교도 안될 만큼 훌륭한 인재임을 증명해낼 겁니다. 그들에게 스스로의 수준이 어느 정도인지 뼈저리게 깨닫게 해줘야 하지 않겠습니까? 어쨌든 요즘 그 일 때문에 불면증이 생기기는 했습니다. 생각할 게 많아서 도무지 잠이 안 오더라고요. 여자친구와도 별 문제가 없었는데 최근 들어 자꾸 부딪치고……. 대체 어찌된 일인지 알 수 없지만, 도와주실 수 있는 부분이 있으면 좀 도와주시기 바랍니다."

상담사는 그의 이야기를 다 들은 후 먼저 논문에 대해 물었다. 대학원생은 신이 나서 침을 튀겨가며 장광설을 늘어놨다. 마치 수많은 청중으로 가득 찬 강연장에 서있기라도 한 양 목소리를 높이고 현란하게 손짓 발짓을 해가며 자신의 논문을 설명했다. 논문 설명이 끝난 후, 상황을 좀 더 자세히 이해하기 위해 상담사가 추가 질문을 했다.

"자신이 부족하다는 생각을 해본 적이 있나요?"

"아뇨, 없습니다. 그건 사실이 아니니까요."

"그럼 외로운 적은요?"

"외롭기야 늘 외롭죠. 하지만 신경 쓰지 않습니다. 어차피 뛰어난 사람은 외롭기 마련이거든요."

"여자친구와 사이는 어떠세요? 만족하시나요?"

"그저 그렇습니다. 여자친구와 만나는 게 자극이 되긴 하지만 사실 얻는 건 별로 없어서요."

질문을 마친 상담사는 그에게 밖에서 잠시 기다리라고 한 뒤 여자친구를 들어오게 했다. 여자친구와도 대화를 나눌 필요가 있다고 판단했기 때문이다.

여자친구의 설명에 따르면 그는 그녀 이전에도 몇 번 연애를 했다. 하지만 어찌된 일인지 모두 짧게 끝났으며 하나같이 여자 쪽이 먼저 이별을 고했다고 했다. 그는 학교에서도 특이하기로 유명했다. 인기 있는 편은 아니어서 늘 혼자였고 모임에 가도 굳이 그에게 말을 붙이는 사람은 많지 않았다. 하지만 그는 그런 것에 별로 신경 쓰지 않는다고 했다.

논문에 대한 여자친구의 평가는 '평작'이었다. 새로운 견해가 담긴 것도 아니고 설득력마저 부족해서 지도교수가 탐탁지 않게 여기는 게 당연하다고 했다.

마침내 상황을 전부 파악한 상담사는 여자친구에게 말했다.

"남자친구 분은 심각한 자아도취증이 분명합니다."

자아도취란 객관적 사실과 상관없이 자신이 뛰어나다고 믿거나 스스로를 심히 사랑하는 자기중심적인 심리와 행동을 말한다. 병적 자아도취에 빠진 사람은 항상 자신의 물질적, 심리적 이익을 최우선으로 생각한다. 그러나 바로 그 자아도취 성향 때문에 실제로는 더 많은 피해를 본다.

자아도취의 배후에는 칭찬 중독이 있다. 자아도취증 환자는 칭찬과 찬사를 듣기 위해서라면 어떠한 행동도 불사한다. 하지만 이들 역시 항상 어디서나 모두에게 칭찬받을 수 없다는 사실을 잘 알기에 무의식적으로 자신의 활동범위를 제한한다. 자신이 생각하는 완벽한 자아를 지키고 유지할 수 있는 범위 안에서만 움직이는 것이다. 때로는 이를 위해 객관적 환경과 현실을 왜곡하기도 한다. 자아도취증은 매우 비이성적인 심리로 당사자도 통제하지 못한다. 그래서 자아도취에 빠진 사람들은 언제나 불안감에 시달리며, 자신의 현실을 직시하지 못하고 늘 허황된 목표를 세운다.

자아도취자는 지나치게 자기중심적인 사고 탓에 인간관계에서도 문제를 겪는다. 특히 칭찬과 찬사에 목숨을 거는 만큼 타인에게서 그런 것을 얻지 못하면 심각한 충격과 의문에 빠진다. 자아도취증 환자가 우울증에 빠지기 쉬운 이유도 여기에 있다.

사람은 누구나 많든 적든 자아도취적인 성향이 있다. 또한 자기 자신을 미워하기보다는 사랑할 줄 알아야 한다. 하지만 사랑도 지나치면 안 하니만 못하다. 적당한 불은 몸을 덥혀주지만 지나치게 뜨거운 불은 몸을 태운다. 따라서 평소 긍정적인 자아개념을 세우는 동시에 스스로를 객관적으로 평가하는 눈을 기르도록 노력해야 한다. 자신에 대한 주변 사람의 생각과 느낌에 귀를 기울이고 스스로를 솔직히 표현하며 비록 부정적인 평가를 듣더라도 이를 무조건 공격이나 비난, 질투로 치부하지 않고 냉정히 듣고 받아들이는 냉철함도 필요하다. 그래야 병적인 자아도취의 덫에 걸리지 않을 수 있다.

삶이 이토록 어두운 이유 - 공허함

●

고등학생 신희는 내성적인 성격이다. 평소 무슨 일이 있어도 대부분 혼자 속으로 삭이고, 친구들과도 잘 어울리지 않는다. 다음은 신희의 일기 중 일부다.

[고등학교에 처음 올라왔을 때까지만 해도 괜찮았다. 하지만 1학년 2학기부터 모든 것이 짜증스럽기만 하다. 공부도 싫고, 사는 것도 싫다. 그나마 공부는 좀 재미있다고 생각했는데, 시험 볼 때 몇 번 실수했다고 선생님께 불려가 잔소리를 들은 뒤로는 흥미가 사라졌다. 이제는 아무래

도 좋다. 아무 의미도 느껴지지 않는다. 열심히 공부하는 애들을 보면 뭐 하러 저렇게 열심히 하나 싶다. 아무리 발버둥 쳐도 결국 늙고 병들고 죽는 건 다 마찬가지 아닌가? 학교 활동도 다 유치하다. 여기가 고등학교인지, 초등학교인지. 재미도 없고 하고 싶지도 않다. 그렇다고 집은 봐줄 만하냐, 그렇지도 않다. 아빠는 매일 밖으로만 나돌기만 하고 나한테는 관심이 전혀 없다. 돈 버느라 그렇다지만 자식한테 이렇게까지 무관심할 일인가. 엄마는 나만 보면 잔소리다. 머리 꼴이 그게 뭐냐는 둥 방이 왜 이리 엉망진창이라는 둥, 온갖 사소한 이유로 잔소리를 해대는데 정말이지 너무 피곤하다. 밤에 혼자 책상 앞에 앉아있으면 머리가 복잡하다. 이렇게 살아서 다 무슨 소용이 있나 싶고, 언제까지 이렇게 살아야 하나 싶어 속이 답답하다. 아, 캄캄한 내 인생. 정말 어디론가 떠나 새롭게 다시 시작하고 싶다…….]

아직 본격적으로 인생을 살아보지도, 딱히 심각한 문제가 있는 것도 아닌데 신희가 자기 인생을 암담하다고 느끼는 이유는 무엇일까? 바로 심리적 공허함에 빠져있기 때문이다.

공허함, 또는 허무함이란 정신세계가 텅 빈 것을 말한다. 신앙도 믿음도 의지하는 데도 없이 지루함과 소외, 무감정에 빠진 '산송장' 같은 상태라 할 수 있다. 정신이 공허한 사람은 삶의 의욕이 없고 사회적 책임감 또한 희박하다.

공허함은 인격의 건전한 성장을 저해하기 때문에 특히 경계해야 하는 심리다. 현실생활에서 공허함을 벗어나려면 다음의 네 가지가 중요하다.

현실생활에서 공허함을 벗어나기 위한 네가지 방법

- **사람과의 소통을 늘리고 응원을 얻는다**

공허함에 빠진 이에게 가장 중요한 것은 주변 사람이 자신을 응원하고 지지하며 이해해준다는 실감이다. 나를 진심으로 아끼고 응원해주는 사람이 있으면 공허함과 외로움의 공격에서 마음을 지킬 수 있다.

- **책을 많이 읽는다**

독서는 공허한 마음을 채우는 최고의 방법이다. 폭넓은 독서를 통해 문제를 해결할 열쇠를 발견할 수도 있고 외로움과 허무함에서 벗어날 길을 찾을 수도 있다. 책을 많이 읽을수록 인생이 더욱 풍성해진다.

- **생산적인 일에 몰두한다**

일에 몰두하다 보면 공허함이나 시름을 느낄 새가 없으며, 일을 통해 스스로의 사회적 가치를 발견함으로써 다시금 살아갈 의욕을 찾을 수도 있다.

- **목표를 수정한다**

공허함은 대개 두 가지 상황에서 생긴다. 하나는 명확한 목표가 없을 때, 다른 하나는 목표가 있지만 현실적이지 않을 때다. 목표를 이룰 수 없다는 실망감에 사로잡히면 자연히 삶의 의욕이 사라진다. 따라서 먼저 현실에 맞는 목표를 세우거나 기존의 목표를 상황에 따라 적절히 수정해야 한다. 실현가능한 목표가 생기면 삶에 충실할 수 있다. 충실한 마음이야말로 공허함을 이기는 가장 확실한 묘약이다. 만약 현실적인 벽에 부딪쳤다면 목표를 아예 바꿔도 괜찮다. 예를 들어 업무에서 목표를 달성하기 어려운 경우, 취미활동 등에서 목표를 이루는 쪽으로 방향을 전환해도 된다. 핵심은 지속적으로 흥미와 재미, 의욕을 느끼게 해줄 목표를 갖는 것이다. 새로운 흥미가 생기면 인생을 살아갈 이유가 하나 더 생긴다. 스스로 의욕적으로 살아갈 목표를 계속 만드는 한, 공허함에 짓눌리는 일은 없을 것이다.

혼자라는 두려움 - 고독함

●

올해 예순 살의 루이스는 3년 전 남편을 잃었다. 당시 그녀는 세상이 무너져 내린 듯한 고통과 절망을 느꼈다. 남편 없이 살아갈 날들이 두렵기만 했다. 그중에서도 그녀를 가장 두렵게 만든 것은 바로 외로움이었다. 남편이 세상을 떠나고 한 달쯤 지난 어느 밤, 그녀는 펑펑 울면서 친구에게 하소연했다.

"이제 나는 어떻게 살아야 하지? 혼자서 어떻게 살아야 할지 전혀 모르겠어!"

그때 친구는 시간이 흐르면 다 괜찮아진다는 말로 그녀를 위로했다. 인생의 반려자를 잃었으니 당장은 슬프고 비참한 게 당연하지만 세월이 흐르면 고통과 외로움도 옅어지고 다시 행복해질 것이라며 루이스의 어깨를 토닥였다.

"아냐, 그럴 리 없어."

루이스는 절망에 빠져 말했다.

"다시는 행복해질 수 없을 거야. 난 더 이상 젊지 않고, 자식들도 다 독립했어. 아마도 죽을 때까지 외톨이겠지. 혼자서 어떻게 행복할 수 있겠어?"

루이스는 심각한 자기연민에 빠졌다. 몇 년이 흘렀지만 나아지는 게 없었다. 한번은 친구가 참다못해 쏘아붙였다.

"더 이상 남한테 동정과 연민을 구하지 마. 어쨌든 이제 너는 네 힘으로 남편 없는 인생을 살아야 해. 새로운 사람들도 사귀고 새로운 취미도 가져봐. 옛날 기억에 빠져서 훌쩍이기만 해서는 아무것도 달라지지 않아!"

하지만 외로움과 비탄, 자기연민에 사로잡힌 루이스에게는 친구의 충고가 들리지 않았다. 그녀는 자식들이 자신의 행복을 책임져야 한다고 생각했고, 결국 결혼한 딸의 집으로 이사했다.

하지만 상황은 그녀의 바람과 다르게 흘러갔다. 외로운 게 싫어서 딸과 함께 살기로 했는데 같이 사는 동안 오히려 사이가 나빠진 것이다. 나중에는 거의 원수나 다름없는 사이가 된 바람에 루이스는 어쩔 수 없이 아들 집으로 옮겨갔다. 하지만 그곳에서도 잘 지내지 못하기는 마찬가지였다. 결국 자식들은 의논 끝에 돈을 모아 자신들의 집 근처에 루이스가 살 집을 따로 마련해주었다. 비록 자식들이 자주 찾아오겠노라고 약속하긴 했지만 다시 혼자 살게 된 루이스는 이전보다 훨씬 큰 외로움을 느꼈으며 자식들이 자신을 버렸다는 생각에 우울증까지 생겼다.

루이스는 자신의 말처럼 더 이상 행복할 수 없게 되었다. 그리고 안타깝게도 모든 원인은 그녀 자신에게 있었다. 스스로의 힘으로 행복해지려 하지 않고 끝까지 타인에게 의지하려 한 것이 문제였다. 그녀는 고독을 두려워하며 고독해지지 않으려고 발버둥 쳤지만 결국 가장 고독한 사람이 되고 말았다. 루이스는 과연 가엾고 불쌍한 여인이었다. 그리고 그녀를 그렇게 만든 것은 다름 아닌 스스로의 미성숙함이었다.

사람은 누구나 외로운 때가 있다. 어쩌다 외로움을 느끼는 것은 지극히 정상적인 현상이다. 그러나 외로움도 정도를 지나치면 마음의 병이 된다. 외로움을 이기고 건강한 마음을 지키려면 어떻게 해야 할까?

먼저 자기비하에 빠지지 않도록 조심해야 한다. 자기비하에 빠진 사람은 자기비하라는 밧줄에 묶여있기 때문에 언제나 고립을 자초한다. 따라서 자신을 둘러싼 외로움이라는 어둠을 벗어나고 싶다면 가장 먼저 자기비하의 밧줄을 끊어내야 한다. 외로울 때만 사람을 찾지 말고 평소 꾸준하게 연락을 주고받으며 관계를 유지하려고 노력하라. 다른 사람도 나와 똑같이 외로울 때가 있고 따스한 우정이 그리울 때가 있다. 남이 외로울 때 내가 먼저 손을 내밀어야 내가 외로울 때 손 내밀어줄 사람이 나타나는 법이다.

가끔은 복잡한 속세를 떠나 자연을 찾아가는 것도 외로움을 없애는 좋은 방법이다. 아낌없이 베푸는 자연의 품에 안겨 심신의 위로를 얻고 순수한 기쁨을 누리다 보면 외로움이 저만치 물러선다.

새롭게 목표를 세우거나 취미를 가질 수도 있다. 삶의 이유가 뚜렷한 사람은 외로움을 느끼지 않는다. 마찬가지로 좋아하는 것, 추구하는 바가 있는 사람 역시 외로울 틈이 없다.

마음을 갉아먹는 외로움에 무력하게 당하지 말고 적극적으로 대처하도록 하자.

?
일상생활 속 숨겨진
불가사의한 비밀 파헤치기

10

내 안에 청개구리가 산다

하지 말라면 더 하고 싶어지는 이유

생판 남인 두 사람이 골목길에서 마주쳤다. 한 사람이 벽에 붙듯 비켜서야 다른 사람이 겨우 지나갈 수 있을 만큼 폭이 좁은 골목길이었다. 잠시 눈치를 보다가 한 사람이 먼저 툭 내뱉었다. "거, 길 좀 비켜주쇼."

안 그래도 상대는 자신이 먼저 비킬까 생각하던 중이었다. 그런데 '비켜달라'는 말을 듣는 순간, 어쩐지 욱하는 기분이 들었다. 그는 턱을 치켜들며 맞받아쳤다.

"이 골목길이 당신 거요? 왜 나더러 비키라는 거요? 그쪽이 먼저 비키쇼!"

이것은 대체 무슨 심리일까? 왜 원래 하려던 일도 남이 재촉하면 하기 싫고, 망설이던 일도 남이 말리면 되려 하고 싶어질까?

사실 이런 '청개구리' 심리는 매우 흔한 심리현상이다. 전문용어로는 반발심, 또는 심리적 역반응이라고 한다. 반발심은 왜 생길까? 호기심 때문이다. 많고 적고의 차이일 뿐, 사람은 누구나 호기심이 있다. 호기심은 매우 강한 동기다. 무언가를 배우고 탐험에 나서고 연구를 하는 등의 행동 중 상당수가 호기심에서 비롯된다. 그런데 호기심을 제일 크게 자극하는 것은 신기한 것도, 낯선 것도 아닌 바로 '금지된 것'이다. 사람은 금지된 것을 가장 궁금해한다. 금지한 이유라도 속 시원히 알면 좋은데, 금지의 이유조차 분명하지 않으면 호기심을 풀 수 없다는 답답함이 반발심으로 변한다. 대체 왜 하지 말라는 것인지 왜 알려주지 않는지, 처음에는 궁금하다가 나중에는 화가 난다. 금지하는 정도가 강해질수록 호기심은 커지고 반발심도 덩달아 자란다.

자존심 때문에 반발심을 보이는 경우도 있다. 주로 청소년에게서 나타나는데, 자존심을 지키려고 일부러 상대의 요구와 반대되는 행동이나 태도를 취하는 식이다. 물론 다른 연령대에서도 나타난다.

반발심의 가장 큰 문제점은 편협한 심리상태와 극단적 행동양식을 야기한다는 점이다. 매사에 다른 사람과 대립각을 세우다 보면 자신도 모르게 극단적이고 고집스러워진다. 또한 감정에 눈이 가려서 사물의 본질을 객관적으로 인식하지 못하기 때문에 잘못된 결정과 선택을 내릴 확률이 높다. 뿐만 아니라 반발심에 사로잡히면 자신의 호기심과 자존심을 만족시키기 위해, 혹은 모종의 속박에 반항하기 위해, 또는 자신의 '남다름'과 '뛰어남'을 보이기 위해 상식을 벗어나는 반발적인 행동을 감행하기도 한다.

때로는 반발심 때문에 오히려 상대가 원하는 행동을 하게 되는 경우도 있다. 실제로 반발심리를 잘 이해하는 사람은 이를 이용해서 자신이 원하는 바를 달성한다. 일례로 러시아의 한 심리학자는 심리학책을 내면서 서문에 이렇게 썼다.

[이 책의 제5장과 제8장은 절대 먼저 읽지 마시오.]

서문을 읽은 독자 중 상당수는 이 '경고'에 반발심을 느끼고 오히려 가장 먼저 5장과 8장을 읽었다. 하지만 이는 정확히 저자가 의도했던 바였다. 사실 그가 책에서 가장 심혈을 기울여 쓰고, 독자들이 자세히 읽어주기를 바랐던 챕터는 바로 5장과 8장이었다. 만약 서문에 단순하게 '이 두 챕터를 자세히 읽어보라'고 썼다면 대부분 독자는 이를 무시했을 것이다. 심리학자였던 저자는 이를 잘 알았기에 사람들의 반발심리를 역으로 이용해서 자신이 원하는 대로 5장과 8장에 관심이 집중되도록 만들었다.

사람은 본능적으로 남이 시키는 대로 따르기보다는 자기 생각대로 살고 싶어 한다. 그래서 타인이 무언가를 강요하거나 제한하면 저도 모르게 그와 반대로 행동하고 싶다는 욕망에 사로잡힌다. 이러한 반발심의 본질을 이해하면 이를 역으로 이용해서 상대를 내가 원하는 대로 움직이게 만들 수도, 반대로 나의 반발심을 자극해서 자신의 목적을 이루려는 상대의 꼼수를 간파할 수도 있다. 또한 단순히 반발심에 사로잡혀 어리석은 결정을 내리는 과오를 크게 줄일 수 있다.

내 행복은 나의 것

●

선영은 외국계 기업의 중견 관리직이다. 서른 초반에 그 정도 직위에 올랐다는 것은 그만큼 능력을 인정받았다는 의미였다. 거기에 자상한 남편과 예쁘고 귀여운 딸까지 가진 선영은 동료와 친구들에게 언제나 부러움의 대상이었다.

그러나 정작 그녀는 말 못할 괴로움과 고통에 시달리고 있었다. 얼마 전부터 시어머니에게 입에 담을 수도 없는 폭언을 듣고 있었기 때문이다. 사실 선영은 오래 전부터 시댁과 갈등을 겪고 있었다. 남편은 외아들이었고, 시부모는 매우 보수적인 분들이었다. 3년 전 아들이 결혼했을 때부터 그들은 며느리가 떡두꺼비 같은 손자를 낳아 집안의 대를 이어주기를 간절히 바랐다. 하지만 선영이 딸 하나만 낳고 둘째를 가질 생각을 영 하지 않자 시부모는 크게 실망했다. 손녀가 귀엽고 사랑스럽기는 했지만 그렇다고 며느리에 대한 불만이 사라지지는 않았다. 성별이야 마음대로 고를 수 없으니 어쩔 수 없다지만 아예 둘째를 낳을 마음조차 없다는 게 못마땅했던 것이다. 시부모는 불편한 심기를 감추지 못하고 가끔씩 선영에게 모난 말을 했다. 선영이라고 섭섭하지 않은 것은 아니었다. 특히 시모가 임신 기간 내내 과할 정도로 살뜰하게 그녀를 챙기다가 뱃속 아기가 딸인 것을 알고 태도를 싹 바꾸어 냉담해졌던 일만 떠올리면 아직도 마음 한 구석이 저릿했다. 하지만 그래도 괜찮았다. 남편만 내 편이 되어준다면 시부모의 차가운 눈빛 정도는 못 본 척할 수 있었다. 어쨌든 자신은 남편과 살지, 시부모와 사는 것은 아니었기 때문이다. 게다가 세월이 흐르면 시부모도 자연히 포기하리라 생각했다.

하지만 그녀의 바람과 달리 시부모는 갈수록 더 노골적으로 불만을 드러냈다. 때로는 없는 말까지 지어내며 남편에게 그녀의 험담을 하기도 했다. 이런 일이 반복되자 선영의 마음에도 원망과 분노가 쌓였다. 관계는 돌이킬 수 없을 만큼 악화됐다. 선영은 더 이상 멀쩡한 얼굴로 시부모를 대할 자신이 없었다. 앞으로 어떻게 해야 할지 막막할 따름이었다.

그녀의 사정을 들은 사람들은 하나같이 그녀를 동정했다. 너는 잘못한 게 전혀 없다고, 무고한 피해자일 뿐이라고, 시부모는 신경 쓰지 말고 너희 식구끼리 잘 살면 된다며 그녀를 위로했다. 그나마 남편이 네 편이니 다행이지 않느냐는 말도 했다. 선영도 머리로는 그렇게 생각했지만 들끓듯 일어나는 감정을 주체할 수는 없었다. 자신이 왜 이런 취급을 받아야 하느냐는 원망과 시부모를 향한 증오가 걷잡을 수 없이 커졌다. 시부모 욕을 할 때 선영의 얼굴에는 보는 사람이 다 질려버릴 만큼 무서운 기색이 흘렀다. 분노와 미움에 사로잡힌 그녀는 늘 괴롭고 늘 불행했다.

살다 보면 주변에서 선영과 같은 사례를 심심찮게 볼 수 있다. 심리학 관점에서 봤을 때 선영이 행복하지 않은 진짜 이유는 시부모와의 갈등 때문이 아니다. 스스로 미움과 원망에 사로잡혔기 때문이다. 깊고 지독한 감정이 그녀의 두 눈을 가리고 그녀의 삶을 옭아매었기에 불행한 것이다.

미움과 원망은 삶을 망치고 인생을 불행하게 만든다. 문제는 이를 해결할 수 있는 사람이 나 자신밖에 없다는 점이다. 한번 마음에 자리 잡은 부정적인 감정은 아무리 상대가 바뀌어도 내가 노력하지 않으면 결코 사라지지 않는다. 미움과 원망을 이겨내려면 어떻게 해야 할까? 구체적으로 다음과 같은 방법이 있다.

미움과 원망을 이겨내는 방법

- **적당한 부인**

  고통스러운 현실을 적당히 부정한다. 여기서 부정은 자신을 보호하기 위한 정상적인 방어기제다. 스스로에게 '내가 다 잘했다는 것은 아니지만 그렇다고 다 잘못하지도 않았어', '남편이 내 편이라는 게 가장 중요해' 등의 긍정적 암시를 주면서 현실을 적당히 외면한다.

- **적극적 억압**

  심신 건강을 저해하는 고통스러운 경험이나 사건을 아예 무시하고 잊어버린다. 그 일을 반복적으로 떠올리며 자신을 괴롭히지 말고 행복감을 느낄 수 있는 일을 찾아 의식적으로 관심의 방향을 돌린다.

• **합리화**

자신에게 유리하도록 상황을 합리화한다. 합리화에는 크게 두 가지가 있다. 하나는 신 포도형 합리화, 다른 하나는 달콤한 레몬형 합리화다. 신 포도형 합리화는 내가 원하던 바를 얻지 못한 경우 그것이 생각만큼 가치 있지는 않다고 치부하며 위안을 얻는 것이고, 달콤한 레몬형 합리화는 최선책(포도)대신 차선책(레몬)을 선택한 뒤 그게 더 나은 것이었다고 여기는 심리를 말한다. 솔직히 탐탁지는 않지만 일단 손에 넣은 것을 더 좋다고 생각하며 불만을 다독이는 셈이다. 두 가지 모두 고통과 실패를 부인함으로써 내면의 평정을 유지하려 한다는 공통점이 있다.

• **합리적 전이**

어떤 대상에 집중된 감정, 의도, 욕망을 다른 대상이나 대체물로 전이시켜서 정신적 부담을 덜고 심리적 균형을 찾는 것을 말한다. 주로 운동이나 취미생활 등의 건전한 대상으로 전이하는 게 바람직하다.

• **적극적인 수용 및 적용**

긍정적인 삶의 태도, 대응방식, 심리 조절 등 다양하고 효과적인 방법을 배우고 적극적으로 적용한다. 스스로 마음을 다스리고 위로하며 부정적 감정에 얽매이지 않는 훈련을 통해 자기 자신과 타인, 인생을 바르게 보고 대하는 법을 몸에 익힌다.

금단의 열매를 탐하는 사람들

사람은 자신이 잘 아는 것보다 잘 모르는 것에 매력을 느낀다. 또한 손에 쉽게 넣을 수 있는 것보다 쉽게 가질 수 없는 것에 더욱 애달아한다. 이처럼 '허락되지 않은 것'에 더욱 끌리는 이유는 무엇일까? 모두 호기심과 반발심의 '농간' 때문이다.

그리스 신화에서 프로메테우스가 인간에게 불을 가져다준 후, 제우스는 불을 갖게 된 인류를 벌하기 위해 한 가지 방법을 생각해낸다. 그는 먼저 대장장이 신 헤파이토스에게 아름다운 여자를 만들게 하고 전령의 신인 헤르메스와 사랑의 신 아프로디테에게 명령해서 그녀에게 사람의 마음을 홀리는 언변과 무한한 매력을 주도록 했다. 그렇게 태어난 여자가 바로 판도라다. 제우스는 판도라에게는 밀봉된 상자 하나를 주고, 절대 열어보지 말라 당부하고는 그녀를 프로메테우스의 동생인 에피메테우스에게 아내로 주었다.

처음에는 판도라도 제우스의 당부를 따라 상자를 열지 않았다. 하지만 곧 상자 속에 무엇이 들었는지 궁금해졌고, 결국 호기심에 넘어가 상자를 열고 만다. 그 순간 상자에 갇혀있던 온갖 재앙과 질병, 불행이 세상으로 쏟아져 나왔다. 호기심에 넘어간 판도라 때문에 제우스의 의도대로 온 인류가 징벌을 받은 것이다.

금지되었기에 더욱 갖고 싶고 금기가 엄격하기에 더욱 하고 싶어지는 심리, 이러한 심리현상을 일컬어 '판도라 효과'라고 한다. 사람은 희한하게도 얻기 힘든 물건일수록 더 욕심을 내고, 가질 수 없는 사람일수록 더욱 매력을 느끼며, 감춰진 일일수록 더더욱 알고 싶어 견디지 못한다. 때로는 이 때문에 곤란해지기도 한다. 그러나 심리학에서는 이러한 호기심을 새로움과 이채로움을 좇는 내적동기로 보기 때문에 오히려 긍정적으로 평가하기도 한다.

사람이 금기된 것에 끌리는 또 다른 이유는 반발심 때문이다. 반발심이란 객관적 환경과 주관적 필요가 맞지 않을 때 생겨나는 심리활동으로, 감정적 요소가 상당히 크다. 반발심은 크게 신체발달이라는 내재적 요인과 사회 환경이라는 외재적 요인에 의해 생기며, 대개 강한 호기심이 따라붙는다.

일상생활에서 우리는 알게 모르게 '판도라 효과'의 영향을 받으며 살아간다. 드라마가 늘 가장 흥미로운 장면에서 끝나는 이유도, 쇼 프로그램에서 결정적인 순간을 앞두고 중간광고가 나오는 이유도 다 '판도라 효과'를 노린 것이다. 즉 시청자의 호기심을 자극해서 드라마의 다음 회차, 혹은 중간광고의 시청률을 높이려는 의도가 숨어있다고 볼 수 있다.

이 점을 알면 우리는 좀 더 현명한 소비생활을 할 수 있다. 어떤 사람이 의도적으로 흥미를 부추길 때 쉽게 휩쓸리지 않고 냉정을 유지하며 '판도라 효과'의 영향에서 최대한 벗어날 수 있다는 뜻이다. 최소한 소비자를 갈증 나게 만들어서 지갑을 열게 하는 '헝거 마케팅Hunger Marketing'에 넘어가지 않을 수 있다. 또한 반대로 '판도라 효과'를 주도적으로 활용해서 자신의 목적을 달성하는 것도 가능하다.

일본의 음악교육자인 스즈키 신이치는 '배고픈 교육'이라는 교육법을 창설했다. 그는 아이들에게 바이올린을 가르쳤는데, 처음 배우러 온 아이에게는 한동안 악기도 들지 못하게 하고 옆에서 다른 아이들이 연주하는 모습만 보게 했다. 그리고 그렇게 배우고자 하는 열망과 흥미를 최고치로 끌어올린 후에야 비로소 가르치기 시작했다. 이렇게 배운 아이들은 누가 시키지 않아도 스스로 열심히 노력했으며, 악기를 습득하는 속도 또한 매우 빨랐다.

'판도라 효과'는 이처럼 우리 주변 곳곳에 존재한다. 그 원리를 이해하면 생활 속에서 더 많은 편의를 얻게 될 것이다.

금지된 고기를 탐하는 사람들

●

성경에서 아담과 하와는 금지된 열매인 선악과를 몰래 먹었다가 에덴동산에서 쫓겨났다. 그리고 현대 중국에서는 금지된 고기를 탐했다가 비극을 자초하는 일이 연이어 벌어지고 있다.

2002년 11월의 중국, 연말을 앞두고 모두가 흥겨운 분위기에 휩싸여 있을 때 푸산(浮山)시에서는 불행의 전주곡이 시작됐다. 한 병원에 특이한 증상의 폐렴환자가 입원한 것이었다. 처음에는 두세 명에 불과했지만 곧 수십 명으로 늘었고, 인근 도시에서도 비슷한 사례가 속출했다. 정체불명의 폐렴이 빠르게 퍼지자 사람들은 공포를 느끼기 시작했다. 2003년 1월 2일, 중산(中山)시에서 의료진과 병원 직원 수십 명이 이 괴이한 폐렴에 집단 감염되는 사태가 벌어지자 '치명적인 역병이 돈다'는 소문이 걷잡을 수 없이 퍼져나갔다. 중증급성호흡기증후군, 사스SARS의 창궐이었다.

발생 초기 사스는 광저우 지역에서 집중적으로 발병했으며 발병자의 상당수가 의료진이었다. 그러다 2003년 2월을 기점으로 중국 전역과 전 세계로 확산됐고 셀 수 없이 많은 사람이 속절없이 쓰러졌다. 사스는 총 32개국에서 8천여 명의 환자를 발생시키고 수백 명의 목숨을 앗은 뒤에야 약 7개월 만에 겨우 자취를 감췄다.

대체 왜 이런 비극이 벌어진 것일까? 역학조사 결과 사스를 일으킨 코로나바이러스의 최초감염원으로 사향고양이가 지목됐다. 야생동물 취식을 즐기는 사람들이 사향고양이를 잡아먹고 감염됐다는 것이다. 대중은 큰 충격에 휩싸였으며, 몇몇의 무분별한 행동이 전 세계적인 재앙을 초래했다는 데 허탈함과 분노를 느꼈다.

사실 중국 당국도 오래 전부터 야생동물 취식을 금지해왔다. 그러나 일부 지역에서는 여전히 야생동물을 별미로 취급하고 있으며, 밀렵 역시 성행 중이다. 야생동물은 평범한 가축에 비해 마진율이 높기 때문에 당국의 감시를 피해 야생동물 요리를 파는 식당도 어렵지 않게 찾을 수 있다. 심지어 야생동물 취식이 법으로 금지되면서 오히려 수요가 더 늘었다는 주장도 있다. 문제가 된 사향고양이 역시 국가 보호야생동물로 지정되면서 찾는 사람이 더 많아졌다고 한다.

야생동물 취식은 비위생적이고 사스처럼 예상치 못한 보건문제를 야기할 가능성이 높을뿐더러 국가 차원에서도 엄격히 금지하고 있다. 그런데도 여전히 많은 사람이 위험을 무릅쓰고 야생동물 고기를 먹는다. 대체 왜일까?

위험을 무릅쓰고 야생동물 고기를 먹는이유

- **첫째**

희귀한 것을 쫓는 엽기적 심리 때문이다. 특히 남들은 못해본 독특한 경험을 해보고 싶다는 심리가 야생동물 취식을 부추긴다. 박쥐나 사향고양이를 먹는 것이 누구나 해봄직한 흔한 경험은 아니잖은가.

- **둘째**

허영심을 만족시키기 위해서다. 중국은 전통적으로 야생동물, 특히 구하기 어려운 진귀한 동물을 부의 상징으로 여겼다. 다시 말해 야생동물은 부유하고 지위가 높은 사람만이 즐길 수 있는 별식이었던 셈이다. 평균적으로 생활수준이 높아진 오늘날에도 야생동물은 여전히 접근성이 낮고 희귀하며 값비싼 '음식'이다. 소수의 돈 있는 사람들은 자신의 허영심을 만족시키기 위해 야생동물을 찾는다. 바로 이 점이 야생동물 취식이 근절되지 않는 원인 중 하나다.

• 셋째

대중심리 때문이다. 대중심리란 보편적인 사회 현상으로, '남들이 하니까 나도 한다'든가 '남들이 좋다니까 나도 좋다'며 부화뇌동하는 것을 말한다. 중국인 사이에는 야생동물을 먹으면 자양강장 효과를 얻을 수 있다는 인식이 꽤 널리 퍼져있다. 또한 야생동물을 먹는 사람이 워낙 많다 보니 이것이 얼마나 위험한 행동인지를 아예 모르는 사람도 많다. 이렇듯 잘못된 인식과 부화뇌동하는 대중심리가 해결되지 않는 한 중국에서 야생동물 취식이 완전히 사라지기란 어려울 것으로 보인다.

셀럽, 너의 모든 것이 궁금해

●

파파라치란 전문적으로 유명인사(연예인, 정치가, 왕실 구성원, 운동선수 등)를 따라다니며 사진을 찍는 기자를 말한다. 이들은 뉴스가 터지기를 기다리기보다는 한발 앞서 뉴스를 만들어내기 위해 자신이 선택한 목표물을 밤낮으로 쫓아다니며, 특종을 위해서라면 사생활 침해도 불사한다.

현대사회에서 사생활 침해는 매우 민감한 문제다. 인터넷과 미디어의 발달로 개인의 사적 공간이 점점 사라지고 있기에 더욱 그렇다. 온갖 사회적 위장과 방어기제를 내려놓고 본연의 자신으로 돌아가 마음 편히 쉴 수 있는 공간과 시간은 누구에게나 소중하다. 이는 셀럽, 즉 유명인사도 마찬가지다. 그러나 일단 파파라치가 붙으면 평화로운 나날과는 영영 이별이다. 언제 어디서 어떻게 자신의 은밀한 사생활이 온 천하에 공개될지 알 수 없기 때문이다. 실제로도 그런 일이 빈번하게 벌어진다. 그러니 셀럽 입장에서는 파파라치를 좋아하려야 좋아할 수가 없다. 눈엣가시로 여기는 것도, 대놓고 반감을 표현하는 것도 당연하다.

파파라치는 왜 그렇게 유명인을 쫓아다니는 것일까? 인격적인 모독과 경제적 피해, 때로는 신체적 상해를 감수하면서까지 유명인의 꽁무니를 쫓는 데는 어떤 심리적 배경이 있을까?

심리학자들은 그 이유를 대중의 욕망에서 찾는다. 유명인의 사생활, 그중에서도 부정적인 비밀에 대한 대중의 과도한 호기심이 파파라치를 움직이는 원동력이라는 것이다. 그렇다면 사람들은 왜 그리 유명인의 비밀을 궁금하는 것일까?

? 유명인의 비밀이 궁금한 이유

• **첫째**

호기심 때문이다. 인간에게 호기심은 본능에 가깝다. 사람은 태어나면서부터 눈앞에 보이는 모든 것에 호기심을 느낀다. 호기심의 대상과 영역을 넓혀가는 과정이 곧 성장의 과정이라고 할 정도다. 특히 잘 알려지지 않은 것일수록, 감춰진 것일수록 알고자 하는 호기심이 강해진다. 옆집 아저씨의 비밀도 궁금한 판에 하물며 유명인의 비밀이라면 어떻겠는가?

• **둘째**

타인의 관심을 획득하고 심리적 만족을 얻고 싶기 때문이다. 사람은 자신이 속한 집단에서 지속적으로 관심을 받을 수 있기를 원한다. 이때 관심을 획득하는 방법은 사람마다 다르다. 학교라는 집단을 예로 들어보자. 공부를 잘하는 학생은 우수한 성적으로 다른 사람의 관심과 인정을 얻는다. 성적이 좀 부족해도 재치와 우스갯소리로 관심을 획득하는 학생도 있다. 그런데 어떤 학생은 '남이 모르는 것을 아는 것'으로 관심을 끈다. 관심을 얻기 위한 수단으로 타인의 비밀을 캐는 셈이다. 또 이러한 동기로 움직이는 사람은 자신이 남보다 더 많이 안다는 점에서 스스로를 '능력 있다'고 여기며 심리적 만족감을 얻기도 한다.

한 심리학자는 이렇게 말했다.

"미성숙한 사람일수록 타인의 비밀에 열광합니다. 억압된 욕구가 큰 사람일수록 다른 사람의 비밀을 들추면서 자신의 욕망을 해결하려 하지요. 인격에 결함이 있는 사람도 남의 비밀을 캐내는 취미가 있습니다. 결국 다들 자신의 심리적 문제 때문에 시작한 일이기에 사생활 침해라는 문제를 해결하기란 결코 쉽지 않습니다."

어찌 보면 파파라치는 대중의 저열한 욕망을 잘 포착한 집단이라 할 수 있다. 대중의 욕망을 만족시키는 것만큼 확실한 돈벌이 수단이 어디 있겠는가. 그래서 이들은 몰래 유명인의 뒤를 밟는다. 대중의 욕망을 만족시켜 자신의 욕망을 채우기 위해, 오늘도 앞뒤를 가리지 않고 셀럽이라는 먹잇감을 향해 달려든다.

부하직원의 반발심을 자극하는 상사 유형

●

직장 내 상사와 부하직원의 관계는 흔히 볼 수 있는 인간관계다. 일반적으로 상사는 부하직원에게 일정한 목표와 임무, 기준을 제시하고 프로세스, 업무 방향 등을 지시하며 행동을 단속한다. 문제는 부하직원이 상사에게 반발심을 갖는 경우다. 부하가 상사에게 반발심을 가지면 사사건건 갈등과 충돌이 일어날 수밖에 없다.

직장에서 부하가 상사에게 반발심을 갖게 되는 이유는 무엇일까? 대개 상사가 지나치게 권위적일 때, 비합리적이고 이해 못할 지시를 할 때,

자신을 무시하거나 충분히 인정하지 않는 태도를 보일 때 부하는 반발심을 느낀다.

하지만 무엇보다도 직장인이 가장 반발심을 느끼는 상사 유형은 무능력한 상사다. 업무 능력이 부족한 상사의 지시를 귀담아 듣고 따르는 사람은 많지 않다. 믿을 수가 없기 때문이다. 마찬가지 이유로 상사가 어떤 결정을 내려도 이를 순순히 받아들이고 따르기보다는 반박할 가능성이 높다. 실제로 능력 없는 상사는 부하가 도무지 이해하고 받아들이지 못할 만큼 비상식적이고 불가사의한 지시를 내리기도 한다. 지시대로 해봤자 문제가 생길 게 뻔한데, 어떤 부하가 반발하지 않겠는가. 그나마 반대 의견이 받아들여지기라도 하면 좋으련만 이런 상사는 대부분 자신이 무능력하다는 사실도 모르고, 누가 말해줘도 인정하지 않는다. 그러니 부하의 의견에 귀를 기울일 리 없다. 아무리 애쓰고 노력해봤자 소용없다는 사실을 절절히 깨닫고 나면 부하직원은 업무에 흥미를 잃고 대충 할 수 있는 일만 한다. 더 이상 문제 제기도 하지 않는다. 이런 경우 겉으로 보면 갈등이 해결된 것 같지만 사실 더 큰 불만과 분쟁의 불씨가 남아있다고 볼 수 있다.

그밖에 성격이 급하고 쉽게 화를 내는 상사, 우유부단한 상사, 매사에 잘난 척하는 상사, 지나치게 통제적이거나 엄격한 상사도 부하직원의 반발심을 유발한다. 그러나 아무리 반발심이 생긴다한들 무조건 상사를 들이받을 수도, 그렇다고 직장을 그만둘 수도 없는 게 대다수 직장인의 현실이다. 어떻게 해야 이런 상사들에게 현명하게 대처할 수 있을까?

먼저 이들의 심리 특징을 파악하고 소통해야 한다. 상사의 심리 상황을 이해하지 못하면 효과적으로 소통할 수 없으며 공감대도 형성할 수 없다. 상사의 특징을 깨닫고 상대가 좀 더 쉽게 받아들일 수 있는 접근법을 찾는 것이 최우선이다. 또한 상사와의 갈등이 업무에 영향을 주지 않도록 자신의 감정을 다스리고 냉철함을 유지할 줄 알아야 한다.

때로는 상사의 입장에서 생각해보는 방법도 도움이 된다. 그러면 미처 보지 못했던 부분들을 발견할 수 있다. 물론 상사 역시 같은 노력을 기울여야 한다. 그래야 더 이상 대립하는 사이가 아닌, 서로 돕고 협력하는 진정한 동료로 거듭날 수 있다.

11

사람을 움직이는 두 가지 힘,

사회규범과 시장규칙

자원봉사에 값을 매기면 안 되는 이유

•

올림픽이나 아시안게임 같은 대규모 국제행사가 열리면 반드시 보이는 사람이 있다. 바로 자원봉사자다. 자원봉사자는 타인과 사회를 위해 기꺼이 자신의 노동력을 헌신한다. 자원봉사를 하는 이유도 다양하다. 경험을 쌓기 위해, 새로운 친구를 사귀기 위해, 또는 사회에 보답하려는 마음으로 자원봉사에 뛰어든다. 그런데 이들에게는 한 가지 공통점이 있다. 금전적 보상을 바라지 않는다는 점이다. 단순히 보상을 바라지 않는 것뿐만 아니라 자신의 봉사활동에 '값'이 매겨지면 이를 매우 모욕적으로 받아들인다. 어째서일까? 봉사활동을 통해 심적 만족감과 경제적 보상을 동시에 얻을 수 있다면 더욱 좋은 일 아닌가? 그런데 왜 자원봉사자들에게 금전적 보상을 제공하면 오히려 의욕을 잃고 심지어 화까지 내는 것일까?

이는 우리가 어떤 행동을 할 때 전혀 다른 두 가지 행동규범의 영향을 받기 때문이다. 하나는 사회규범social norms, 다른 하나는 시장규칙market norms이다.

사회규범은 인간의 사회적 본성과 사회적 행동의 준칙이다. 인류가 사회를 이뤄 공동으로 생활하기 위해 반드시 필요한 것으로, 사회적 상호작용 과정에서 자연스레 생겨난다. 관습, 도덕, 법, 종교 등 굳이 명문화되어있지 않아도 사회구성원 모두가 인정하고 받아들이며 서로에게 요구하는 사고 및 행위양식이 전부 사회규범에 속한다. 쉽게 말해서 사회의 다양한 관계를 반영하고 구체화시킨 것이 사회규범이라 할 수 있다. 여기에는 선의와 우호심도 포함된다. 예를 들어 이사하는 친구를 도와준다면 그것은 순전히 우정 때문이지, 무언가 대가를 바라고 하는 일이 아니다. 이처럼 친구를 돕고 어려운 이웃을 돌보며 위험에 처한 낯선 사람을 외면하지 않는 것 등이 모두 사회규범에 따른 행동이라 할 수 있다. 사회규범에 따라 행동할 때는 경제적 보상을 바라지 않으며 '좋은 사람'이라는 평가를 받는 것만으로도 만족을 느낀다.

시장규칙에 따른 행동은 이와 정반대다. 시장행위로 정의되는 행동에는 감정이 개입되지 않으며 경계가 분명하다. 또한 노동과 임금, 상품과 대금, 대출과 이자처럼 무엇과 무엇이 교환되는지가 확실히 드러난다. 시장규칙은 계약이 기본이며 일단 계약이 성사되면 관련자들은 철저히 협의된 내용에 따라 움직인다. 시장규칙을 따르면 똑같은 이사라도 '돕는' 게 아니라 계약에 따라 보수를 받고 하는 '노동'이 된다. 이와 동시에 노동을 제공하는 쪽에는 상대(고객)을 만족시켜야 하는 의무가, 상대에게는 적시에 보수를 지불해야 한다는 의무가 생긴다.

자원봉사활동은 타인을 돕고자 하는 선의와 호의가 주된 동기이기 때문에 시장규칙이 아닌 사회규범에 따른 행동이다. 일반적으로 자원봉사자의 노동은 값을 매길 수 없을 만큼 가치 있다는 것이 보편적 인식이다. 그런데 여기에 '값'이 매겨지면, 다시 말해 누군가 보수를 지불하겠다고 나서면 행동의 성질이 바뀐다. 본래의 선하고 숭고한 동기가 훼손되는 것이다. 사회규범에 따른 행위가 시장논리의 침범을 받아 시장화되는 순간 사람들은 그 행동을 계속할 적극성과 의지를 상실한다. 또한 자신의 숭고한 행위를 경제적으로 계산한다는 데서 적잖은 모욕감을 느낀다.

그렇다고 시장규칙에 따른 관계와 행동이 저열하거나 속물적이라는 의미는 아니다. 시장경제체제에서는 시장규칙에 따라 노동을 제공하고 보상을 받는 것이 지극히 정상적이고 당연하다. 사람들에게 불쾌함과 모욕을 느끼게 하는 것은 시장규칙 자체가 아니라 사회규범적 행위에 시장규칙을 적용해서 값을 매기려는 시도다. 사회규범을 따를 때는 노동에 대한 대가로 돈을 받는 일이 전혀 달갑지 않을 수 있다. 애당초 돈이 아닌, 숭고한 가치를 목적으로 한 행동이기 때문이다. 반대로 시장규칙 하에서는 노동을 제공하고도 돈을 받지 못하는 것이 큰 문제다. 자칫하면 엄청난 노사분쟁으로 비화될 수도 있다.

사회규범과 시장규칙은 섞이거나 혼용될 수 없으며 상호견제적이다. 따라서 어떤 행동규범에 의해 움직였느냐에 따라 같은 결과에도 전혀 다른 심리적 반응이 나타날 수 있다.

사회규범과 시장규칙의 힘겨루기

●

사회규범에 따른 행동은 인간관계를 원활하게 유지시키고 생활에 '인간미'를 더해준다. 시장규칙에 따른 행동은 비즈니스 관계를 성립시키며 생활에 경제적 바탕을 제공한다. 그런 의미에서 사회규범과 시장규칙 모두 우리의 삶에 필수불가결한 요소다. 그런데 앞서 언급했듯이 둘의 관계는 상호견제적이다. 개인의 사회적 심리를 구성하는 면에서는 더더욱 그렇다. 쉽게 말해 우리 마음속에서는 언제나 사회규범과 시장규칙이 힘겨루기 중이다. 하나가 강해지면 다른 하나는 반드시 약해질 수밖에 없다. 사회규범과 시장규칙이 일상생활에서 어떤 역할을 하며 우리의 심리에 어떤 영향을 미치는지 구체적으로 알아보자.

한 심리학자가 사회규범과 시장규칙이 개인의 심리에 미치는 영향을 알아보기 위한 실험을 했다. 실험참가자들은 좌우로 분할된 컴퓨터 화면에서 왼쪽에 있는 동그라미를 마우스로 끌어다 오른쪽의 네모 안에 집어넣는 작업을 지시받았다. 동그라미를 네모 안에 집어넣으면 그 즉시 동그라미는 사라지고 왼쪽 화면에 또 다시 동그라미가 생겼다. 실험은 참가자가 5분 동안 얼마나 많은 동그라미를 네모 안에 넣는지를 측정하는 식으로 이뤄졌으며, 동그라미의 개수는 참가자가 작업에 들인 노력의 정도를 가늠하는 기준이 되었다.

이렇게 단순한 실험으로 어떻게 사회규범과 시장규칙이 심리에 미치는 영향을 알 수 있을까? 사실 심리학자는 사전에 실험참가자를 세 그룹으로 나누고 각기 다른 조건을 제안했다. 첫 번째 그룹에게는 실험에 참가하는 대가로 50달러를 주겠다고 했고, 두 번째 그룹에게는 그보다 훨씬 적은 5달러를 보상으로 제시했다. 그리고 세 번째 그룹에게는 아무 보상도 제안하지 않은 대신 공익적 데이터를 얻기 위한 아주 중요한 실험이니 도와달라고 '부탁'했다. 첫 번째와 두 번째 그룹은 시장규칙, 세 번째 그룹은 사회규범에 따르도록 설계한 것이다. 과연 작업을 완수하기 위해 가장 노력한 것은 어느 그룹이었을까?

실험 결과 50달러를 받기로 한 그룹은 평균 159개, 5달러를 받기로 한 그룹은 평균 101개의 동그라미를 네모 안에 넣었다. 이처럼 시장규칙

하에서는 확실히 보상이 클수록 더 적극적으로 노력하는 모습이 나타났다. 그렇다면 보상을 전혀 받지 않은 세 번째 그룹은 어땠을까? 놀랍게도 이들의 성적은 평균 168개로, 50달러를 받는 그룹보다 높은 성과를 올렸다. 다시 말해 사회규범을 따른 사람이 시장규칙을 따른 사람보다 훨씬 더 큰 노력을 기울인 셈이다. 대체 어떻게 된 일일까? 무보수가 50달러보다 더 매력적이기라도 한 것인가? 실제 사례를 통해 좀 더 자세히 살펴보자.

수년 전, 미국 퇴직자협회는 변호사들에게 가난한 퇴직자를 위해 시간당 30달러라는 저렴한 비용으로 법률서비스를 제공해줄 수 있는지 문의했다. 그러자 다들 난색을 표하며 거절했다. 그런데 아예 무보수로 도와달라고 요청하자 오히려 대다수가 긍정적인 대답을 내놓았다. 얼핏 생각하면 어차피 똑같이 일할 바에야 무보수보다는 30달러라도 받는 게 나을 것 같은데, 실제 결과는 전혀 다르게 나온 것이다. 그 이유가 무엇일까?

사실 변호사들의 반응은 앞선 실험에서 세 번째 그룹이 보였던 태도와 같은 맥락에서 이해할 수 있다. 돈이 개입됐을 때 변호사들은 철저히 시장원리를 따랐고, 퇴직자협회가 제시한 보수가 그들 기준에는 턱없이 부족했기 때문에 제안을 거절했다. 그러나 돈이 아예 개입되지 않자 이들은 사회규범에 따라 생각했고, 기꺼이 자신의 시간을 '헌신'하겠다는 결론을 내렸다. 그렇다면 왜 좋은 일도 하고 돈도 받겠다는 생각은 하지 않은 것일까? 심리적으로 사회규범과 시장규칙을 동시에 따르는 것이 불가능하기 때문이다. 한번 시장규칙 심리가 형성되면 사회규범 심리는 힘을 잃는다. 일단 시장규칙이 머릿속에 들어오면 사회규범은 완전히 밀려날 수밖에 없다.

앞선 실험에서 50달러를 받은 그룹 역시 '실험을 도와주고 겸사겸사

돈도 벌 수 있으니, 보상을 받지 않는 그룹보다는 열심히 하자'는 식으로 생각하지 않았다. 그들은 온전히 시장규칙에 따라 생각했고, 50달러치의 노동만 제공하면 된다고 판단했다. 그 결과, 사회규범을 따른 그룹만큼 노력하지 않았다. 금전적 보상이 정해지자 오히려 노력의 상한선이 생긴 것이다.

결국 인간의 행동은 근본적으로 시장규칙 심리와 사회규범 심리의 힘겨루기에 의해 결정된다. 일상생활에서 자신과 타인 안에 존재하는 이 두 가지 심리를 제대로 이해한다면 인간관계에서 불필요한 분쟁을 피할 수 있을 뿐만 아니라 생각 외의 수확을 얻는 것도 가능하다.

선물의 효능

●

사회규범과 시장규칙이 심리에 미치는 영향을 알면 일상생활 속 여러 가지 황당무계한 상황을 이해할 수 있으며, 양자 사이에 균형을 찾아 효과적으로 '무대를 장악하는' 방법을 찾을 수도 있다. 쉽게 말하면 금전을 기피하는 사회규범 심리와 금전을 갈망하는 시장규칙 심리의 특성을 이용해서 인간관계를 자신에게 유리한 방향으로 이끌 수 있다는 뜻이다.

심리학자가 제안하는 가장 효과적인 수단은 선물이다. 선물에는 적나라한 금전적 이익으로 보이지 않으면서도 동시에 보상의 의미를 충분히 전달하는 절묘한 효능이 있다. 그렇다면 선물은 사회규범과 시장규칙 중 어느 쪽에 더 가까울까? 앞서 소개한 네모 안에 동그라미 넣기 실험의 후속실험을 살펴보자. 후속실험에서 연구원들은 세 번째 그룹을 세 팀으로 나누어 같은 과제를 맡긴 뒤 첫 번째 팀에게는 큰 초콜릿을, 두 번째 팀에게는 작은 초콜릿을 선물(보상)로 주겠다고 제안하고 세 번째 팀은 아무것도 주지 않기로 했다. 어떻게 됐을까?

결과적으로 세 팀의 성과는 큰 차이가 없었다. 작은 초콜릿을 받든(평균 162개) 큰 초콜릿을 받든(평균 169개), 아니면 아무것도 받지 않든(평균 168개) 상관없이 사회규범에 따라 노력했을 때와 비슷한 성과를 보인 것이다.

선물은 엄연히 말해 금전적 보상이다. 그럼에도 사회규범에 따라 움직이는 사람들을 불쾌하게 만들지 않은 이유는 '선물은 시장규칙의 산물이 아니'라는 생각이 지배적이기 때문이다. 대개 선물은 상대의 행동에 대한 고마움의 표시지, 보수나 대가로 인식되지 않는다. 즉 선물을 받는다고 해서 사회규범 행동이 시장규칙 행동으로 변질되지는 않는 셈이다.

그러나 사회규범과 시장규칙의 상징을 혼용하면 문제가 생긴다. 쉽게 말해서 선물에 '가격'을 매기면 이야기가 달라진다. 이를 확인하기 위해 위 실험의 연구원은 지원자들에게 초콜릿의 크기가 아니라 가격을 알려주었다. 즉 과제를 마치면 50달러짜리 초콜릿과 5달러짜리 초콜릿을 주겠다고 한 것이다. 지원자들의 행동은 어떻게 변했을까? 이전과 똑같이 노력했을까, 아니면 현금 50달러를 받은 지원자처럼 딱 그 가격만큼만 일하려고 했을까?

결과는 후자였다. 자신이 실험에 참여한 보답으로 받을 초콜릿이 50달러짜리라는 사실을 아는 순간 지원자의 행동은 현금 50달러를 받기로 한 사람과 똑같아졌다. 이를 통해 알 수 있듯이 가격이 명시된 선물은 사회규범적 기능을 잃고 시장규칙의 영역으로 옮겨가기 때문에 더 이상 선물이 아닌 보상으로 변해버린다.

선물은 사회규범 동기를 해치지 않으면서 보상을 제공할 수 있는 가장 효과적인 수단이다. 또한 선물을 잘 활용하면 상대의 심리를 시장규칙의 영역에서 사회규범의 영역으로 끌어올 수도 있다. 시장규칙에 지배받던 관계를 사회규범적인 관계로 변화시킬 수 있다는 뜻이다. 누군가에게 고마움을 표현할 때 돈을 건네는 것보다 밥 한 끼 사는 것이 인간관계에 훨씬 도움 되는 이유도 이 때문이다.

벌금으로 지각을 막을 수 있을까?

우리는 모두 타인의 관리 속에 살아간다. 관리의 주체는 대개 내가 속한 집단으로, 회사일 수도 있고 국가일 수도 있다. 그런데 어떤 집단이든 반드시 사용하는 관리 수단 중 하나가 바로 벌금이다. 일례로 홍콩의 경우, 침 뱉기나 쓰레기 불법 투기처럼 도시 미관을 해치는 각종 비문명적 행위를 강력히 제한하기 위해 거액의 벌금제도를 운영하고 있다. 그런데 과연 벌금은 얼마나 효과적일까?

UC 샌디에이고대학의 우리 그니지Uri Gneezy 교수와 미네소타대학의 알도 러스티치니Aldo Rustichini 교수는 사회규범의 적용을 받던 행위가 시장규칙의 지배를 받을 경우 어떻게 변하는지를 연구했다. 그들은 이스라엘의 유치원에서 간단한 실험을 실시했다. 원래 이 유치원은 아이를 데리러 오는 시간을 전적으로 부모의 자율에 맡겼다. 그런데 실험 시작 후, 정해진 시간보다 늦게 자녀를 데리러 오는 부모에게 벌금을 물렸다. 기존의 경제이론대로라면 벌금이라는 부담 요소가 생겼으니 지각하는 부모의 수가 줄어야 마땅했다. 하지만 예상과 달리 시간이 갈수록 오히려 지각하는 부모가 더 많아졌다. 왜 이런 현상이 벌어졌을까?

벌금제가 실시되기 전까지 유치원 선생님과 부모의 관계는 사회규범의 제약을 받는 사회적 관계였다. 따라서 부모는 아이를 늦게 데리러 것에 대해 미안함과 가책을 느꼈고, 자발적으로 지각하지 않으려 애썼다. 그러나 벌금제가 시행되고 사회규범이 시장규칙으로 대체되자 부모들은 더 이상 지각하는 것을 미안해하지 않았다. 늦어도 대가를 지불하면 그만이었기 때문이다. 지각 벌금을 일종의 서비스요금으로 받아들인 셈이다. 결과적으로 자신이 원하는 시간에 아무 때나 아이를 데려가도 된다는 인식이 생겼고 오히려 지각이 늘었다. 더욱 이상한 일은 그 다음에 일어났다. 벌금제를 없애고 예전과 같은 시스템으로 돌아갔음에도 지각하는 부모가 전혀 줄어들지 않은 것이다. 사실 사회규범에 따른 행동은 한번 손상되면 이전으로 되돌리기가 거의 불가능하다. 유치원 측은 부모와의 관계를 예전처럼 사회규범의 제약을 받는 사회적 관계로 돌려놓으려고 했지만 결과적으로는 사회규범도, 시장규칙도 적용되지 않는 어정쩡한 관계가 되어버렸다.

사람은 시장규칙에 따라 움직일 때 개인주의적이고 자립적이며 비협조적인 모습을 보인다. 한 실험에 따르면 '돈'에 관해 생각하기만 해도 남과 협력하기보다는 혼자 독자적으로 문제를 해결하려는 경향이 높아진다고 한다. 이 실험에서 참가자들은 두 그룹으로 나뉘어 한 그룹은 '날씨'처럼 중성적인 단어로, 다른 그룹은 '고액연봉' 같이 돈과 관련된 단어로 문장을 만들었다. 그런 뒤 매우 어려운 아이큐 테스트를 풀었다. 두 그룹 모두 문제를 풀다가 막히면 언제든 도움을 요청할 수 있었다. 그런데 중성적 단어로 문장을 만들었던 그룹은 3분 만에 도움을 요청한 반면 돈과 관련된 단어로 문장을 만들었던 그룹은 6분이 지나서야 도움을 구했다. 돈에 대해 생각만 했을 뿐인데도 타인에게 도움을 구하거나 협조하려는 성향이 크게 낮아진 셈이다. 생각만으로도 이런데 하물며 돈이 직접적으로 관련된다면 어떻겠는가?

사회규범과 시장규칙이 부딪치면 대개 사회규범이 퇴출된다. 문제는 한번 무너진 사회규범 체계를 다시 세우기란 거의 불가능하다는 점이다. 따라서 사회규범이 작동해야 할 분야에 시장규칙을 도입하는 일은 언제나 신중해야 한다. 위의 유치원 사례처럼 무언가 잘못되었다고 느꼈을 때는 이미 늦었을 공산이 크다.

인간관계의 독이 되는 과한 부탁

●

사회규범과 시장규칙은 삶에 다방면으로 영향을 끼친다. 특히 일상생활에서 누군가의 도움이 필요할 때 우리는 자연스레 사회규범에 기댄다. 돈을 주고 사람을 써야 할 때도 있지만 무거운 짐을 옮기거나 잠시 아이를 맡기거나 택배를 받는 등의 사소한 일은 대부분 사회규범에 기대어 친분이 있는 사람에게 부탁하기 마련이다. 그런데 아무리 사회규범이 적용되는 사이라 해도 부탁은 현명하게 해야 한다. 자칫 잘못하면 상대의 기분을 상하게 만들 수도 있고 잘못 한 부탁 하나 때문에 좋았던 관계를 망칠 수도 있기 때문이다.

무엇보다 선을 넘은 부탁, 지나친 부탁을 하지 않도록 주의해야 한다. 친구에게 가구나 상자 몇 개를 옮겨달라고 부탁할 수는 있지만 살림살이 전체를 옮겨달라고 부탁해서는 안 된다. 특히 선의로 도와주러 온 친구에게 돈을 주고 고용한 일꾼과 똑같이 일해주기를 바란다면 상대를 모욕하는 것이나 다름없다. 마찬가지로 자신이 휴가를 가있는 동안 이웃에게 집 앞 우편물을 챙겨달라고 부탁할 수는 있지만 휴가기간 내내 공짜로 내 집 앞마당의 잔디를 깎아달라고 요청하는 것은 비상식적인 일이다. 부탁하고 부탁을 들어주는 과정은 온전히 사회규범 심리 영역에 속한다. 하지만 재차 삼차 무리한 부탁을 하게 되면 아무리 두텁고 돈독한 사회규범적 관계라도 결국은 감정이 상하고 사이가 갈라지기 마련이다. 가까울수록 더욱 예의를 지키라는 말이 괜히 생겼겠는가.

사회규범과 시장규칙 사이의 미묘한 줄타기는 개인 간의 관계뿐만 아니라 기업과 고객 관계에서도 찾아볼 수 있다. 어떤 기업은 고객과 사회규범적 관계를 구축하려고 애쓴다. 고객이 기업을 한 가족처럼 여기기를 바라는 것이다. 가족이 어렵다면 친구나 최소한 같은 배를 탄 동료로 인식되기 위해 역량을 집중한다. 이러한 전략의 대표주자는 아시아 지역 편의점의 양대산맥 중 하나인 패밀리마트다. 패밀리마트의 목표는 고객이 원하는 제품과 최고의 서비스, 최상의 만족감과 친근감, 편안함을 제공하고 가족 같은 기업, 친구 같은 회사가 되는 것이다. 기업은 대체 왜 이렇게 고객과 사회규범적 관계를 맺으려고 하는 것일까?

기업 입장에서는 고객이 기업을 한 가족처럼 느끼는 데 따른 이득이 많다. 그중에서도 가장 큰 이득은 고객의 충성도를 얻을 수 있다는 점이다. 충성도가 높은 고객은 기업의 작은 실수 정도는 얼마든지 눈감아주며, 웬만해서는 이탈하지 않는다. 그래서 많은 기업이 영업과 광고를 통해 고객과 사회규범적 관계를 맺으려고 애쓰며 적어도 그런 이미지라도 구축하기 위해 노력한다. 문제는 사회적 관계의 본질, 특히 리스크를 이해하지 못하고 섣불리 사회규범적 관계를 맺으려 시도하는 기업이 많다는 점이다. 쉽게 말해서 고객의 충성도만 믿고 실수에 안이하게 대처하거나 같은 잘못을 반복한다면 오히려 더 큰 후폭풍을 맞을 수 있다. 또한 아무리 사회적 관계를 추구한다고 해도 기업과 고객의 관계는 본질적으로 시장적 관계다. 예를 들어 고객이 환불을 요청할 경우를 상정해보자. 기업과 고객의 관계가 철저히 시장규칙을 따른다면 원칙에 따라 환불을 해줄 수도 있고, 안 해줄 수도 있다. 사업은 어찌 됐든 사업이다. 사업의 본질은 이익추구이며, 이익추구를 하다 보면 반드시 이익의 충돌이 일어나기 마련이다. 아무리 고객과 사회적 관계를 추구한다고 해도 기업의 속성상 이익이 관련된 문제에서는 시장규칙을 따를 수밖에 없다. 문제는 이를 받아들이는 고객의 심리다. 사회적 관계를 강조하던 기업이 갑자기 시장규칙을 들이밀면 고객은 마치 친한 친구에게 배신을 당한 양 감정적으로 반응한다. 충성고객에서 이탈하는 것은 물론이고 심지어 '원한'까지 품는다. 이런 현상이 발생하는 이유는 기업이 사회적 교환원칙을 위반했기 때문이다. '우리는 사회적 관계'라는 메시지를 실컷 줘놓고, 이익이 결부되자 언제 그랬냐는 듯 시장적 관계로 회귀한 것이 가장 큰 잘못이다. 이미 수차례 강조했듯이 사회규범과 시장규칙은 절대 혼용될 수 없다. 따라서 기업은 고객과 사회적 관계를 추구하기 전에 먼저 그에 따른 리스크를 이해하고 신중을 기해야 한다.

누군가 지켜보고 있다 – 사회적 촉진 효과

●

어떤 사람은 혼자 일할 때보다 여럿이 함께 일하거나 누군가 지켜보고 있을 때 훨씬 높은 효율과 성과를 올린다. 이렇듯 타인(라이벌이든 구경꾼이든)의 존재로 인해 개인의 수행능력 및 성과가 향상되는 현상을 사회적 촉진 효과social facilitation effect라고 한다. 반대로 남이 관심을 보이면 혼자서는 잘하던 일도 버벅거리고 실수를 연발하는 경우도 있는데, 이는 사회적 억제 효과social inhibition때문이다.

이는 일상생활에서 흔하게 발견할 수 있는 현상이다. 집에서 혼자 공부할 때보다 사람이 북적이는 카페에서 공부할 때 훨씬 집중이 잘 된다던가, 한적한 길에서 내 페이스대로 조깅하다가 뒤에서 빠르게 달려오는 소리가 들리면 저도 모르게 속도를 높여 뛰게 되는 것 등이 대표적인 예다. 운동선수도 관중이 적은 경기보다 관중이 많은 경기에서 훨씬 뛰어난 기량을 선보이는 경우가 많다.

사회적 촉진 효과는 왜 생기는 것일까? 혼자일 때는 이기든 지든 잘하든 못하든 아무 상관이 없다. 평가할 사람도, 비교할 대상도 없기 때문이다. 그런데 누군가 있으면 다르다. 더 이상 혼자일 때처럼 안이할 수가 없다. 공교롭게도 그 사람이 나와 같은 행동이나 비슷한 일을 하면 묘하게 경쟁심이 생기면서 더 노력하게 된다. 게다가 내가 은근히 상대를 평가하듯이 상대도 나를 평가하고 있을지 모른다는 생각에 더 잘해야겠다는 의욕까지 솟는다.

사람은 사회적인 동물이기에 어쩔 수 없이 타인을 의식하고 타인에게 영향을 받는다. 또한 미움보다는 사랑을, 질책보다는 칭찬을, 무시보다는 선망을 갈구한다. 이런 바람은 혼자일 때보다 다른 사람들과 함께 있을 때 더욱 두드러진다. 남을 의식하지 않을 수 없기 때문이다. 생전 처음 보는 사람이라도 마찬가지다. 같은 공간에 있는 한, 우리는 상대가 어느 정도는 나를 평가하고 판단하고 있다는 사실을 본능적으로 안다. 무인도에서 혼자 살지 않는 이상 타인의 시선을 전혀 의식하지 않기란 불가능하다. 그래서 우리는 언제나 저도 모르게 타인을 의식하며 더욱 잘하기 위해, 실수하지 않기 위해 무의식적으로 노력한다. 결국 다른 사람의 존재가 개인의 본능적인 반응을 자극해서 더 높은 성과와 효율을 올리게 만드는 셈이다.

경쟁심도 사회적 촉진 효과를 부추긴다. 경쟁심이 있으면 모두가 앞다투어 승리를 쟁취하려 하기 때문에 자연히 활기 넘치고 의욕적인 분위기가 조성된다. 이런 분위기 자체가 강한 동기부여로 작용해 효율을 높이는 것이다. 종목을 막론하고 대부분 경쟁이 가장 치열한 대규모 국제 경기에서 스포츠 신기록이 쏟아지는 것만 봐도 경쟁심이 얼마나 큰 촉진 역할을 하는지 알 수 있다.

그러나 때로는 타인의 존재 때문에 오히려 효율이 떨어지는 사회적 억제 현상이 나타나기도 한다. 어려운 수학 문제를 풀 때 선생님이 옆에서 뚫어져라 지켜보고 있다고 상상해보자. 물론 그러든 말든 상관없이 술술 풀어낼 수도 있겠지만 대개는 긴장한 나머지 머릿속이 하얘져서 잘 풀던 문제도 못 풀기 일쑤다. 사회적 촉진이 아니라 사회적 억제 효과가 나타난 것이다.

이런 차이는 왜 생길까? 사실 사회적 촉진 효과가 생기는 데도 조건이 있다. 단순하거나 익숙한 일을 할 때는 타인의 존재가 경쟁심도 유발하고 의욕도 자극해서 일의 속도와 능률이 향상되지만 반대로 내가 잘 모르거나 익숙하지 않은 일, 자신 없는 어려운 일을 할 때는 타인의 존재 자체가 엄청난 부담으로 작용한다. 이러한 부담감이 긴장감과 초조함으로 이어지면 결국 충분히 잘할 수 있는 일마저 그르치기 일쑤다.

사회적 촉진과 사회적 억제의 원리를 이해하고 나면 자신이 어떤 환경에서 가장 큰 효율을 올릴 수 있는지 알 수 있다. 또한 자신뿐만 아니라 타인의 과업수행 효율을 극대화하는 것도 가능하다. 예를 들어 직장에서 부하에게 업무를 지시하는 경우, 일의 난도와 숙련도에 따라 일하는 환경을 조절하면 더 높은 성과를 이끌어낼 수 있다. 예를 들어 어렵고 복잡한 업무라면 다른 사람의 시선을 신경 쓰지 않고 집중할 수 있는 환경이, 단순 반복되거나 익숙하고 쉬운 업무는 다 같이 일하는 개방된 환경이 업무효율 향상에 도움이 된다.

12

인생을 망치는

이상한 마음들

속옷을 사랑한 남자 - 페티시즘

•

열여덟 살 A는 여자 탈의실에서 속옷을 훔친 혐의로 경찰에 구속됐다. 그의 집을 조사한 경찰은 서랍 하나 가득한 여성 팬티와 브래지어를 보고 그만 할 말을 잃었다.

어린 시절 A는 평범한 아이였다. 다만 성격이 좀 소심하고 내향적이며 집요했다. 그의 가족도 겉보기에는 평범했지만 사실 A와 아버지 사이에는 이렇다 할 교류 자체가 없었다. 아버지는 늘 일을 핑계로 밖으로 돌았고, 어쩌다 집에 들어오면 술만 마셨다. 그러다 거나하게 취하면 어머니와 다투기 일쑤였다. A의 눈에 비친 아버지는 난폭하고 성마르며 무책임한 사람이었다.

A는 아홉 살 때 부모가 성격 차이로 이혼한 뒤로는 줄곧 아버지를 마음 깊이 증오했다. 아버지가 어머니와 자신의 인생을 망쳤다고 생각했기 때문이다. 그는 아버지를 미워하는 만큼 어머니를 동정했다. 남자아이들보다 여자아이들과 더 자주 어울려 논 것도 이쯤부터였다. 그는 또래 남자아이에 비해 성숙하고 친절했기 때문에 여자아이들도 그와 어울리기를 좋아했다. 열두 살 되던 해, A는 우연히 친척누나가 목욕 후에 속옷

만 입고 잠든 모습을 보고 강한 호기심과 성적 충동을 느꼈으며 처음 몽정을 경험했다. 첫 성관계를 가진 것은 고등학교 때였다. 상대인 여자친구와는 사이가 매우 좋았지만 여자친구 부모의 반대로 3년 만에 헤어지고 말았다. 몇 년 뒤 쫓기듯 타 지역의 대학으로 진학한 여자친구가 다른 남자와 결혼했다는 소식을 듣고 A는 크게 상심했다. 그는 시름을 잊기 위해 술을 마시기 시작했다. 그리고 술에 취하면 버릇처럼 여자친구의 속옷을 어루만지며 수음을 했다.

그러던 어느 날, A는 공장 여직원 기숙사 앞마당의 빨랫줄에 여자속옷이 무방비하게 널린 것을 보고 충동적으로 속옷을 훔쳤다. 너무 긴장해서 심장이 터질 것 같았지만 동시에 여태껏 경험한 적 없는 쾌감이 그를 덮쳤다. 그때부터 그는 빨랫줄에 걸린 여자 속옷만 보면 저도 모르게 손을 뻗었다. 이러면 안 된다고 생각하긴 했지만 햇살을 받으며 바람에 흔들리는 팬티나 브래지어를 보면 심장이 빠르게 뛰고 주체할 수 없는 충동이 일었다. 훔치는 데 성공하면 극도의 만족감을 느꼈고 실패하면 불안해서 어찌할 바를 몰랐다. 갈수록 대범해진 A는 속옷을 훔치기 위해 몰래 여자 탈의실까지 들어갔다. 매번 죄책감에 시달리며 다시는 이런 짓을 하지 말자고 다짐했지만 욕구에 사로잡히면 결국 참지 못하고 같은 잘못을 반복했다. 그래서 경찰에게 잡혔을 때, A는 차라리 잘됐다고 생각했다.

위 사례의 A는 전형적인 페티시즘 환자다. 페티시즘 환자의 특징은 다음과 같다.

? 페티시즘 환자의 특징

- **첫째**

  특정 사물을 성적 대상의 대체물 혹은 상징으로 여기며 그것을 통해서만 성적 만족감을 얻는다. A가 여자 속옷만 보면 훔치고 싶은 욕망을 주체하지 못했듯이 페티시즘 환자는 특정 사물에 매우 집착하는 모습을 보인다.

- **둘째**

  신경쇠약 증상을 보이며 성욕을 통제하지 못한다. 또한 유치한 성적 환상이나 비현실적 망상에 쉽게 빠진다. 자신이 비정상이라는 점을 자각하고 죄책감과 고통에 시달리기도 하지만 스스로 페티시즘에서 벗어나는 경우는 극히 드물다.

- **셋째**

  A가 여자탈의실에 숨어든 것처럼 자신이 집착하는 특정 사물을 갖기 위해 절도나 강도 같은 범죄행위도 불사한다.

범죄행위까지 불사할 정도로 페티시즘에 빠진 경우는 단순한 성적취향으로 치부하기가 어렵다. 이 정도 수준에 이르렀다면 반드시 전문적인 도움을 받아야 한다. 그래야 더 큰 문제가 생기기 전에 정상적인 생활로 돌아올 수 있다.

몰래 훔쳐보는 쾌감 – 관음증

●

초여름 밤, 인적이 끊긴 바닷가에 한 젊은 여성이 나타났다. 그녀는 머뭇거리며 주변을 살피더니 이내 커다란 바위더미 뒤로 몸을 숨겼다. 그러고는 바위 틈 사이로 멀지 않은 곳에 있는 한 쌍의 연인을 몰래 훔쳐보기 시작했다. 연인은 자신을 훔쳐보는 눈이 있다는 것을 까맣게 모른 채 어둠을 틈타 뜨거운 키스를 나누고 있었다. 달뜬 숨을 내쉬며 서로의 몸을 더듬고, 키스하고, 끌어안는 연인을 훔쳐보며 여자는 저도 모르게 흥분으로 몸을 떨었다.

사실 그녀가 남들의 애정행각을 훔쳐본 것은 이번이 처음은 아니었다. 그녀는 초등학교 교사였다. 온순하고 책임감 있는 성격에 어디 하나 모난 구석이 없어서 학생뿐만 아니라 동료교사들에게도 인기가 좋았다. 하지만 지극히 모범적인 학교생활과 달리 그녀의 결혼생활은 원만하지 못했다. 결혼한 지 2년 만에 남편과 사이가 극도로 나빠지면서 지금은 이혼을 전제로 별거 중이었다. 다음은 그녀의 이야기다.

"전 부부관계에서 쾌감이나 만족을 느낀 적이 한 번도 없어요. 평범한 성생활로는 흥분이 되지 않는다고 할까요. 사실 제가 성적으로 흥분하거나 만족을 느끼는 건 남들의 친밀한 애정행각을 몰래 훔쳐볼 때뿐이에요. 이게 얼마나 수치스럽고 저급한 일인지 저도 잘 알아요. 교실에 들어가서 아이들의 천진난만한 눈망울을 보면 죄책감 때문에 숨도 못 쉴 지경이에요. 하지만 훔쳐보고 싶다는 욕망을 도저히 억누를 수가 없어요……."

"열 살쯤이었을 거예요. 그땐 집안형편이 어려워서 온 가족이 단칸방에 살았는데, 어느 날 한밤중에 잠에서 깼다가 우연히 부모님이 사랑을 나누는 모습을 보게 됐어요. 처음에는 당연히 놀랐지만 곧 호기심이 생기더군요. 그래서 숨을 죽이고 눈을 가늘게 뜬 채 다 봤어요. 그날 이후 종종 먼저 잠든 척하며 몰래 부모님의 부부생활을 훔쳐봤지요. 그리고 조금씩 이상한 흥분과 쾌감을 느꼈어요. 하지만 어느 정도 크고 나서는 내가 얼마나 부끄러운 짓을 하고 있는지 깨닫고 다시는 그런 일을 생각하지 않으려 애썼어요. 한동안은 잊고 살았던 것 같아요. 그러다 열여덟 살 되던 해 여름이었나, 시험 때문에 스트레스가 너무 심해서 머리도 식힐 겸 밤에 집 근처 바닷가로 혼자 산책을 나갔다가 이상한 소리를 들었어요. 소리를 따라가 보니 바위 뒤 후미진 곳에서 웬 남자와 여자가 서로 끌어안고 입맞춤을 하고 있더군요. 저는 그 모습을 몰래 훔쳐보며 성적 쾌감을 느꼈어요. 그때부터는 통제가 안 되더라고요. 몰래 훔쳐보고 싶은 욕구가 너무 커져서, 그러면 안 된다는 걸 알면서도……."

그녀는 관음증 환자다. 관음증은 성도착증의 일종으로 타인의 나체나 성행위를 몰래 훔쳐보면서 성적 만족을 얻는 변태적 심리를 말한다. 주로 남성에게 나타나지만 여성이 관음증에 빠진 사례도 많다. 이들은 자신의 욕구를 채우기 위해서라면 수단과 방법을 가리지 않으며 위법행위도 서슴지 않는다.

대다수 관음증 환자는 훔쳐보기만 할 뿐, 상대에게 직접적으로 성적 요구를 하지는 않는다. 직접적 행위보다는 훔쳐본다는 행동 자체에서 성적 흥분과 만족감을 얻기 때문이다. 이들은 성심리가 왜곡되어있는 탓에 정상적인 성생활을 하지 못할 가능성이 높다. 위 사례의 여성 역시 평범한 부부관계에서는 만족을 얻지 못했다.

관음증 환자는 대체로 내향적이다. 또한 평소 인간관계가 원만하며 사회적응능력도 좋은 편이다. 겉모습만 봐서는 문제 성향이 잘 드러나지 않는다는 뜻이다. 그래서 이들이 관음증 환자라는 사실이 밝혀지면 주변인들은 대개 매우 놀라며 믿을 수 없다는 반응을 보인다.

관음증은 치료를 받으면 어느 정도 교정이 가능하다. 주로 심도 있는 심리상담과 인지 치료, 혐오 치료 등이 시도되며 필요하다면 약물치료를 동반할 수 있다.

만약 어린 자녀를 둔 부모라면 아이들의 건강한 심리적 성장을 위해 평소 부부간의 은밀한 행위를 자녀가 목격하지 않도록 조심해야 한다. 특히 가정형편이 넉넉하지 못해 주거공간이 협소한 경우라면 이 문제를 더욱 심각하게 생각하고 주의할 필요가 있다.

원피스를 입은 남자 - 복장도착증

●

루이는 어려서부터 여자 옷 입기를 좋아하는 특이한 남자아이였다. 그는 여자 옷을 입었을 때만 만족감과 자신감을 얻었다. 자신의 비밀을 아는 친구에게는 '여장을 해야 제대로 숨이 쉬어진다'라고 고백하기도 했다. 그렇게 여장을 해야만 숨통이 트인다던 루이는 여장을 하고 여자 탈의실에 들어갔다가 발각되어 경찰서로 끌려갔다. 조사를 받으면서 루이는 이런 이야기를 털어놓았다.

"저도 제가 이상하다는 걸 알아요. 저 같은 사람을 복장도착증이라고 하더군요. 제일 처음 여자 옷을 입은 것은 유치원 때였어요. 네 살쯤이었나, 유치원에서 수영수업을 하는데 엄마가 수영복 살 돈이 아깝다며 제게 누나의 수영복을 입혔어요. 수영수업이 자주 있는 것도 아니고, 잠깐 입는 거니까 상관없다고 생각했겠죠. 물론 친구들은 절 보고 그게 뭐냐며 웃어댔지만 막상 저는 기분이 그리 나쁘지 않았어요. 아니, 사실 꽤 마음에 들었어요. 그렇게 예쁜 옷은 처음 입어봤거든요. 그래서 저녁 때 누나한테 들키기 전까지 수영복을 계속 입고 있었어요. 초등학교 시절까지도 여자아이 옷을 종종 입었어요. 엄마가 누나의 작아진 옷을 제게 입혔거든요. '어린데 어때, 괜찮아'라면서요. 그런데 제 눈에도 칙칙한 남자아이 옷보다는 알록달록한 여자아이 옷을 입은 내 모습이 훨씬 예뻐 보였어요. 학교 갈 때는 어쩔 수 없이 남자애 옷을 입었지만 집에서는 거의 누나가 물려준 옷을 입었지요."

"중학교에 들어가자 엄마도 더 이상 제게 누나 옷을 입히지 않았어요. 그러던 어느 날 집에 돌아와 보니 아무도 없고, 마당 빨랫줄에 누나의 교복 치마가 널려있더군요. 그걸 보는 순간 갑자기 너무 입고 싶다는 생각이 들었어요. 조금 고민했지만 결국 입었지요. 내친 김에 엄마의 스타킹과 샌들도 신었어요. 뭐라 표현할 수 없을 만큼 기분이 좋더라고요. 그날 이후 저는 몰래 여장을 하기 시작했어요."

"꼬리가 길면 밟힌다고, 결국 가족들에게 들켰어요. 가족들은 저를 전혀 이해하지 못했고 무조건 다그치기만 했어요. 어쩔 수 없이 다시는 여장을 하지 않겠노라고 약속했지요. 그리고 성인이 되자마자 집을 나왔어요. 이유는 단 하나, 여장을 하기 위해서였죠. 저 혼자만의 공간이 생긴 후 본격적으로 여성 용품을 사기 시작했어요. 원피스, 속옷, 스타킹, 하이힐, 모을 수 있는 건 다 모았지요. 여장을 하고 나가면 확실히 사람들이 쳐다보긴 해요. 키가 큰 탓이겠죠(그의 신장은 190센티미터에 가까웠다). 하지만 전 개의치 않아요. 키가 큰 여자들도 있잖아요. 저도 그냥 키가 큰 여자처럼 보이지 않나요?"

"저는 변태가 아니에요. 여장했을 때 전 스스로를 여자라고 생각해요. 그래서 여자 탈의실에 들어갔어요. 여자니까 당연하잖아요, 안 그래요?"

복장도착증 환자는 이성의 옷을 입는 행위를 통해 성적 만족감을 얻는다. 복장도착증의 경우 여성보다는 남성이 압도적으로 많을 수밖에 없다. 현대사회의 특성상 여자가 남자 옷을 입는 것은 허용되는 반면, 남자가 여자 옷을 입는 일은 비정상적이고 이상한 행동으로 치부되기 때문이다.

다만 사회가 발전하고 진보하면서 최근에는 복장을 전적인 개인의 자유와 취향으로 이해하는 분위기가 강하다. 범죄만 저지르지 않으면 남자가 여성스럽게 입든 여자가 남성스럽게 입든 아무 문제도 되지 않는다는 뜻이다. 그러나 위 사례의 루이처럼 여장을 했다고 당당히 여자 탈의실에 들어가는 것은 심각한 범죄일 뿐만 아니라 정상 범주를 벗어난 행위다. 따라서 반드시 적절한 치료가 필요하다.

어느 바바리 맨의 고백 - 노출증

●

"저는 노출증 환자입니다. 제 취향인 여자만 보면 은밀한 부위를 보여주고 싶은 욕망을 도무지 참을 수가 없어요. 심지어 중학생 여자애한테도 그런 욕망이 듭니다. 변태죠, 저도 압니다. 저도 힘들어요. 하지만 도무지 제어가 안 됩니다. 선생님은 절 도와주실 수 있나요?"

41세의 C씨는 심각한 노출증 환자다. 그는 지푸라기를 잡는 심정으로 정신과를 찾아왔다고 했다.

"저는 현재 공장에서 기술직으로 일하고 있습니다. 일은 십대 때부터 시작했어요. 여덟아홉 살이었나, 친구들과 서로 고추를 만지며 놀던 기억이 나는군요. 남녀관계에 대해 처음 알게 된 건 열 몇 살 때였는데 솔직히 더럽다고 느꼈습니다. 물론 그런 말은 아무한테도 하지는 않았지만요."

"고등학교를 졸업하고 처음 여자친구를 사귀었습니다. 정말 좋아했는데……. 여자친구가 가장 친한 제 친구와 바람을 피웠습니다. 둘이 키스하는 모습을 직접 목격했죠. 혼자서 며칠을 끙끙 앓다가 너무 힘들어서 헤어지자고 했습니다. 하지만 끝까지 이유는 말하지 않았어요. 그 뒤로 몇 번 더 연애를 했는데 전부 짧게 끝났습니다. 나중에는 여자를 만나는 것보다 혼자 자위하는 게 더 편해지더군요."

"언젠가 인적이 드문 골목길을 지나갈 때였습니다. 맞은편에서 예쁜 아가씨가 걸어오는데 갑자기 이상한 충동이 들어서 저도 모르게 바지를 내려버렸어요. 상대는 비명을 지르며 눈을 가리더니 걸음아 날 살려라 도망치더군요. 그 순간 전에 경험한 적 없는 엄청난 쾌감이 느껴졌습니다. 악마에게 사로잡히고 만 것이죠."

"한번은 버스에서 그 짓을 하다가 중년 아주머니에게 들켰어요. 아줌마는 정말 대단합니다. 민망해하기는커녕 엄청나게 큰소리로 욕을 퍼붓더군요. 얼마나 부끄럽고 수치스럽던지……. 더 이상 그러지 말자, 이제 그만 하자, 여러 번 결심했지만 도무지 나 자신을 통제하지 못하고 또 저지르기 일쑤였습니다."

"욕을 먹어도 할 말이 없어요. 제 잘못이니까요. 만약 내게 누나나 여동생이 있었다면 나를 엄청나게 부끄럽게 생각했을 겁니다. 바뀌려고 노력하지 않은 것은 아니에요. 가정이 생기면 변할까 싶어서 결혼도 했습니다. 하지만 착각에 불과했지요."

"아내는 제가 노출증인 줄은 꿈에도 몰랐어요. 제가 파출소에 잡혀가기 전까지는 말이죠. 퇴근길에 여중생 네댓 명과 마주쳤는데, 예쁜 교복 치마를 보고 그만 또 발작하고 말았습니다. 그런데 지나던 사람이 그 모습을 보고 신고한 거예요. 경찰의 연락을 받고 파출소로 온 아내는 몸서리치며 제게 변태라고 소리치더군요. 지금은 이혼했습니다."

"솔직히 자포자기 상태입니다. 사람을 볼 낯이 없어요. 언제 또 발작해서 그런 짓을 저지를지, 나 자신이 겁나기도 하고요. 그래서 요새는 회사 다니는 것 말고는 두문불출하고 있습니다. 사실 회사사람들마저 알게 될까 봐 두렵습니다. 그러면 제 인생은 정말 끝장이니까요. 선생님, 제발 저 좀 도와주세요!"

노출증이란 이성에게 자신의 생식기를 부적절하게 노출시키고 상대의 반응을 보며 성적 쾌감을 얻는 이상심리를 말한다. 노출증의 발생 기전에 대해 명확히 밝혀진 바는 없지만 유년 시절의 경험과 밀접한 관계가 있는 것으로 추측된다. 여타 노출증 환자와 마찬가지로 C씨는 유년시절에 동성 친구들과 서로 성기를 보여주고 만지며 놀았던 경험이 있다. 이렇듯 어린 시절에 성적 쾌감을 느낀 경험은 잠재의식 속에 남아 성인이 된 후에도 지속적인 영향을 미친다. 그러다 성적 억압이나 심각한 정신적 상처를 받으면 저도 모르게 유년시절에 경험한 방식대로 스트레스를 해소하고 발산하려는 경향이 나타나는데, C씨의 경우는 여자친구와 가장 친한 친구에게 배신당한 충격이 노출증에 빠지는 계기가 되었다고 볼 수 있다.

다행히 노출증도 치료가 가능하다. 심리 상담을 통해 어린 시절 자신의 경험을 되돌아보고 노출증이 발생하게 된 근본 원인을 찾은 등 전문가의 도움을 받으면 얼마든지 정상적인 심리상태를 회복할 수 있다.

그는 왜 여자친구를 때렸을까? - 이상심리

•

민수는 명문대학 졸업을 앞둔 인재다. 원래대로라면 앞길이 창창해야 하지만 현재 그는 여자친구를 폭행한 혐의로 구속되어 재판을 기다리는 중이다. 대체 어떻게 된 일일까?

성인이 된 후 민수는 너덧 차례 연애를 했는데 모두 안 좋게 끝났다. 그러다 졸업 직전에 두 살 연하의 같은 학교 후배인 지금의 여자친구를 만났다. 두 사람은 잘 어울리는 한 쌍으로 주변사람들의 부러움을 샀지만 정작 여자친구는 불만이 많았다. 민수가 데이트할 때마다 항상 검은 스타킹을 입고 오라고 요구했기 때문이다. 심지어 치마가 아닌 바지를 입었을 때도 안에 검은 스타킹을 입기를 바라는 민수 때문에 다툰 적도 많았다.

사건이 터진 날은 여자친구의 생일이었다. 그날, 고급 레스토랑을 예약한 민수는 꽃다발까지 들고 학교 앞에서 여자친구를 기다렸다. 그런데 저 멀리서 하얀 원피스를 입고 다가오는 여자친구를 보자마자 얼굴이 굳어졌다. 여자친구가 살색 스타킹을 신고 있었던 것이다. 그는 여자친구에게 검은 스타킹으로 갈아입고 오라고 했다. 물론 여자친구는 질색하며 거부했고, 두 사람은 길거리에서 목소리를 높여가며 싸우기 시작했다. 여자친구가 끝까지 검은 스타킹 입기를 거부하자 민수는 결국 화를 참지 못하고 주먹을 휘둘렀다. 다행히 지나가던 사람들이 끼어들어 제지한 덕분에 여자친구는 큰 화를 모면할 수 있었다. 그녀는 곧장 병원으로 옮겨졌고, 민수를 경찰에 고발했다. 경찰 조사에서 민수는 이렇게 말했다.

"무리한 요구를 한 것도 아니에요. 그저 검은 스타킹을 신어달라고 했을 뿐이에요. 그게 뭐 어렵다고. 저도 많이 참았어요. 걔가 맞을 짓을 했다고요!"

그는 예전 여자친구들과도 검은 스타킹 문제 때문에 다투다 헤어졌노라고 고백했다.

검은 스타킹에 대한 민수의 집착은 단순한 취향의 수준을 넘어선 이상심리로 볼 수 있다. 이상심리는 정상심리와 반대되는 개념이다. 정상심리자는 주변 환경을 현실적으로 인지하며 대다수 사람이 이해하고 받아들일 수 있는 반응을 보인다. 이와 달리 이상심리자는 남들이 이해할 수도, 받아들일 수도 없는 비정상적인 반응과 행동을 보인다. 대표적인 이상심리로는 인격 장애, 정신병, 성도착 등을 들 수 있다. 하지만 증상의 경중에 따라 특정 부분을 제외한 나머지 심리는 매우 정상적으로 보일 수도 있다. 즉 이상심리자라고 해서 무조건 한눈에 알아볼 만큼 비정상적으로 보이지는 않는다는 뜻이다. 따라서 이상심리가 있어도 평소에는 얼마든지 드러나지 않고 아무런 문제없이 일상생활을 영위할 수도 있다. 그러다 위 사례의 민수처럼 특정한 자극에 반응해서 비정상적인 행동을 보이는 것이다.

이상심리자는 오랫동안 환자로 취급받지 못하며 배척과 멸시를 받아왔다. 심지어 악령이나 귀신에게 빙의됐다는 오해를 사기도 했다. 실제로 중세시대 유럽에서는 악령을 쫓는다며 채찍으로 때리거나 화상을 입히는 등 이상심리자에 대한 온갖 신체적 학대가 자행됐다. 견딜 수 없는 고통을 주면 귀신이 몸에서 도망쳐나간다고 믿었기 때문이다. 심리적 이상을 가진 환자가 오해와 괴롭힘, 학대를 받은 역사는 거의 3백 년에 다다른다. 그러나 의학이 발달하고 인권의식이 성장하면서 최근에는 의사와 학자를 중심으로 이상심리 역시 질병이며 적절한 치료와 도움이 필요하다는 인식이 널리 퍼지고 있다.

우울감에 사로잡힌 사람들 – 기분장애

•

2009년 11월 10일, 독일의 축구선수 로베르트 엔케Robert Enke가 하노버의 한 철길에서 달려오는 열차에 몸을 던져 스스로 생을 마감했다. 나중에 경찰이 발견한 유서에는 3년 전 선천성 심장병으로 먼저 세상을 떠난 어린 딸을 만나러 가겠다는 내용이 담겨있었다.

엔케의 아내에 따르면 그는 2003년 FC바르셀로나로 이적한 직후부터 심각한 우울증에 시달렸다고 한다. 우울증에 조금씩 침식당하던 엔케의 정신세계는 사랑하는 딸을 잃고 완전히 무너져 내렸다. 비록 양녀를 들이긴 했지만 그는 충격을 극복하지 못했고 경기력도 심각하게 저하됐다. 거듭된 고통과 절망 끝에 엔케는 수많은 우울증 환자의 전철을 밟아 스스로 목숨을 끊었다.

우울증이라는 단어를 모르는 사람은 없지만 그것이 정확히 어떤 병인지, 얼마나 심각한 병인지 아는 사람은 많지 않다. 사람들은 일이 잘 풀리지 않거나 마음이 조금 답답하기만 해도 '우울하다'면서도 정작 진짜 우울증 환자가 얼마나 큰 절망과 고통을 겪는지는 알지 못한다.

우울증은 기분장애의 일종이다. 정동장애라고도 한다. 기분이 심하게 가라앉고 사고가 느려지며 말과 행동이 적어지거나 느려지는 것 등이 전형적인 증상이다. 우울증의 발병 원인은 크게 세 가지로 볼 수 있다.

? 우울증 발병의 원인

• **첫째**

유전적 감수성이다. 사람마다 유전적으로 환경 자극을 받아들이는 수용력이 다른데 이러한 차이 때문에 어떤 사람은 남보다 더 쉽게 우울감을 느낀다.

• **둘째**

우울증도 생리적 발병 기전이 있다. 두뇌에서 특정 화학물질의 농도가 지나치게 낮으면 우울증이 생기고 반대로 높으면 조울증이 생긴다.

• **셋째**

사회적 스트레스 때문에 우울증이 생긴다.

우울증은 단순히 마음이 여리거나 정신력이 약해서 생기는 병도, 일시적인 기분으로 치부하며 간과해도 될 만큼 가벼운 병도 아니다. 우울증은 은밀하게 마음을 갉아먹으며, 한 사람의 삶을 통째로 무너뜨릴 만큼 파괴적이다. 오죽하면 우울증을 조용한 살인자라고 하겠는가. 따라서 절대 방치하지 말고 초기부터 적극적으로 전문가의 도움을 받으며 치료에 임해야 한다.

내게만 들리는 소리 - 지각장애

●

2006년 중국, 중학교 교사인 이 모 씨가 수업시간에 여학생 한 명을 무자비하게 폭행한 뒤 4층 창문 밖으로 떨어뜨려 사망하게 한 사건이 벌어졌다. 여학생이 자신에게 욕하는 소리를 '들었다'는 것이 이유였다. 하지만 같은 교실에 있던 학생들은 모두 그런 일이 없었다며 부인했다. 대체 어찌된 일일까?

경찰 조사에서 이 교사가 주장한 그날의 전모는 이러했다. 사건 당일, 피해 여학생은 맨 앞자리에 앉아 수업 시간 내내 손톱 밑의 이물질을 빼서 이 교사 쪽으로 튕겼다. 그런데 보다 못한 이 교사가 제지하자 갑자기 '미친놈'이라며 욕을 했다는 것이다. 이 교사는 단지 교실의 기강을 잡기 위해 훈육을 하다가 잘못됐을 뿐이라며 끝까지 자신의 억울함을 주장했다.

문제는 여학생이 욕하는 소리를 들은 사람이 이 교사뿐이었다는 점이다. 바로 옆자리에 앉아있던 학생도 피해여학생이 욕하는 소리를 듣지 못했다고 증언했다. 그러던 중 경찰 조사에서 이 교사가 십여 년 전에 정신병 증세로 치료를 받았다는 사실이 밝혀졌다. 길가에서 칼을 들고 사람을 죽이겠다고 소리를 지르고 다니다가 붙잡혀 정신병원에 수감된 적이 있었던 것이다. 하지만 이미 완치 판정을 받았고, 또 벌써 수년간 아무 문제없이 교사 생활을 해온 터라 과연 그가 정말 조현병인지 아니면 다른 원인이 존재하는지 확신할 수 없었다. 결국 재판부는 정신과 전문의에게 감정을 의뢰했고, 이 교사는 주기성정신병periodic insanity을 진단받았다. 사건이 일어났을 때 이 교사는 조현병이 재발한 상태였다. 그가 들은 욕설은 전부 실제가 아닌 환청이었던 것이다. 환청은 일종의 환각이다. 환각은 외부의 자극이 전혀 없는데도 특정 감각을 느끼는 것으로 조현병의 전형적인 증상이다. 조현병 환자는 환각과 현실을 구분하지 못한다. 이 교사가 환청을 듣고 무고한 여학생을 살해했듯이 조현병 환자는 환각에 사로잡혀 정상적인 생각과 감정, 판단력을 잃고 이상행동을 할 가능성이 높다.

환각은 지각장애에 속한다. 지각이상이란 감각과 지각에 이상이 생겨 정상적 상태를 잃는 것을 말한다. 착각도 일종의 지각장애라 할 수 있다. 물론 착각은 정상인도 흔히 겪을 수 있다. 그러나 대개 착오로 인한 일시적인 생리적 착각일 뿐, 정신병적 착각과는 근본적으로 다르다. 시간이 지나면 사라지는 생리적 착각과 달리 정신병적 착각은 바로 잡기가 매우 어렵다.

정신병적 착각 중 가장 전형적인 것은 시각 착각이다. 환자는 환각을 통해 위협적이거나 두려움을 느끼게 하는 대상을 본다. 옷걸이에 걸어둔 옷이 목매달아 죽은 사람으로 보이거나 자신을 치료해주는 의사가 괴물로 보이는 식이다. 환각에 사로잡힌 조현병 환자가 환각 대상을 공격하는 일도 흔하다. 실제로 조현병을 앓던 여성이 남편의 머리를 '수박'으로 보고 몽둥이로 내리친 사건도 있었다. 정신병적 착각은 저절로 사라지지 않기 때문에 상담과 약물치료 등 적극적인 치료가 필요하다.

망상이 불러온 비극 - 사고장애

●

어느 회사에서 끔찍한 일이 벌어졌다. 37세 장 모 씨가 타정총을 들고 회의실에 난입해 회의를 하던 김 모 씨의 이마에 못을 쏜 것이다. 김 씨는 곧장 병원으로 옮겨졌지만 사망했고, 장 씨는 현장에서 체포됐다.

용의자 장 씨는 비교적 침착하고 멀쩡한 모습으로 범행동기를 진술했다. 피해자 김 씨가 같은 회사에 다니는 자신의 아내 윤 씨를 욕보이고 자신을 기만했다는 것이다. 그런데 아무리 조사를 해봐도 윤 씨와 김 씨가 부적절한 관계였다는 증거가 나오지 않았다. 주변인 탐문에서도 평소 신입인 윤 씨를 상사인 김 씨가 잘 챙기고 가르쳐주었다는 증언이 전부였다. 두 사람 사이에 이상한 기류가 흘렀다고 생각한 사람은 오로지 장 씨 한 사람뿐이었다. 그런데 경찰이 그렇게 생각하게 된 이유를 구체적으로 캐묻자 장 씨는 횡설수설하기 시작했다. 김 씨가 계획적으로 아내를 꼬셨다, 그러다 마음처럼 되지 않자 회사의 다른 직원인 아무개와 짜고 아내를 강간했다, 그런 뒤에는 이를 빌미로 협박해서 억지로 매춘까지 시켰다……. 이전에 하지 않았던 진술도 쏟아졌다. 결국 경찰은 아내 윤 씨에게 사실 여부를 확인했다. 윤 씨는 모두 사실이 아니라며 펄쩍 뛰었다. 그런데 왜 그런 생각을 하게 됐느냐는 경찰의 질문에 장 씨는 또 다시 황당한 대답을 내놓았다. 아내의 팔과 다리에 든 멍을 보고 강간당했음을 알았다는 것이다. 하지만 아내 윤 씨에 따르면 팔과 다리의 멍은 운동을 하다가 생겼다고 했다. 이상한 점은 그뿐만이 아니었다. 취조를 하면 할수록 장 씨가 '죄인'으로 지목하는 사람이 계속 늘어났다. 그는 자신을 기만하고 아내를 욕보인 사람들이라며 무려 십여 명의 이름을 댔다. 알고 보니 장 씨는 오랫동안 이들과의 관계를 고백하라며 아내 윤 씨를 지속적으로 괴롭혔고, 참다못한 윤 씨가 이혼을 요구해서 현재 두 사람은 법적 부부가 아닌 상태였다. 윤 씨는 이혼하자마자 회사 근처로 이사를 했는데 이를 알게 된 장 씨는 윤 씨가 김 씨의 농간에 완전히 넘어가 조종을 받고 있다고 확신했다. 그리고 윤 씨가 이혼을 요구한 이유도 김 씨가 시켰기 때문이라고 지레짐작했다. 그는 분노에 휩싸였고, 결국 애꿎은 김 씨를 살해하고 말았다.

그러나 장 씨의 주장대로 김 씨가 윤 씨를 강간하거나 조종했다는 증거는 그 어디에도 없었다. 심지어 당사자인 윤 씨도 그런 일이 없다고 했다. 그가 의심하는 십여 명 중에 실제로 윤 씨와 관계가 있는 사람은 단 한 명도 없었다. 게다가 장 씨가 김 씨와 범죄를 공모한 패거리라며 제출한 명단에는 전부 장 씨와 연관된 인물만 나열되어있었다. 장 씨는 자신의 범죄행각과 과정에 대해서는 거침없이 서술했지만 범행동기를 말할 때는 횡설수설하는 모습을 보였으며, 범죄 집단이 진짜 존재한다는 둥 앞뒤가 맞지 않는 소리만 늘어놓았다. 결국 재판부는 정신감정을 지시했고, 장 씨는 질투망상 및 피해망상, 편집증적 정신분열증을 진단을 받았다. 쉽게 말해 장 씨는 망상에 사로잡혀 아무런 근거도 없이 아내와 다른 사람의 관계를 의심하고 살인이라는 엄청난 사건을 저지른 셈이다.

사고장애의 종류는 여러 가지가 있는데 크게 사고표현과 사고내용이라는 두 개의 큰 줄기로 나뉜다. 그중에서도 사고내용에 장애가 있으면 위 사례의 장 씨처럼 타인에게 위해를 가할 확률이 높다. 장 씨가 앓고 있는 망상증은 사고장애 중에도 가장 흔한 장애다. 망상에 현실적 근거가 있는 경우는 매우 드물며 대부분 객관적 사실이나 환자 자신의 교육수준, 생활 배경 등과도 아무런 관련이 없다. 하지만 환자는 망상을 사실로 굳게 믿고 서슴없이 타인이나 자신을 해친다. 망상증 환자는 증상의 경중에 따라 매우 위험한 인물이 될 수도 있다. 따라서 평소에 망상증의 증상을 주지하고 있다가 주변인이 이런 행동을 보이면 즉시 전문가의 도움을 받도록 권유해야 한다.

일상생활 속 숨겨진
불가사의한 비밀 파헤치기

13

사랑하는 우리,

함께 있는데 왜 힘들까?

빠지고 싶은 썸, 빠져나오고 싶은 썸

•

'썸'이란 연애가 정식으로 시작되기 전까지 두 사람 사이에 오가는 애매한 감정을 말한다. 요즘에는 객관적으로 사귀는 사이나 다름없지만 정작 당사자들이 생각하는 관계는 불명확하고 모호할 때도 썸이라고 한다. 감정의 거리를 가늠할 수 없기에 썸은 심리적으로도 상당히 불분명한 상태다.

썸에는 긍정적 썸과 부정적 썸이 존재한다. 긍정적 썸이 향하는 궁극적 목적지는 사랑이며 결실을 맺을지의 여부는 하늘의 뜻과 사람의 마음, 그리고 타이밍에 달려있다. 부정적 썸은 이른바 '썸을 위한 썸'으로, 썸 자체의 긴장감과 잠깐의 쾌락을 즐기는 것이 목적이다.

과거에는 썸이 정식연애로 가는 중간단계였지만 최근에는 썸만 즐기겠다는 사람도 적지 않다. 썸은 연애의 즐거움을 미리 '당겨서' 맛보면서 각종 골치 아픈 책임감과 이별의 두려움은 회피할 수 있다는 이점이 있다. 요즘 사람들이 연애보다 썸을 선호하는 까닭도 이 때문이다. 서로에 대한 책임감 없이, 정해진 관계의 속박도 없이 달달한 감정만 즐길 수 있으니 어찌 보면 피상적 관계가 난무하는 현대사회에 안성맞춤인 연애법으로 보이기도 한다. 그러나 썸만 타는 관계는 결국 허무해질 수밖에 없다. 왜냐하면 인간은 본능적으로 관계를 명확히 정의하고자 하는 욕구가 있기 때문이다. 완벽한 연인은 존재하지 않지만 함께하는 것만으로도 충분히 행복하다고 느낄 수 있을 만큼 좋은 연인이나 배우자를 만날 수는 있다. 따라서 정식적인 관계가 되는 것이 두렵다는 이유로 계속 썸에만 머무르는 것은 어리석은 선택이다. 어차피 썸은 영원할 수 없다. 언젠가는 반드시 끝나기 마련이다.

사실 우리가 썸을 끝내고 본격적인 연애에 뛰어들기를 주저하는 이유는 상대가 내게 부족해서가 아니다. 정식 연인이 되는 순간 상대가 지금처럼 내게 잘해주지 않을까 봐 두렵기 때문이다. 게다가 이별도 두렵다. 정석으로 이별의 아픔을 겪느니, 적당히 거리를 유지하며 썸만 타다 마는 편이 훨씬 쉬울 것 같다. 하지만 이미 시간과 감정을 공유하며 함께하는 즐거움을 알아버렸는데 과연 썸이 깨지는 것이 정식 이별보다 쉽고 아프지 않을 수 있을까? 아무리 관계를 정의하지 않았다고 해도 연애의 달콤함을 미리 당겨 맛보았다면 실연의 아픔 또한 피할 수 없다. 비록 썸에 책임이 뒤따르지 않는다고 해도 대가를 치러야 하는 것만큼은 정식 연애와 마찬가지란 뜻이다.

썸은 전혀 타지 않는 사람도 있고 마냥 즐기기만 하는 사람도 있지만 대개는 한번 발을 들이면 빠져나올 길을 찾지 못하고 혼란에 빠지기 마련이다. 따라서 명확하지 않은 감정이라면 아예 애매한 분위기를 만들지 않는 게 좋다. 사람의 감정은 단순하지 않다. 아무리 '쿨'하려고 해도 그럴 수 없는 게 사람의 마음이다. 썸만 즐기고 후유증 없이 빠져나오는 것은 웬만한 고수가 아니면 불가능하다. 그러니 잠깐의 달콤함에 취해 썸의 세계에 발 들이지 않도록 스스로를 경계해야 한다. 진지한 고민 없이 순간적인 감정에 휩쓸리면 결국 손해 보는 쪽은 나 자신이다.

은밀한 유혹, 사내연애

●

현대인은 하루의 대부분을 직장에서 보낸다. 가족보다 직장동료와 더 오랜 시간을 함께 한다 해도 과언이 아니다. 게다가 워낙 바쁘다 보니 따로 시간을 내서 이성을 만나는 일도 쉽지 않다. 그래서일까? 잘못하면 후폭풍이 만만치 않다는 것을 알면서도 젊은 직장남녀는 사내연애의 유혹을 이기지 못한다.

사람의 마음은 참 이상하다. 전혀 관심 없던 사람이어도 오랫동안 한 공간에 함께 머물다 보면 저도 모르게 조금씩 감정이 생긴다. 그리고 하루의 절반 이상을 함께 하며 같이 일하고, 먹고, 대화를 나누다 보면 어느새 상대에게 의지하고 있는 자신을 발견하게 된다.

업무로 인한 적당한 긴장상태도 사내연애를 자극한다. 적당히 긴장한 상태에서 이성을 보면 자신이 긴장한 이유가 일 때문인지, 상대에게 호감을 느끼기 때문인지 헷갈릴 수 있는데 때로는 이런 헷갈림이 연애감정으로 이어진다. 또한 직장에서는 상대가 일에 열중한 모습을 쉽게 볼 수 있다는 점도 호감도를 높이는 데 결정적 역할을 한다.

사내연애는 장점이 분명하지만 단점도 만만치 않다. 특히 거의 하루 종일 같이 있는 탓에 자신의 일거수일투족을 연인이 모두 알 수 있다는 것은 장점인 동시에 단점이다. 사실상 '감시' 상태에 있는 셈이기 때문이다. 게다가 비밀연애 중이라면 스트레스는 더욱 커진다. 두 사람이 사귄다는 사실을 남들이 알아차리지 못하도록 매사에 조심해야 하기 때문이다. 직장동료들이 알게 될 경우, 쓸데없는 간섭과 호기심 어린 눈길이 부담되기도 한다. 모두가 지켜보며 입방아를 찧는 상황에서 안정적으로 연애하기란 생각보다 훨씬 어려운 일이다.

장거리커플은 사내커플을 부러워할지도 모른다. 사랑하는 사람과 항상 함께 하며 원할 때 언제든 볼 수 있다는 것만큼 행복한 일도 없으니 말이다. 그런 의미에서 사내연애는 연애에서 안정감을 가장 중요하게 생각하는 사람에게 안성맞춤이다. 만약 직장에서 눈길이 가는 사람이 있다면 주저하지 말고 용감히 도전해보자. 무슨 일이든 시도해보기 전까지는 어떨지 알 수 없는 게 인생 아니겠는가!

마음에도 거리두기가 필요해 - 고슴도치 효과

●

매서운 겨울, 추위에 덜덜 떨던 고슴도치 두 마리가 껴안고 온기를 나누려 했다. 그러나 몸에 난 가시 때문에 가까이 갈수록 서로의 가시에 찔려 고통스러웠다. 고슴도치들은 고통을 피하기 위해 서로 멀어졌다가 추위를 못 이겨 다시 붙기를 여러 차례 반복했다. 그러다 마침내 서로의 가시에 찔리지 않으면서 온기도 충분히 나눌 수 있는 가장 적당한 거리를 찾아냈다.

서로의 온기를 느끼면서도 서로에게 상처 주지 않는 만큼의 거리를 유지하는 것, 심리학에서는 이를 고슴도치 효과라고 한다. 현대인들은 자신을 보호하기 위해 고슴도치처럼 온갖 가시로 스스로를 무장한 채 살아간다. 섣불리 다가섰다가는 이 가시에 찔려 다치기 일쑤다. 그래서 현대사회에서는 마음의 거리두기가 중요하다. 이는 사랑하는 사이도 예외가 아니다. 연인, 부부, 가족끼리도 적절한 마음의 거리가 필요하다.

여기, 한 연인이 있다. 둘 다 서로를 깊이 사랑하지만 최근 들어 다툼이 잦아졌다. 여자는 말한다.

"그는 나를 벌써 마누라 취급해요. 나는 아예 신경 쓰지 않고 자기 하고 싶은 대로 한다니까요."

남자도 할 말이 많다.

"그녀는 나의 일거수일투족을 다 감시해요. 내가 어딜 가든 한 시간 간격으로 전화하고, 어쩌다 전화를 못 받으면 난리가 나요. 가끔은 정말 혼자 있고 싶어요."

무엇이 문제일까? 마음의 거리두기가 되지 않은 것이 문제다. 아무리 사랑하는 사이여도 서로 존중하며 적당한 마음의 거리를 두었어야 하는데, 그 거리를 지키지 않은 탓에 갈등이 생긴 것이다. 사랑의 감정을 지키려면 역설적이게도 각자의 공간이 필요하다. 숨 돌릴 여유도 없이 서로 너무 딱 붙어있으면 갈등이 생기고 서로 상처를 주고받을 수밖에 없다. 이는 연인이든 친구든 가족이든 마찬가지다.

처음 만난 사람에게 다짜고짜 호형호제를 하자고 하면 상대는 당연히 호감보다는 거부감을 느낄 것이다. 마찬가지로 아무리 사이좋은 친구, 서로 잘 아는 가족, 세상에서 가장 친밀한 부부 사이라 해도 각자 개인적인 공간을 인정해주고 일정한 심리적 거리를 유지해야 한다. 상대가 말하고 싶지 않다고 하면 캐묻지 말고, 상대가 꺼리는 일은 강요하지 말아야 한다. 가까운 사이일수록 예의를 지켜야 한다는 말도 결국은 서로 적절한 마음의 거리를 두라는 뜻이다. 그래야 상대도, 나도 상처 받지 않는 인간관계를 만들어갈 수 있다.

부부관계에 숨은 심리적 콤플렉스

•

결혼한 사람이라면 누구나 공감하는 사실이 있다. 바로 남편, 혹은 아내에게 알 수 없이 화가 치미는 때가 있다는 것! 가장 사랑하고 의지해야 할 '옆지기'이건만 상대가 무심코 던진 말 한마디에 속이 뒤집어지고, 별것 아닌 문제로 사네마네 고민이 된다. 가끔은 배우자에게서 내가 가장 싫어했던 부모의 모습을 보고 흠칫 놀라기도 한다. 심할 때는 부모 때문에 힘들었던 시절을 정서적으로 다시 겪는 기분까지 든다. 실제로 부부관계에서 알게 모르게 과거 자기 부모와의 관계를 끊임없이 반복하는 부부가 많다. 아무리 독립해서 자신만의 가정을 이루었어도 여전히 원가족에게 매여 있는 셈이다. 원가족에서 비롯된 심리적 콤플렉스를 해결하지 못한 두 사람이 만나면 결혼생활이 이처럼 암류에 휘말리기 쉽다. 마음속 콤플렉스가 많을수록 결혼생활은 위태로워진다.

성장과정에서 우리는 자신도 모르는 사이에 마음속에 일종의 '심리 프로그램'을 만든다. 그러다 다른 사람이 특정한 '버튼(콤플렉스)'을 누르면, 다시 말해 어떤 말이나 행동을 해서 콤플렉스를 자극하면 이를 객관적으로 보지 못하고 오로지 자기 마음의 심리 프로그램에 따라 해석하고 처리한 뒤 정서적, 행동적 반응을 보인다. 안타깝게도 자기 마음속 프로그램이 어떻게 돌아가는지 제대로 아는 사람은 많지 않다. 왜 이렇게 화가 나는지, 왜 그렇게 반응할 수밖에 없는지 자신도 모른다는 뜻이다. 상대가 자신의 '버튼'을 눌렀다는 것도 모르고, 심지어 자기 안에 그런 '버튼'이 있다는 것조차 모르는 사람이 태반이다. 그러나 알든 모르든 사람은 결국 '콤플렉스'와 '프로그램', 그리고 자신이 쓰고 있는 색안경에 맞춰 반응하기 마련이다.

그나마 타인에게는 의식적으로 조심하기라도 하지만 부부 사이에는 그마저도 쉽지 않다. 서로 조심하며 자신의 심리적 콤플렉스(프로그램)를 돌아보기는커녕 무조건 상대 탓만 하기 일쑤다. 결혼 전 부모와의 관계에서 생긴 해묵은 콤플렉스가 그대로인 상태에서 지금의 배우자와 또 다시 상처를 주고받으며 새로운 콤플렉스를 쌓아가는 것이다. 그 결과 갈등은 커지고, 부부 사이 감정의 골도 깊어진다.

어디를 가든 누구와 결혼하든, 콤플렉스(프로그램)는 절대 저절로 사라지지 않는다. 그리고 콤플렉스가 남아있는 한 우리는 같은 잘못을 반복할 수밖에 없다.

사람들이 배우자를 선택하는 것을 보면 신기할 때가 많다. 아버지가 알코올중독자였던 A씨는 총 세 번 결혼했는데, 희한하게도 전남편이 모두 술고래였다. 그녀는 팔자를 탓하며 괴로워하다가 나중에야 심리 상담을 통해 자기 내면에 아버지와 같은 '약자'를 돌보고 싶다는 욕구가 있음을 발견했다. 실제로 그녀가 자라는 동안 스스로를 쓸모 있게 느끼고 성취감을 얻은 순간은 술에 취한 아버지를 챙겼을 때 뿐이었다. 그래서 자신도 모르게 술꾼에게 끌리고, 아버지 같은 사람과 결혼한 것이다. 그러나 동시에 술꾼인 아버지를 끔찍이 싫어했기 때문에 결국 세 번의 결혼 모두 이혼으로 끝나고 말았다. 더 큰 문제는 '내가 가치 있고 필요한 사람이 되는 유일한 길은 술꾼을 돌보는 것'이라는 마음속 프로그램이 바뀌지 않는 한, 그녀는 또 다시 술꾼을 네 번째 남편으로 맞이하게 될 것이라는 점이다. 그녀와 아버지 사이에 해결되지 않은 심리적 문제, 즉 콤플렉스는 그녀의 결혼생활에 심각한 영향을 미쳤다. 더 이상 같은 실수를 잘못을 반복하지 않으려면 무엇보다도 아버지와의 관계를 바르게 이해하고 자신이 어떤 콤플렉스에 빠져있는지 깨달아야 한다. 그리고 좀 더 성숙한 자신이 되어 새롭게 관계를 설정하는 법을 배워야 한다. 마음의 해묵은 문제를 해결하지 않는 한 그녀는 앞으로도 정상적인 이성관계를 맺기 어려울 것이다.

그렇다면 콤플렉스는 어떻게 극복해야 할까?

마음의 프로그램, 콤플렉스를 극복하기 위한 첫 걸음은 바로 콤플렉스의 존재를 깨닫는 것이다. 콤플렉스를 깨닫고 바꾸겠다고 결심하면, 다시 말해 생각을 바꾸면 정서적 반응이 바뀐다. 물론 처음부터 단번에 성공할 수는 없다. 여러 번 실패할 수도 있고 좀처럼 바뀌지 않는 자신에게 실망할 수도 있다. 그러나 실패 후에 생기는 불안, 자책 같은 부정적 감정을 자기 개선을 위한 동력으로 바꿔가며 끊임없이 시도해야 한다. 어린 시절부터 형성된 마음 속 프로그램을 바꾸는 일은 결코 쉽지 않으며 많은 노력과 수없는 시행착오의 과정이 필요하다. 그럼에도 포기하지 말아야 하는 이유는 이 세상에서 내 노력으로 바꿀 수 있는 유일한 것이 바로 내 마음이기 때문이다.

타인의 행동을 완벽히 통제하기란 불가능하다. 내 마음의 버튼을 눌러서 나를 화나게 만들지 말라고 부탁할 수는 있겠지만 전혀 못하게 만들 수는 없다. 설령 마법을 써서 세상사람 모두를 내 뜻대로 움직인다한들 여전히 인생에는 내 뜻처럼 되지 않는 일, 내 마음의 콤플렉스를 자극하는 일이 생기기 마련이다. 결국 내가 행복해질 수 있는 유일한 방법은 내 마음의 프로그램을 바꾸는 것뿐이다. 나를 돌보고 잘 보듬어서 온전하고 건강한 자신이 되어야 한다. 내 마음에 새겨진 프로그램을 바꾸는 것은 오로지 내 책임이고 내 소관이다. 부모 탓을 하거나 내게 상처 준 누군가를 원망하고만 있어서는 아무것도 바뀌지 않는다. 극히 일부의 경우를 제외하고는 사랑하는 이에게 일부러 상처 주는 사람은 없다. 무심결에, 혹은 스스로의 미성숙함 때문에 의도치 않게 상처를 주는 경우가 대부분이다. 어쩌면 나 자신도 사랑하는 사람에게 그런 상처를 주었는지 모를 일이다. 무심결에, 혹은 성숙하지 못해서 말이다.

누구의 잘못 때문에 마음의 프로그램이 생겼다고 단정 지을 수는 없다. 한두 사람의 잘못이라기보다는 여러 가지 상황이 총체적으로 작용한 결과이기 때문이다. 세상은 본디 불완전하다. 타인을 원망하고 탓하기만 해서는 아무것도 변하지 않는다. 그보다는 나의 마음을 바꾸는 데 집중하는 편이 진정으로 나 자신을 위하는 길이다.

님아, 그 잔소리를 하지 마오

●

남편이 가장 싫어하는 아내의 행동은 무엇일까? 바로 '잔소리'다.

여자는 잔소리를 하는 까닭은 상대에게 애정과 책임감이 있기 때문이다. 사랑하는 마음에, 잘됐으면 하는 마음에 이런저런 말을 한 것이 상대에게는 잔소리로 들린다. 게다가 살림의 주체로서 집안의 대소사를 챙기고 가족 모두가 편안하게 생활할 수 있도록 세세한 부분까지 신경 쓰다 보면 잔소리를 하지 않을 수가 없다. 여자가 잔소리를 하는 또 다른 이유는 소통의 욕구 때문이다. 여자는 아주 소소한 일까지 남편과 공유하며 이야기하고 싶어 한다. 그런데 남자는 여자의 그런 말까지 잔소리로 여기는 경향이 강하다.

본질적으로 보면 여자의 잔소리는 상대를 위하고 사랑하는 마음에서 나온다. 남편과 자식, 가족을 아끼고 걱정하는 마음이 잔소리로 표현되는 셈이다. 그러나 남자의 입장에서 잔소리는 집요하며 부정적인 참견에 불과하다. 때로는 끈질긴 지시이며, 동시에 자신의 부족함을 끊임없이 지적하는 듣기 싫은 설교다. 그래서 여자의 잔소리가 늘어갈수록 남자는 귀를 닫고 말을 잃는다.

데일 카네기는 《인간관계론》에 '잔소리는 사랑의 무덤'이라고 썼다. 그리고 현명한 여성이라면, 남편을 진심으로 사랑한다면, 남편의 사랑을 받고 싶다면, 행복한 가정을 만들고 싶다면 잔소리를 멈추라고 권했다.

어떻게 하면 잔소리를 줄일 수 있을까? 더욱 정확히 말하자면 어떻게 해야 나의 진심을 잔소리로 들리지 않게 전달할 수 있을까? 다음의 몇 가지 방법을 참고하자.

진심을 잔소리로 들리지 않게 전달할 수 있는 방법

- **첫째**

대화의 타이밍을 맞춘다. 집에 돌아오자마자 그날 있었던 일을 공유하고 싶어 하는 여자와 달리 대부분의 남자는 먼저 혼자만의 시간을 보내고 싶어 한다. 그래야 피로가 풀리기 때문이다. 이런 상태에서는 어떤 말이든 잔소리로 들릴 가능성이 높다. 따라서 만약 상대가 그런 상태라면 굳이 대화를 시도하지 말고 먼저 혼자 시간을 보낼 수 있도록 해준다. 어느 정도 피로가 풀린 후에 대화를 시도하면 남자도 자연스레 대화에 참여할 것이다.

- **둘째**

한 번에 한 가지 주제만 다룬다. 만약 남편이 아무 데나 옷을 벗어놓는 것이 눈에 걸린다면 딱 그 점만 짚어 이야기한다. 옷을 아무 데나 벗어놓지 말라고 하면서 정리가 되지 않은 책상을 문제 삼고, 문어발식으로 자꾸 다른 점을 지적하면 여자의 말은 잔소리가 되고 남자는 귀를 닫는다. 또 자신이 잘못한 것은 잊고 왜 자꾸 잔소리를 하느냐며 외려 여자를 탓한다. 만약 남자의 행동을 고치고 싶다면 한 번에 한 가지만 지적하는 편이 훨씬 효과적이다. 즉 '더러운 옷은 벗어서 세탁기에 넣으라'고 딱 한 마디만 해야 한다.

• **셋째**

불쾌한 감정에 냉정하게 대처한다. 어떤 여자들은 불쾌한 일이 생겼을 때 그로 인한 짜증과 우울함을 남자에게 하소연하며 풀려고 하는데, 이런 시도는 대개 원하던 바와 정반대의 결과를 낳기 일쑤다. 남자는 태생적으로 공감보다는 해결책을 찾으려는 경향이 큰 데다 이미 여자의 '잔소리'에 충분히 질려있기 때문이다. 따라서 무조건 하소연하기보다는 좀 더 생산적인 방법으로 자신의 부정적 감정을 해소할 줄 알아야 한다.

메리지 블루 극복하기

●

결혼은 사랑하는 두 사람이 맞이할 수 있는 최상의 결말이다. 그렇게 생각하면 이 세상에 예비부부만큼 행복한 사람들도 없어야 하겠지만 실제로는 꼭 그렇지도 않다. 사실 결혼을 앞둔 예비부부의 감정은 양가적이다. 기쁘고 기대되는 동시에 두렵고 망설여진다. '결혼이 뭐 별 거냐' 싶다가도 '과연 잘하는 짓일까' 하는 생각에 불안해진다. 서로를 사랑하고 함께하고 싶다는 마음은 여전한데 어째서 이런 감정들이 생기는지 당황스럽기도 하다. 이른바 '메리지 블루', 즉 결혼 전 우울증이다.

연정은 결혼을 몇 달 앞둔 예비신부다. 한창 기대에 부풀어있어야 할 때지만 이상하게 최근 들어 부쩍 짜증이 늘었다. 퇴근 후 홀가분한 기분으로 집에 들어왔다가도 예비신랑과 함께 찍은 사진이 실린 청첩장을 보면 괜히 가슴이 답답해졌다. 그렇다고 결혼하기 싫다거나 예비신랑을 사랑하지 않는 것은 아니었다. 아무리 생각해도 자신의 상태를 설명할 수 있는 길은 '메리지 블루'밖에 없는 듯했다.

결혼 전 우울증을 겪는 비율은 남성보다 여성이 압도적으로 높다. 우울증의 양상도 성별에 따라 큰 차이를 보인다. 여성은 주로 결혼한 뒤 자신을 향한 남자의 사랑이 변할까 봐 걱정한다. 결혼으로 자신의 삶이 완전히 변하는 것도, 더 이상 자유롭게 살 수 없다는 점도 망설여진다. 게다가 주변에서 흔히 들을 수 있는 결혼생활의 수많은 난관들 – 부부갈등이나 시댁과의 문제, 양육의 어려움 등은 예비신부의 걱정과 두려움을 더욱 부추긴다. 결혼에 대한 환상 대신 부담감과 책임감을 강하게 느끼는 사람도 결혼 전 우울증을 겪을 확률이 높다. 그밖에 복잡하고 힘든 결혼 준비 과정 때문에, 혹은 준비 과정에서의 경제적 마찰로 인해 우울감을 느끼기도 한다.

결혼 전 우울증을 극복하는 가장 좋은 방법은 예비부부와 양가가 더 많이 소통하고 대화하며 서로를 이해하는 것이다. 특히 결혼하기 전부터 상대의 원가족과 왕래하면서 미래의 가족이 될 마음의 준비를 미리 해두면 좋다. 만약 결혼에 대한 의구심과 두려움이 있다면 혼자 끙끙 앓지 말고 미래의 배우자와 솔직한 대화를 나눠보자. 서로 속을 터놓고 이야기하다 보면 실체 없는 두려움은 사라지고 앞으로 서로 어떻게 배려하고 의지하며 살아가야 할지가 뚜렷해진다. 만약 상대가 결혼 전 우울증을 겪는다면 상대의 감정을 무조건 부인하거나 성급히 몰아세우지 말고 서로의 마음을 찬찬히 들여다보며 진솔한 대화를 나눈다. 이렇듯 결혼 전부터 서로 대화를 통해 문제를 해결하는 경험을 하면 실제 결혼생활에서도 현명하게 문제를 해결하는 노하우를 얻을 수 있다.

사랑해서 결혼한 우리, 침묵의 늪에 빠지다

●

사랑에 빠진 연인들은 수다쟁이다. 서로 달콤한 말을 주고받느라 해가 지고 뜨는 것마저 잊는다. 요즘은 옛날처럼 장문의 연애편지를 쓰지는 않지만 대신 휴대폰으로, 메신저로, SNS로 온종일 끊임없이 대화를 나눈다.

그런데 결혼하면 전혀 다른 풍경이 펼쳐진다. 수다스럽던 연인도 부부가 되면 언제 그랬냐는 듯 말을 잃는다. 게다가 달콤한 밀어는 연애할 때 다 써버렸는지, 그나마 오가는 몇 마디도 전부 일상적인 대화뿐이다. “밥 다 됐어?” “집에 언제 와?” “애들은 자?” “가서 간장 좀 사와” 등등…….

왜 이렇게 변하는 것일까? 나름 이유는 있다. 부부가 되는 순간 두 사람은 더 이상 연인이 아니라 가족이다. 여전히 서로를 사랑하지만 예전만큼 서로가 궁금하지도 않고, 미주알고주알 말하고 싶은 것도 별로 없다. 거기다 이미 한 가족이 된 마당에 굳이 밀어를 나누는 것도 낯간지럽다. 결혼했으면 부부로서 각자의 역할을 충실히 이행하며 가정에 충실하기만 하면 그뿐, 굳이 상대의 기분을 맞추려고 이런저런 말을 할 필요도 없다……. 실제로 많은 부부가 이런 이유들을 들며 대화가 사라지는 현상을 방치하고 묵인한다.

어찌 보면 이는 당연한 현상일 수도 있다. 남자든 여자든, 결혼 전까지는 '사랑'이 최고의 가치이자 목표이기 때문에 자연히 서로 사랑을 주고받고 확인하는 데 온 정성과 노력을 쏟는다. 하지만 일단 결혼이라는 목표를 달성하고 나면 남녀 모두 그동안 소홀했던 자신의 '일'에 관심을 두기 마련이다. 그것이 직장이든 사업이든 자녀든 아니면 다른 그 무엇이든 간에 어쨌든 두 사람이 예전처럼 서로에게 집중하기란 불가능하다. 또한 감정의 발달 단계 측면에서 봐도 결혼 후에는 연애 때와 똑같은 에너지를 쏟지 못하는 것이 자연스러운 현상이다. 꼭 마음이 변해서 서로 대화가 줄어든 것은 아니라는 뜻이다. 게다가 연애할 때의 상태, 즉 서로에게 과도하게 집중하며 에너지를 쏟는 상태 자체는 정상보다 비정상에 가깝다. 따라서 영원히 지속될 수 없으며 언젠가는 반드시 정상 상태를 회복하기 마련이다. 결혼 후에는 서로 말수가 적어지고 크고 작은 갈등이 생기는 것이 오히려 정상이다.

문제는 결혼 초반에 이러한 변화를 각자 어떻게 받아들이느냐다. 이런 때일수록 결혼생활을 '경영'하는 능력이 중요하다. 결혼 후 연애 때처럼 뜨거운 감정은 사라졌어도 서로 신뢰하고 도우며 어려움을 함께 헤쳐나갈 줄 아는 부부는 결혼생활을 비교적 잘 경영하고 있다고 볼 수 있다. 그러나 결혼생활을 잘 경영할 줄 모르는 부부는 각자 침묵에 빠진 채 무미건조하게 살아간다. 그런 의미에서 부부간에 대화가 줄어드는 것은 정상이지만 아예 사라지는 것은 결코 가볍게 볼 문제가 아니다. 어쩌면 '애정 침묵증'에 빠졌다는 불길한 징조일 수도 있기 때문이다.

민형과 세찬은 3년의 열애 끝에 지난 해 10월 결혼에 골인했다. 연애시절 두 사람은 누구보다도 잘 맞는 단짝이었다. 영화 취향도 같고 취미나 관심사도 비슷해서 둘 사이에는 늘 대화가 끊이지 않았다. 만나서 수

다를 떨다가 헤어지면 전화로 이야기를 나눴고, 전화를 끊고 나서는 잠들기 직전까지 메시지를 주고받았다. 결혼식이 끝난 후 신혼여행을 갔을 때까지만 해도 두 사람은 세상에 부러울 것이 없었다. 하지만 신혼여행에서 돌아오고 각자 일상으로 돌아가면서 상황이 조금씩 변하기 시작했다.

세찬은 업무량이 매우 많은 편이었다. 게다가 집과 회사의 거리가 먼 탓에 퇴근 후 집에 돌아오면 늘 파김치가 되어있었다. 그렇다 보니 저녁을 먹고 나면 곧장 침대에 누워 TV를 보다가 잠드는 게 일상이었다. 어쩌다 기운이 남는 날도 민형과 시간을 보내기보다는 혼자 컴퓨터 게임을 하느라 바빴다. 자연히 둘 사이에 대화도 확연히 줄어들었다. 민형이 애써 뭔가를 물어봐도 세찬은 대화하기 싫은 사람처럼 '응' 또는 '아니'라며 단답으로 대답했다. 민형은 남편이 더 이상 자신을 사랑하지 않는다고 느꼈다. 적어도 예전만큼은 아니라는 생각이 들었다. 그러던 어느 날, 민형이 드디어 폭발하는 일이 생기고 말았다. '이번 주말에 뭐할까?'라고 물었는데 세찬이 '응'이라고 대답한 것이다. 민형은 화를 내며 소리쳤다.

"'응'이 뭐야, '응'이? 주말에 뭐할 거냐고 물었는데 어떻게 '응'이라는 대답이 나올 수 있어? 지금 나 놀려? 내가 우스워? 연애할 때는 하루만 못 봐도 큰일 날 것처럼 굴더니, 요새 자기 어떤 줄 알아? 날 꿔다놓은 보릿자루 취급하잖아! 결혼했으니 이제 됐다, 이거야?"

세찬도 벌컥 맞소리 쳤다.

"얼마나 피곤하면 그랬겠어? 당신도 내가 얼마나 힘든지 알잖아. 좀 이해해주면 안 돼? 주말에 뭐할지 정도는 당신 혼자 결정해도 되는 일 아니냐고. 꼭 이렇게 트집을 잡아야겠어?"

결국 두 사람은 서로 목소리를 높이며 싸웠고, 한동안 냉전을 치렀다. 며칠 뒤 그럭저럭 화해하고 평소의 상태로 돌아갔지만 둘 다 마음에 응

어리가 남았는지 그 후로는 사소하게 다투는 일이 잦아졌다. 민형도 세찬도 여전히 서로를 사랑했지만 무언가 잘못되고 있다는 느낌을 지울 수 없었다.

'애정 침묵증'의 주요 증상은 다음과 같다.

'애정 침묵증'의 주요 증상

(1) 배우자에게 다정한 말, 달콤한 말을 잘 하지 않는다.

(2) 배우자에게 자신의 잘못을 인정하지 않는다.

(3) 부부 성생활에 대한 대화를 나누지 않는다.

(4) 배우자에게 무엇이 필요한지 굳이 생각하지 않는다.

(5) 배우자와 이야기하는 것이 시간 낭비라는 생각이 종종 든다.

(6) 배우자와 상의하기보다는 혼자 결정하는 일이 많다.

(7) 일부러 상대의 기분을 맞춰주는 것을 낯간지럽다고 느낀다.

(8) 배우자가 자신에게 어떤 감정을 갖고 있는지 잘 모르겠다.

(9) 배우자가 스스로 우쭐할 만한 일을 했을 때 축하하거나 칭찬해주고 싶기보다는 별 것 아닌 일로 우쭐댄다는 생각이 먼저 든다.

(10) 문제나 갈등이 생겼을 때 가장 먼저 배우자에게 짜증이 난다.

(11) 배우자 앞에서 나의 잘못을 인정하는 것을 '쪽 팔린다'고 생각한다.

(12) 아무리 불만이 있어도 배우자의 기분이 상할까 봐 말하지 못한다.

(13) 배우자가 자신을 왜 불만스럽게 생각하는지 모르겠다.

(14) 부부가 마주앉아 서로의 감정을 이야기한 적이 거의 없다.

(15) 배우자가 화가 났어도 신경 쓰이지 않는다.

(16) 배우자에게 감추고 싶은 이야기가 많다.

(17) 배우자가 내 말을 귀담아 듣지 않는 것 같다.

(18) 둘이 함께 있으면 심심하다.

(19) 배우자의 기분이 왜 나쁜지 궁금하지도, 묻고 싶지도 않다.

부부가 평생을 함께 하며 결혼생활을 현명하게 경영해 나가려면 '애정 침묵증'은 반드시 극복해야 할 관문이다. 다음은 '애정 침묵증'을 극복하는 방법이다.

'애정 침묵증'을 극복하는 방법

1. 서로 끊임없이 노력한다

결혼하면 누구나 현실과 마주하게 된다. 그리고 현실은 언제나 상상한 것만큼 녹록하지도, 꿈꾼 것만큼 아름답지도 않다. 그러나 결혼 전의 연애감정을 한층 깊어진 부부간의 정으로 유지, 발전시키려고 노력하면 평범한 생활에도 색채가 더해지며, 반복되는 일상 속에서도 행복을 맛볼 수 있다. 물론 어느 한 쪽만이 아니라 부부가 함께 노력해야 한다. 그렇지 않으면 '결혼이 사랑의 무덤'이 되는 것은 시간문제다.

2. 자존심을 내세우지 않는다

부부 사이에는 누가 먼저 애정표현을 하고 누가 먼저 사과해야 한다는 등의 역할이 뚜렷이 나뉘지 않아야 한다. 먼저 애정표현을 하거나 사과를 하는 것 자체가 그만큼 상대를 존중하고 사랑한다는 증거이기 때문이다. 부부 사이에 자존심을 내세우며 서로 상처 주고 멀어지는 것만큼 어리석은 짓은 없다.

3. 함께 삶을 일구어가는 법을 배운다

부부가 함께 하며 감정을 나눌 수 있는 일을 찾는다. 같이 취미생활을 해도 좋고, 정기적으로 여행을 가도 좋다. 새로운 무언가를 함께 배우는 것도 좋은 선택지다. 핵심은 바쁜 일상 속에서도 부부가 함께할 시간을 확보하는 것이다.

4. 부부 성생활의 질을 높인다

만족스러운 성생활만큼 확실하게 부부의 애정도를 높이는 방법은 없다. 또한 생각보다 많은 부부가 불만족스러운 성생활 때문에 갈등을 겪는다. 따라서 성생활에 문제가 있다면 부부상담 등 전문적인 도움을 받아 적극적으로 해결해야 한다.

신혼부부를 위한 조언

●

장밋빛 환상과 천진난만한 기대를 품고 결혼의 문턱을 넘은 연인들은 하얀 면사포에 가려져 있던 결혼생활의 민낯을 마주하는 순간 아연해진다. 거기에 로맨틱할 줄만 알았던 결혼생활에 갈등과 몰이해의 이중주가 펼쳐지면 속았다는 생각에 심지어 억울하기까지 하다. 결혼 직전까지 하늘 위 구름을 밟고 다니다가 결혼과 동시에 땅으로 끌어내려진 이들은 이상과 현실의 엄청난 격차에 당황하고 혼란에 빠진다. 그래서 신혼부부에게는 결혼 후의 다양한 변화를 직시하고 제대로 적응하는 일이 무엇보다 중요하다.

1. 심리적 상실감에 적응

무엇보다도 연애와 결혼의 차이를 제대로 이해하고 받아들임으로써 열정과 생활의 균형을 유지할 수 있어야 한다. 연애와 결혼은 전혀 다르다. 신혼부부도 머리로는 이 점을 알고 있지만 실제 결혼 후에 현실과 맞닥뜨리면 결혼생활이 생각보다 훨씬 더 번잡스럽고 수고스럽다는 사실에 충격을 받는다. 특히 아내의 심리적 상실감이 크다. 가장 큰 원인은 역시 남자의 극명한 태도 변화다. 연애 시절 자신을 공주처럼 떠받들며 온갖 기념일을 다 챙기던 애인이 결혼과 동시에 생일조차 기억 못하는 무심한 남편으로 변할 때, 여자는 실망을 넘어 배신감까지 느낀다. 하지만 사실 그렇다고 남자가 딱히 마음이 변했다고 볼 수는 없다. 다만 상대에게 모든 에너지를 집중했던 연애시절과 달리 일과 가정, 사업 등으로 에너지를 분산시키다 보니 예전만큼 다정하거나 세심하게 대하지 못하는 것뿐이다.

그밖에 연애할 때는 남녀 모두 상대에게 잘 보이기 위해 애쓰며 자신의 단점이나 부족함을 최대한 감추려고 한다. 하지만 결혼해서 함께 생활하다 보면 아무리 감추려 해도 어쩔 수 없이 서로의 단점을 알게 되기 때문에 자연히 상대에게 실망하게 된다. 이를 극복하기 위해서는 무엇보다도 서로를 있는 그대로 인정하고 이해하며 수용하는 태도가 중요하다. 상대에게 자신이 원하는 모습을 요구하거나 무조건 자신에게 맞추라고 강요해서는 곤란하다.

2. 성격과 생활습관 차이를 인정

신혼부부는 결혼 후 한동안 서로 부딪치며 맞춰가는 시기를 거친다. 각자 다른 환경에서 몇 십 년 간 살아온 두 사람이기에 성격부터 사소한 생활습관까지 맞춰야 할 것이 한두 가지가 아니다. 이 때문에 서로를 알아가며 익숙해지는 일종의 적응기가 필요하다. 적응기가 그저 순탄하게 지나가면 좋으련만 아쉽게도 대개는 적잖은 갈등과 다툼을 수반하기 마련이다. 서로 다른 두 사람이 맞춰 산다는 것은 생각보다 훨씬 어려운 일이다. 예를 들어 한 사람은 정리하기를 좋아하고 다른 사람은 어지르기를 좋아한다. 한 사람은 제 몸조차 잘 씻지 않는데, 다른 사람은 온 집안을 결벽증 수준으로 청소해야 직성이 풀린다. 한 사람은 씀씀이가 크고, 한 사람은 구두쇠다. 이러면 당연히 갈등이 생길 수밖에 없다. 이렇다 보니 신혼 때는 별 것 아닌 문제로도 자주 부딪친다. 그 과정에서 서로 감정이 상하고 가정의 평화가 깨지기도 하며 심한 경우 갈라서는 부부도 있다. 이 시기를 잘 넘기려면 남편과 아내 모두 필연적으로 갈등이 생길 수밖에 없다는 점을 인정하고, 최대한 상대의 입장에서 생각하고 행동하려고 노력해야 한다. 또한 상대의 장점뿐 아니라 단점까지도 받아들이려는 마음가짐이 중요하다. '결혼하기 전에는 두 눈을 크게 뜨고 결혼하고 나서는 한쪽 눈을 감으'라고 한 벤저민 프랭클린의 조언처럼 결혼 후에는 나와 맞지 않는 상대의 모습도 적당히 눈 감고 받아들일 필요가 있다. 자신만 옳다는 고집을 버리고 서로 수용하며 소통하다 보면 어느덧 적응기가 수월하게 지나갈 것이다.

3. 자유와 책임의 충돌을 해결

결혼하면 남녀 모두 책임과 의무가 생긴다. 연애할 때도 서로에게 어느 정도 책임이 있긴 하지만 그래도 결혼한 뒤와 비교하면 상당히 자유로운 편이다. 최소한 연인과 만날 때를 제외한 나머지 시간은 자신이 원하는 대로 쓸 수 있다. 일단 연인과 헤어지고 나면 그 후로는 친구를 만나든 영화관에 가든 운동을 하든 모두 내 마음이다. 하지만 결혼하면 상황이 달라진다. 퇴근 후에 제멋대로 친구들과 술 마시고 노느라 집에 늦게 들어온 남편을 마냥 곱게 봐줄 아내는 그리 많지 않다.

결혼 전에는 자기 일이 아니라고 생각했던 살림을 전적으로 두 사람이 맡아서 해결해야 한다는 점도 신혼부부가 갈등을 겪는 이유다. 특히 가사분담이 제대로 이뤄지지 않으면 갈등이 더욱 커진다. 요즘은 생활수준이 높고 외동이 많은 탓에 결혼할 때까지 밥 한 번, 설거지 한 번 해보지 않은 사람이 의외로 많다. 그야말로 집안일은 아무것도 할 줄 모르는 두 사람이 만나 가정을 꾸리는 셈이다. 이런 상황에서 서로 책임을 미루기만 한다면 당연히 충돌이 생길 수밖에 없다.

이밖에도 결혼에는 수많은 책임과 의무가 뒤따른다. 자신의 자유도 어느 정도 포기하고, 동시에 상대를 배려하고 이해하면서 갈등을 최소화해야 비로소 어려운 시기를 현명하게 넘길 수 있다. 즉 내 마음대로 하겠다는 욕심을 버리고 좀 더 책임감 있는 태도로 결혼생활에 임해야 화목한 가정을 오래도록 유지할 수 있다는 뜻이다.

4. 성생활의 조화

성생활은 결혼에서 매우 중요한 위치를 차지한다. 그런데 신혼부부는 경험이 많지 않고 서로 기대치가 다른 탓에 성생활에서 갈등을 겪을 공산이 크다. 여성의 경우, 통증 때문에 긴장이나 두려움을 느낄 수 있으며 자신이 원하는 바를 솔직히 말하지 못할 수 있다. 남성은 대개 상대를 만족시켜야 한다는 부담과 스트레스에 시달린다. 이밖에도 부부 간 성생활에서 발생할 수 있는 문제는 여러 가지다. 성생활의 불협화음은 결혼생활 전반에 부정적인 영향을 미칠 수 있다. 따라서 솔직한 대화와 노력을 통해 최대한 빨리 문제를 해결해야 한다. 특히 신혼 때는 성생활 만족도가 매우 중요하다. 신혼 기간을 행복하고 달콤하게 보내는 데 만족스런 성생활만한 특효약도 없기 때문이다. 만약 성생활이 순조롭지 않거나 아무런 즐거움도 느끼지 못한다면 부부관계 자체에 실망할 수도 있다. 이런 식의 실망이 반복되면 결혼생활의 필수요소인 정서적 유대감이 쌓이는 데도 악영향을 미친다. 사실 신혼부부가 성생활에서 문제를 겪는 것은 매우 정상적인 일이다. 대개는 한두 달 정도 지나야 부부관계의 재미를 찾을 수 있다. 따라서 지금 당장 힘들다고 무조건 상대 탓을 하거나 지레 실망하고 포기해버리는 것은 금물이다.

결혼은 사랑의 무덤이 아니다. 그렇다고 낭만으로 가득한 동화도 아니다. 결혼은 지극히 사실적인 생활, 그 자체다. 생활을 유지하는 일은 본래 낭만적이지도 수월하지도 않다. 상상이상으로 번잡하기도 하고 때로는 지겹거나 기운 빠지기도 한다. 그러나 부부가 서로 배려하고 이해하며 함께 힘을 합쳐 갈등과 문제를 해결해간다면 언젠가 반드시 '결혼하기 잘했어'라는 생각이 드는 날이 온다. 행복한 결혼은 결국 남편과 아내가 함께 만들어나가는 것이다. 각자가 결혼생활의 주인이 되어 책임감을 갖고 행복을 쟁취하기 위해 함께 노력해야 한다.

?
일상생활 속 숨겨진
불가사의한 비밀 파헤치기

14

신화의 몰락, 가족 잔혹사

낯선 사람과 말하지 말라 – 가정폭력

●

가정은 사회의 기본단위다. 가정의 건강이 곧 사회의 건강이며, 가정이 무너진 사회는 결코 온건할 수 없다. 그런 의미에서 '가정폭력'은 한 가정의 행복뿐만 아니라 온 사회의 안정을 위협하는 암적 요소다.

2002년 방영된 〈낯선 사람과 이야기하지 말라(不要和陌生人說話)〉는 가정폭력을 적나라하게 다룬 중국 드라마다. 주인공 메이샹난은 젊고 아름다운 중학교 교사로, 한 지역 대형병원의 흉부외과 의사인 안자허와 결혼을 앞두고 있었다. 그런데 마냥 행복해야 할 결혼식 당일, 경찰이 메이샹난을 찾아와 불길한 소식을 전한다. 과거에 그녀에게 폭력을 휘두르고 구속됐던 남자가 그녀에게 복수하겠다며 탈옥했다는 것이다.

경찰이 경고한 대로 남자는 메이샹난을 찾아와 그녀를 납치한다. 다행히 안자허가 자신의 남동생과 함께 위험을 무릅쓰고 메이샹난을 구하는 데 성공하고, 남자는 다시 철창에 갇힌다. 하지만 모든 위기가 해결된 것처럼 보이던 그때, 또 다른 문제가 고개를 든다. 메이샹난이 남자에게 잡혀있던 서른여섯 시간 동안 무슨 일이 벌어졌었는지를 안자허가 의심하기 시작한 것이다. 그는 그녀를 추궁했고, 명확한 답을 얻지 못하자

폭력을 쓴다. 이후 메이샹난을 납치했던 남자가 어떤 이유로 병원으로 이송됐다가 사망하는 사건이 벌어지는데 마침 그 병원의 의사였던 안자허가 가장 유력한 용의자로 지목되면서 정직을 당한다. 안자허는 극심한 스트레스와 피해의식에 사로잡힌 채 집으로 돌아와 또 다시 아내인 메이샹난에게 주먹을 휘두른다. 그렇게 시작된 폭력은 때와 장소, 이유를 불문하고 계속된다. 결국 메이샹난이 병원에 입원하는 지경에 이르고 나서야 안자허는 전처의 외도로 엄청난 고통을 받았던 과거를 털어놓으며 용서를 빈다. 메이샹난은 말없이 그를 용서하지만 그렇다고 상황이 나아지지는 않는다. 이미 의심의 노예가 된 안자허는 그 후에도 아내에게 습관적으로 폭력을 휘두른다.

결국 메이샹난은 남편의 폭력 때문에 유산하고, 마침내 그를 피해 도망친다. 그러나 안자허는 그런 그녀를 끝까지 쫓아가 찾아낸다. 이미 사람을 죽인 혐의로 경찰의 추격을 받고 있던 그는 자신이 벼랑 끝에 몰렸음을 깨닫고, 메이샹난을 겁박해서 붙든 채 동생이 오기를 기다린다. 그리고 마침내 동생이 도착하자 뒷일을 부탁한 뒤 아내에게 '사랑한다'고 말하고 스스로 머리에 총을 쏘아 자살한다.

이 드라마는 방영 당시 파격적인 내용도 내용이지만 가정폭력 문제를 신랄하게 다뤘다는 점에서 엄청난 화제를 불러일으켰다. 실제 중국에서는 날로 심각해지는 가정폭력이 사회적 문제로 대두된 지 오래다. 이러한 추세가 비단 중국만의 일이 아니라 전 세계적인 문제라는 점이 안타까울 따름이다.

가정폭력 피해자의 절대다수는 힘없고 약한 여성과 아동이다. 가정폭력의 원인에는 여러 가지가 있겠지만 그중에서도 심리적 요소의 영향을 무시할 수 없다. 적어도 가정폭력 가해자는 심각한 심리적 장애인이라보아도 무방할 정도다. 따라서 법과 제도를 통해 여성과 아동의 합법적 권익을 보호하고 가정폭력을 적극적으로 예방하는 것 외에도 가해자를 대상으로 심리적, 사회적 교정작업을 적극적으로 펼쳐야 한다. 사후약방문 격으로 일이 벌어진 후에 처벌하는 게 아니라 선제적으로 가정폭력을 차단하고 근절해야 한다. 그래야 또 다른 가정폭력 피해자가 생겨나는 것을 막을 수 있다.

그녀는 왜 남편을 찔렀을까? - 가정 내 정신폭력

●

〈낯선 사람과 이야기하지 말라〉의 가정폭력은 아무런 전조도 없이 갑작스레 시작됐지만 현실 속 가정폭력은 차가운 폭력, 즉 '정신폭력'부터 시작된다. 처음부터 신체적 폭력이 가해지기보다는 정신폭력이 신체폭력으로 발전하고 신체폭력이 누적되어 비극을 낳는 경우가 대부분이다. 정신폭력은 가정 내에서 생각보다 흔하게 일어난다. 한 통계에 따르면 이혼 사례 중 80퍼센트에서 정신폭력이 자행됐던 것으로 밝혀졌다. 정신폭력은 피해자에게 직접적인 신체폭력 못지않은 상처와 아픔을 남긴다. 지속적으로 정신폭력을 당한 피해자는 극도로 위축되고 불안한 심리를 보이며 고립감과 자기비하감, 좌절감이 매우 높게 나타난다. 또한 오랫동안 정신적 학대를 받은 탓에 돌발행동이나 과격한 행동을 하는 피해자도 있는데 이것이 또 다른 최악의 결과로 이어지기도 한다.

성희는 민우와 결혼했을 때 마침내 자기 가족을 갖게 되었다는 생각에 감격했다. 천애고아인 그녀에게 가족만큼 바랐던 존재도 없었기 때문이다. 그래서 가진 것 하나 없이 민우가 살던 오래된 아파트에서 신혼생활을 시작했어도, 화려한 결혼식은커녕 구청에 혼인신고만 했어도 전혀 아쉽지 않았다. 이제 그녀가 바라는 것은 단 하나, 민우와 자신을 쏙 빼닮은 예쁜 아이를 갖는 일뿐이었다.

좋은 아내 좋은 엄마가 되고 싶었던 그녀는 직장을 다니면서도 살림에 소홀하지 않고 남편인 민우를 알뜰살뜰하게 챙겼다. 하지만 이상하게도 민우는 그런 그녀의 노력을 알아주기는커녕 걸핏하면 빈정대고 욕설을 퍼부었다. 처음에 성희는 큰 충격을 받았다. 결혼 전까지만 해도 민우가 점잖고 예의 바른 사람인 줄 알았기 때문이다. 적어도 연애할 때는 그랬다. 그러나 결혼과 동시에 민우는 성마르고 괴팍한 성질과 가부장적 민낯을 그대로 드러냈다. 그는 칭찬보다 비난이 익숙하고, 상대를 인정하기보다는 깎아내리는 데 혈안이 된 사람이었다. 게다가 통제욕구가 병적으로 심해서 성희의 인간관계에 일일이 간섭했다. 결혼 직후부터 성희의 지인은 아무도 못 만나게 했을 뿐만 아니라 심지어 장보는 시간까지 제한했다. 성희는 너무나 답답했지만 생전 처음 가져본 가족을 잃고 싶지 않았기에 민우의 '폭정'을 꾹 참고 받아들였다. 하지만 상황은 갈수록 악화됐다. 민우가 잠자리마저 제멋대로 하기 시작한 것이다. 아이를 간절히 바라는 성희를 비웃기라도 하듯, 민우는 그녀가 임신 가능성이 높은 날만 골라서 외박을 했고 임신 가능성이 사라지면 그제야 강제로 관계를 가졌다. 그런 와중에도 밥 먹듯이 언어폭력을 휘둘렀다.

"네가 고아만 아니었으면 진즉에 너랑 이혼했을 거야. 불쌍한 인생아, 내가 기껏 거둬줬으면 감사한 줄 알아야지 어디 나한테 감히 나한테 이래라 저래라 간섭을 해? 너는 네 분수도 모르냐? 난 언제라도 너 버릴 수 있어. 그러니까 징징대지 말고 알아서 잘해!"

성희에게 뭔가 불만이 생길 때마다 민우는 이런 식의 폭언을 습관처럼 퍼부었다.

그렇게 2년이라는 시간이 흘렀다. 민우는 여전히 잔인했지만 성희는 차마 그와 헤어지지 못했다. 그녀에게는 가정을 지키는 일이 목숨처럼 중요했다. 그러다 그간 모은 돈에 대출을 더해 새 아파트를 마련하면서 성희에게 새로운 희망이 생겼다. 민우가 새 아파트로 이사하면 부모님에게 정식으로 소개시켜주겠다고 한 것이다. 사실 성희는 그때까지도 민우의 부모님을 만난 적이 없었다. 결혼했다는 소식도 민우가 혼자 가서 전했고, 본가에 무슨 일이 생겨도 이런 저런 핑계를 대며 혼자서만 다녀왔기 때문이다. 그랬던 민우가 먼저 부모님을 만나게 해주겠다고 하다니, 성희는 기뻐서 어쩔 줄 몰랐다. 드디어 자신도 보통의 여자처럼 행복하고 정상적인 삶을 꾸릴 수 있으리라는 기대가 마음 가득 차올랐다.

마침내 새 아파트에 입주하는 날이 되었다. 민우는 부모님을 모셔오겠다고 나서면서 일전에 소개시켜주겠다는 말과 달리 부모님이 와계신 동안 회사 근처 모텔에 묵으라며 성희의 등을 떠밀었다. 당황한 성희가 아무리 이유를 물어도 막무가내였다. 성희는 어쩔 수 없이 집 밖으로 쫓겨나왔지만 아무리 생각해도 이해할 수가 없었다. 결국 성희는 다시 집으로 들어갔고 마침 도착한 민우의 부모님과 마주쳤다. 그 순간 하늘이 무너져 내리는 일이 벌어졌다. 민우의 부모는 성희가 며느리라는 것도, 심지어 성희가 누군지도 몰랐다. 민우가 그동안 그녀의 존재를 철저히 숨겼던 것이다. 자신을 낯설게 바라보는 민우의 부모와 자신에게 눈을 부라리는 민우를 멍하니 바라보던 성희는 저도 모르게 주방으로 향했다. 그리고 시퍼런 칼을 들고 나와 미처 말릴 새도 없이 민우의 가슴을 깊이 찔렀다.

경찰 조사에서 성희는 이렇게 말했다.

"그냥, 도무지 참을 수가 없었어요. 그 사람과 결혼하긴 했지만 제게 남은 건 혼인증명서 한 장뿐이에요. 아이도 없고, 가족도 없어요. 아파트도 그 사람 명의예요. 그 사람은 날 진짜 아내로도, 진짜 여자로도 대하지 않았어요. 아이도 갖지 못하게 했고 내 존재까지 숨겼어요. 제가 어떻게 했어야 할까요? 그냥 그렇게 없는 사람으로 계속 살았어야 했나요? 그 사람 찌른 거, 후회하지 않아요. 오히려 후련해요."

성희는 자신이 비바람을 피할 작은 항구를 찾았다고 생각했지만 정작 그녀가 닿은 곳은 차갑고 무정한 얼음동굴이었다. 이렇게 춥고 살벌한 곳에서 끝까지 버틸 수 있는 사람이 과연 몇이나 될까? 몸의 상처는 시간이 흐르면 낫지만 마음의 상처는 좀처럼 낫지 않는다. 눈에 보이는 가정폭력은 제3자의 개입으로 막을 수 있다지만 눈에 보이지 않는 정신폭력은 모두의 무지 속에 피해자를 끝없는 무력에 빠뜨린다. 한번 망가진 정신과 마음을 회복하려면 엄청난 노력과 시간이 필요하다. 가정 내 신체적 폭력뿐만 아니라 정신적 폭력에도 지대한 관심을 기울여야 하는 이유가 바로 여기에 있다.

꾀병쟁이 앨리스 - 뮌하우젠 증후군

•

앨리스는 시카고의 한 지역병원에서 일하는 간호사다. 그녀는 1년 전 예쁜 딸을 낳았지만 딸이 6개월도 되기 전에 남편과 별거에 들어갔다. 바쁜 병원 일에 시달리며 어린 딸을 돌보고, 남편과 양육권 소송까지 벌이

느라 앨리스의 몸과 마음은 극도로 지쳐갔다. 하지만 시련은 거기서 끝나지 않았다. 병원에서 해고당한 것이다. 안정적인 벌이가 없으면 딸의 양육권을 지키지 못할 게 뻔했다. 그것만은 막아야 했다. 지금 앨리스에게 딸은 유일한 버팀목이었다.

그러나 운명은 앨리스의 편이 아니었다. 연달은 불행에도 모자라 건강했던 딸이 갑자기 시름시름 앓기 시작한 것이다. 장밋빛으로 빛나던 통통한 뺨은 오간 데 없이 사라지고, 몰라보게 해쓱해진 아이는 기운을 차리지 못하고 자꾸 눕기만 했다. 앨리스는 반쯤 미쳐서 딸을 안고 자신이 다니던 지역병원으로 뛰어갔다. 그날 이후 매일같이 병원을 다녔지만 딸의 병세는 갈수록 나빠졌다. 근 두 달 동안 앨리스는 병원과 집을 오가며 딸의 치료에만 매달렸다. 생계도, 양육권 소송도 모두 뒷전이었다. 그녀의 사정을 안 법원이 최종 재판 일자를 연기해준 것이 불행 중 다행이었다.

어느 날 밤, 앨리스는 축 늘어진 딸을 안고 다시 지역병원으로 달려갔다. 그날은 늘 보던 의사가 아닌 새로운 의사가 아이를 진찰했다. 그런데 의사는 아이를 살피다 이상한 느낌을 받았다. 아무리 봐도 이렇다 할 병명이 떠오르지 않았던 것이다. 이런저런 검사를 해도 마찬가지였다. 엄밀히 말하면 아이는 아픈 데가 없었다. 단지 지나치게 마르고 기력이 없을 뿐이었다. 의사가 자신의 의견을 말하자 앨리스는 아이가 혈뇨까지 봤다며 피 묻은 이불을 꺼내놓았다. 하지만 의사는 앨리스의 말을 곧이듣지 않고, 실험실에 혈액 검사를 의뢰했다. 검사 결과는 뜻밖이었다. 이불에 묻은 피는 아이가 아니라 엄마인 앨리스의 것이었다. 한층 의심이 짙어진 의사는 아이를 다시 한 번 꼼꼼히 살펴보았고, 마침내 가느다란 팔에서 정맥주사 흔적을 찾아냈다. 병원에서는 단 한 번도 정맥주사를 처방한 적이 없었기 때문에 자연히 간호사였던 앨리스에게 의혹이 쏠렸다. 의사는 앨리스가 딸을 학대한다고 확신하고 곧장 경찰에 신고했다.

경찰의 조사를 받은 앨리스는 처음에는 강경하게 부인했지만 경찰이 증거를 내밀자 결국 자신이 딸을 아프게 했다고 털어놓았다.

"난 단지 내가 고생한다는 것을 다른 사람들이 알아줬으면 했어요. 내가 얼마나 딸을 사랑하는지, 얼마나 헌신적인 엄마인지 보여주고 싶었을 뿐이라고요. 아이가 아프다고 하니까 사람들은 나를 동정했어요. 그럴 만도 하죠. 이혼녀에, 일자리도 없는데 애까지 아프니 얼마나 불쌍해 보이겠어요. 평소 무관심하던 이웃까지 찾아와서 도와줄 일은 없는지, 필요한 것은 없는지 물었어요. 하지만 아이가 나으면 언제 그랬냐는 듯 관심이 사라졌지요. 그래서 아이를 계속 아프게 만들기로 했어요. 밥을 조금만 먹이고, 배탈이 나도록 상한 음식을 먹였어요. 주사도 놨고요."

앨리스가 아픈 아이를 안고 자신이 일했던 지역병원만 갔던 이유도 밝혀졌다. 자신이 자꾸 아픈 아이를 안고 나타나면 병원 측에서 자신을 불쌍하게 여기고 복직시켜주지 않을까 기대했던 것이다.

나중에 경찰이 추가로 조사한 결과, 앨리스는 학생 시절에도 자주 꾀병을 부린 것으로 밝혀졌다. 특히 그녀는 자신이 해결할 수 없는 일, 불행한 일이 생길 때마다 항상 아프다는 거짓말로 위기를 모면했다.

앨리스는 심각한 뮌하우젠 증후군 환자다. 이들은 타인의 관심과 사랑, 동정심을 얻기 위해 꾀병이나 자해 등을 감행하는데 드물지만 위 사례의 앨리스처럼 자신이 돌보는 아이를 학대하기도 한다. 어린 시절 부모에게 사랑받지 못했거나 극심한 상실감을 경험한 것이 원인으로 지목되며 대개 성인에게 나타난다.

뮌하우젠 증후군으로 아이를 학대하는 보호자는 의학 지식이 풍부하며 심지어 치료 방법과 과정까지 전부 파악하고 있는 경우가 많다. 이들은 아이가 검사와 치료를 받는 동안 한시도 떨어지지 않으며 과도할 정도로 관심을 보인다. 사실 부모라면 아픈 아이에게 집중하는 게 당연하다. 그러나 뮌하우젠 증후군 환자에게는 일반적인 부모와 구별되는 중요한 특징이 있는데, 바로 아이를 치료하는 과정 자체에는 정작 별 관심을 보이지 않는다는 점이다. 이들이 관심을 기울이는 것은 자신을 대하는 의료진의 태도나 눈빛이다. 또한 아이에게 의학적으로 설명되지 않는 증상이 지속적으로 나타나고, 퇴원한 지 얼마 되지 않아 또 다른 병이 생겨 다시 병원을 찾는 일이 비일비재하게 생긴다. 뮌하우젠 증후군 부모를 가진 아이의 또 다른 특징은 병명이 뚜렷이 밝혀지지 않거나 과거 병력과 맞지 않는 질병이 갑자기 나타난다는 점이다. 검사를 해보면 임상적으로 불가능한 결과가 나오기도 한다. 위 사례 속 앨리스의 딸도 장기간 반복적으로 병원을 찾았으며 그때마다 앨리스는 헌신적인 엄마의 모습을 보였지만 정작 아이를 나아지게 하는 데는 별다른 노력을 기울이지 않았다.

앨리스의 사례는 아이에게 치명상을 입히거나 사망을 초래할 수 있을 만큼 극단적 학대에 속한다. 만약 의사가 이상한 점을 눈치채지 못했거나 무심코 넘겼다면 아이는 아마 목숨을 잃었을지도 모른다. 이처럼 의료인을 비롯해서 주변 사람의 세심한 관심만이 무고한 아이가 뮌하우젠 증후군을 가진 부모에게 희생되는 비극을 막을 수 있다.

아기를 흔들지 마세요 - 흔들린 아이 증후군

●

우는 아기를 달랠 때 습관적으로 아기를 이리저리 흔드는 사람이 많다. 아기를 키워본 경험이 없어도 TV나 영화에서 이런 장면을 자주 본 탓에 아기는 으레 흔들어서 달래는 것이라 여기는 사람도 적지 않다. 그러나 너무 어린 아기를 목도 제대로 받치지 않고 세게 흔들면 뇌 손상을 비롯해 실명, 언어장애, 학습장애, 지능발달지연 등 영구히 회복될 수 없는 상해를 입힐 수 있으니 반드시 주의해야 한다.

아기를 키우는 일은 쉽지 않다. 특히 돌 전까지는 수면 시간도 일정하지 않고 모든 의사표현을 울음으로 하기 때문에 양육자 입장에서는 견딜 수 없을 만큼 힘든 순간이 자주 찾아온다. 하지만 이때 감정에 휩쓸려 아이를 달랜다고 심하게 흔들면 뇌손상, 망막출혈 등 심각한 신체적 손상을 입힐 수 있으며 심지어 죽게 할 수도 있다. 이러한 현상을 일컬어 흔들린 아이 증후군이라고 한다.

선영의 남편은 구대 독자다. 시부모는 신혼 초부터 선영이 아들을 낳아 대를 이어주기를 노골적으로 바랐고, 선영이 2년 만에 딸을 낳자 대놓고 실망한 기색을 감추지 못했다. 남편은 평소 아들이든 딸이든 상관없다고 했지만 정작 딸아이가 태어나자 시큰둥한 모습을 보였다. 선영은 너무 속상했지만 사랑스러운 딸을 보며 참기로 했다.

'남들이 예뻐하지 않아도 상관없어. 내가 열 배, 백 배로 예뻐하고 듬뿍 사랑해주면 되니까.'

하지만 집안 형편상 선영은 출산휴가가 끝나자마자 복직할 수밖에 없었고, 갓 돌이 지난 딸 미미는 시부모의 손에 맡겨졌다. 평소 출근이 이르고 야근도 잦은 탓에 하루 종일 딸아이의 얼굴 한 번 제대로 보지 못하는 날이 많았지만 선영은 그나마 남편이 자신보다 일찍 퇴근해서 아이를 돌본다는 점을 위안으로 삼았다.

그러던 어느 날, 평소처럼 늦은 시간에 퇴근한 선영이 잠든 아이를 보려고 방에 들어가려는데 시어머니가 황급히 막아섰다.

"아휴, 겨우 재웠는데 깨면 어쩌려고 그러니? 요새 잠투정이 얼마나 심한지 몰라. 재우는 데 한참 걸렸다. 얼마나 흔들어줬는지 팔이 다 쑤셔. 괜히 들어가서 애 깨우지 마라."

다음날, 선영은 휴일을 맞아 미미를 데리고 놀이터에 나갔다. 마침 동네를 오가며 얼굴을 익힌 엄마들이 아이들을 데리고 나와 있었다. 선영은 자연스레 엄마들과 어울려 소소한 육아정보를 나누면서 아이들이 노는 모습을 바라보았다. 그런데 문득 미미의 모습이 다른 아이들과 사뭇 달라보였다. 시끄럽게 소리 지르며 뛰어다니는 아이들과 달리 멍하니 서 있을 때가 많았고, 다른 아이들에 비해 표정도 단순할 뿐 아니라 깔깔대며 웃지도 않았다. 선영은 뭔가 이상하다는 생각이 들어서 그날 저녁 식사 자리에서 시부모와 남편에게 자신이 느낀 점을 털어놨다. 하지만 시어머니는 여자애들은 원래 얌전하다며 쓸데없는 걱정으로 일축했다. 선영은 뭔가 개운치 않은 느낌이 들었지만 일단 고개를 끄덕였다.

일요일 아침, 선영은 일찍 일어나 아침식사로 먹을 빵과 우유를 사서 집으로 돌아왔다. 그런데 현관문 앞에 이르렀을 때 딸아이의 울음소리가 날카롭게 귀를 찔렀다. 선영은 엄마의 본능으로 아이가 고통스러워하고 있음을 직감했다. 황급히 뛰어 들어간 선영의 눈앞에 충격적인 장면이 펼쳐졌다. 남편이 딸의 양쪽 팔을 붙잡고 머리가 휘청거릴 정도로 심하게 흔들고 있었던 것이다. 그의 입에서는 거친 말이 쏟아져 나오고 있었다.

"망할 계집애, 왜 새벽 댓바람부터 울고 난리야? 너 때문에 잠이 다 깼잖아! 다시 자, 다시 자란 말이야!"

선영은 당장 남편에게서 아이를 빼앗아 안으며 뭐하는 짓이냐고 소리를 질렀다. 그러자 생각지도 못한 답이 돌아왔다. 이렇게 해야만 아이가 울음을 그치고 잔다는 것이다. 이 정도로 세게 흔들지 않으면 울음을 그치지도, 잠들지도 않는다며 남편은 오히려 선영을 나무랐다. 벌써 꽤 오래된 습관이라고도 했다. 하지만 선영은 아이에게 문제가 생겼다고 확신하고 곧장 병원으로 가 검사를 받았다. 정밀검사 결과는 충격적이었다. 미미가 '흔들린 아이 증후군'이라는 것이다. 영아 시절부터 지나치게 심하게 흔들리며 충격을 받은 탓에 두뇌에 영구적인 손상을 입었고, 지능 발달에도 문제가 생겼다는 진단이 내려졌다. 선영은 다리가 풀려 그 자리에 주저앉고 말았다.

'흔들린 아이 증후군'은 양육자의 무지 때문에 생기기도 하지만 고의적인 학대로 발생하기도 한다. 대부분 가해자는 아이를 학대하려는 의도가 없었으며 단지 아이가 울음을 그치게 하기 위해 흔들었을 뿐이라고 변명한다. 그러나 뇌 손상을 일으키거나 사망에 이르게 할 만큼 아기를 난폭하게 흔드는 것은 그 자체가 이미 학대라 할 수 있다.

'흔들린 아이 증후군'은 외견으로 봐서는 잘 드러나지 않으며 금방 발견하기 어렵다. 또한 눈에 보이는 증상이 경미해도 실제 상태는 훨씬 심각할 가능성이 높다. '흔들린 아이 증후군'의 증상으로는 잦은 구토, 불면, 낮은 체온, 언어 및 신체 발달 지연, 무감정 등을 들 수 있으며 일부 심각한 사례에서는 경련이나 의식불명, 두부 돌출 및 호흡 정지 등이 나타나기도 한다.

'흔들린 아이 증후군'은 건강한 아기를 한순간에 죽음에 이르게 할 수도 있는 무서운 증후군이다. 따라서 어떤 이유든 간에 아기를 세게 흔들거나 난폭하게 다루는 일은 절대 없어야 할 것이다.

남보다 못한 자식,
차라리 연을 끊고 싶다 - 노인학대

●

최근 노인학대가 심각한 사회문제로 대두되고 있다. 아동학대 가해자의 80퍼센트가 친부모이듯이 노인학대의 가해자도 친자식인 경우가 대부분이다. 자식이 부모를 학대하는 원인에는 여러 가지가 있지만 크게 금전적 문제와 부양 문제를 꼽을 수 있다. 돈이 있는 부모는 재산을 물려주지 않는다거나 적게 물려줬다는 이유로, 돈이 없는 부모는 짐스럽다는 이유로 자식에게 학대를 당한다. 여기서 학대란 신체적 폭력뿐만 아니라 언어폭력, 정신폭력, 과도한 통제 및 외부세계와의 차단 등이 모두 포함된다. 예전에는 노인들이 그저 감내하고 살았지만 요즘에는 자녀의 학대에서 벗어나기 위해 공권력의 도움을 받는 사례가 크게 늘고 있다. 75세 장 노인도 그런 사람 중 한 명이다.

평생을 성실한 농사꾼으로 살아온 장 노인에게는 세 명의 아들이 있었다. 모두 독립해서 같은 마을에 살았지만 아들들이 장 노인 내외를 찾아오는 일은 극히 드물었다. 몇 십 년 된 낡은 집밖에 가진 것이 없는 부모를 공경의 대상보다는 잠재적인 짐으로 여긴 것이다. 혹시라도 자주 들여다보다가 자신이 부모를 떠맡는 일이 벌어질까 봐 아들들은 거의 발길을 하지 않았다. 심지어 자기 자식들도 못 가게 막는 바람에 장 노인 내외는 손자들이 크는 모습을 멀찍이서 바라봐야만 했다.

어느 날, 이장이 희소식이 있다며 장 노인을 찾아왔다. 마을에 큰 도로가 생기는데, 마침 장 노인의 집이 도로가 지나는 길목에 있어서 보상금이 나온다는 것이다. 그런데 어떻게 알았는지 아들 셋이 동시에 득달같이 달려왔다. 그러고는 집 명의를 자신들 앞으로 돌려달라며 성화를 부리기 시작했다. 기가 막힌 장 노인이 말했다.

"네 놈들에게 집을 물려주면 앞으로 나와 너희 엄마는 어쩌란 말이냐? 너희들이 우리를 모시고 살 테냐?"

큰아들이 미간을 찌푸리며 내뱉었다.

"그 나이 자시고 뭘 어떻게 살 걱정을 하세요? 거, 마을 어귀에 있는 폐가에 들어가 사시면 되겠네. 솔직히 당장 내년에 어떻게 되도 이상하지 않은 나이잖아요. 마지막 가시기 전에 자식들한테 좋은 일 한 번 하세요, 예?"

"맞아요, 큰형 말대로 해요. 그 돈 받아 새 집 지어봤자 그 새 집에서 얼마나 사시겠어요? 그럴 바에야 우리들 주는 게 낫죠. 자식이 잘 살아야 부모 맘도 편한 거 아녜요?"

둘째아들이 얼른 거들고 나섰고, 셋째아들 역시 곁에서 고개를 주억거렸다. 장 노인은 화가 머리끝까지 나서 소리쳤다.

"차라리 이 집을 생판 남한테 주고 말지, 네 놈들 같은 불효자한테는 절대 물려주지 않을 게다!"

그러자 세 아들의 낯빛이 무섭게 변했다. 아들들은 욕설을 내뱉으며 일어서더니 다짜고짜 장 노인을 밀치고 주먹을 휘두르기 시작했다. 다행히 비명소리를 들은 이웃사람이 뛰어와 말린 덕에 장 노인 내외는 더 큰 화를 면할 수 있었다.

그날 이후, 1년에 얼굴 한 번 보기도 힘들던 세 아들은 매일같이 장 노인을 '찾아뵈러' 왔다. 그리고 집을 물려달라고 성화를 부리다가 장 노인이 끝까지 싫다고 하면 세간을 부수고 폭력을 휘둘렀다. 장 노인은 물론 아내까지 자식들에게 얻어맞아 다쳤다. 불효자들이 한바탕 휩쓸고 간 뒤, 피 흘리는 장 노인에게 아내가 울면서 말했다.

"영감, 그냥 이 집 내주고 폐가에 들어가 삽시다. 우리 같은 노인이 젊은 놈들의 패악질을 얼마나 견딜 수 있겠어요. 이러다 제 명에도 못 죽어요. 저 놈들 분명히 이 집 줄 때까지 매일 찾아와 저럴 텐데, 그걸 어떻게 견디겠어요!"

장 노인도 눈물을 흘렸다. 아들들이 원체 불효막심한 것은 알았지만 설마 재산을 뺏겠다고 부모를 팰 줄은 꿈에도 생각하지 못했다. 이대로 있다가는 아내의 말대로 정말 불효한 자식 놈들에게 맞아죽을지도 모를 일이었다. 장 노인은 눈물을 닦고 결심했다는 듯 아내에게 말했다.

"마누라, 철거하는 사람들을 불러서 얼른 이 집을 철거합시다. 그리고 보상금이 얼마가 나오든 그 돈으로 같이 양로원에 들어갑시다. 앞으로 우리한테 자식은 없는 거요."

장 노인은 세 아들을 고소했다. 재판은 빠르게 진행됐고 아들들은 마땅히 받아야 할 벌을 받았으며 장 노인 내외는 양로원에 들어가 남은 생을 자식 없는 사람들처럼 살았다. 비록 법이 전적으로 편을 들어준 덕에 장 노인은 불효한 아들들의 폭력에서 벗어났지만 부모 자식의 연은 완전히 끊어지고 말았다. 그 누구도 행복하지 않은, 불행으로 가득한 결말이었다.

최근 자식의 학대를 참지 않고 법의 힘을 빌려 자신을 보호하는 노인들이 늘고 있다. 일명 '불효자 소송'인 증여무효소송도 증가하는 추세다. 노인들이 마냥 약자에 머물지 않고 스스로의 권익을 지키기 위해 적극적으로 나서는 것은 고무적인 일이지만 이런 현상이 사회에 만연하다는 점은 그저 안타까울 따름이다.

사람은 늙는다. 요절하지 않는 한 누구나 그렇다. 노인과 아이 같은 약자를 대하는 태도에서 그 사회의 수준을 알 수 있다는 말이 있다. 우리는 약자인 아이에서 자라나 어른이 되었다가 다시 약자인 노인으로 돌아간다. 약자를 선대하는 것이 곧 나 자신을 선대하는 것임을 아는, 훌륭한 시민의식을 가진 사람이 되어야 하지 않겠는가.

일상생활 속 숨겨진
불가사의한 비밀 파헤치기

15

편향동화의 덫에서 벗어나려면

감정은 어디로 향하는가? – 편향동화

●

사람은 정보를 처리할 때 감정과 편견의 영향을 받는다. 예를 들어 어떤 사람은 제품을 구매하기 전보다 구매한 후에 그 제품의 정보를 더 많이 찾아보는 경향이 있는데, 이는 제품을 더 잘 이해하기 위해서라기보다 자신이 올바른 선택을 했다는 확신과 근거를 얻고 싶기 때문이다.

그런 의미에서 편향동화biased assimilation는 인지부조화를 해결하고 싶다는 욕망의 산물이다. 편향동화란 자신이 이미 가지고 있는 편향된 입장에 맞춰 정보를 처리하는 경향을 말한다. 우리는 무의식적으로 일부러 자신의 '입맛'에 맞는 정보를 찾고 믿는다. 반대로 자신을 '짜증나게' 하는 정보는 피하고 배척한다. 어떤 소문이 진짜라는 생각이 든다면 무의식중에 소문을 사실로 믿고 싶은 마음이 영향을 주었기 때문일 수 있다. 화가 나는 소문도 마찬가지다. 소문을 사실로 믿고 싶지 않다면 화도 나지 않는다. 보편적으로 분노는 특정한 배경과 근거가 있어야만 생긴다. 반대로 두려움을 느끼게 하는 소문은 사실이 아닌 것으로 믿고 싶어 하는 경향이 강하다.

이처럼 편향동화 현상의 배후에는 동기가 존재한다. 사람은 언제나 자기 관점에 부합하는 정보만을 믿고 싶어 한다. 같은 이유로 자신의 관점과 상반되는 정보는 부정하기 마련이다. 이와 관련해서 사회학자들은 반증편향의 신념이라는 개념을 제시했다. 사람들이 자신도 모르는 마음 속 동기에 어떠한 영향을 받는지를 알면 왜 균형 잡힌 정보가 오히려 특정 관점을 더욱 강화시키는 결과를 낳는지 이해할 수 있다.

구체적인 예를 들어보자. 여기, 난징대학살이 실제로 일어났었다고 생각하는 이성적인 집단과 공산당이 지어낸 헛소문에 불과하다고 믿는 비이성적 집단이 있다. 이들은 모두 자신의 기존관점과 믿음을 굳게 신봉한다. 만약 두 집단에게 난징대학살에 대한 균형 잡힌 정보를 똑같이 제공한다면 어떨까?

이성적인 집단은 균형 잡힌 정보 중에서도 자신의 기존 관점을 공고히 해줄 새로운 근거와 확신만 수집하고, 기존 관점을 뒤집을 수 있는 정보는 아예 무시한다. 즉 자신의 생각을 뒷받침하는 자료만 선별적으로 받아들이고 그렇지 않은 자료는 처음부터 거짓이라고 단정 짓는 것이다. 균형 잡힌 정보가 균형 잡힌 시각을 갖게 하는커녕 오히려 기존의 관점을 더욱 굳건하게 만드는 역할을 한다고 볼 수 있다.

흥미로운 점은 비이성적인 집단도 같은 모습을 보인다는 것이다. 다만 수집하는 정보는 정반대다. 비이성적인 집단은 이성적인 집단이 선호하는 것과 정반대의 정보, 즉 난징대학살이 거짓이라는 자료만 수집하고 받아들인다. 이성적 집단이든 비이성적 집단이든, 균형 잡힌 정보를 통해 탐색의 가능성을 넓히기보다는 자신의 기존 관점을 강화하는 데만 주력한다. 같은 이유로 확고한 관점을 가진 사람에게는 아무리 객관적이고 균형 잡힌 정보를 제공해도 소용이 없다. 결국은 자신이 원하는 대로 정보를 편향되게 처리할 것이기 때문이다.

편향동화 현상에는 두 가지 전제조건이 있다. 하나는 굳건한 기존 관점이고, 다른 하나는 편견 어린 믿음이다. 반대로 관점이 확실하지 않거나 상반된 정보 중 어느 한 쪽에 대한 편견 어린 믿음이 없는 경우, 사람들은 읽고 들은 정보 자체에 많은 영향을 받는다. 예를 들어 별다른 정보나 인식이 없는 상태에서 나노기술이 위험하다는 주장을 들었다고 해보자. 그리고 나중에 그 주장이 잘못이라는 근거가 담긴 균형 잡힌 정보를 접했다. 그렇다면 사람들은 더 이상 나노기술이 위험하다는 주장을 믿지 않게 된다. 원래부터 굳건한 기존 관점이 없었기 때문이다. 굳건한 기존 관점과 편견 어린 믿음이 없는 사람은 정보를 선택하거나 편향적으로 받아들이지 않는다. 특정 의견에 쏠리지 않고, 유언비어에도 잘 휘둘리지 않는다. 또한 다양한 의견과 정보에 폭넓게 귀를 기울이며 스스로 진실을 찾아간다.

그러나 굳건한 기존의 관점과 편견 어린 믿음이 있으면 이성적 사람이든 비이성적 사람이든 자기 구미에 맞는 말만 듣고 받아들인다. 긍정과 부정의 정보가 모두 담긴 자료를 봐도 자신의 관점에 부합하는 내용만 골라서 믿는다는 의미다. 따라서 어떤 사람의 기존 관점을 바꾸기 위해 그와 상반된 관점의 자료를 제시하는 것은 아무 소용도 없다. 그보다는 비슷한 입장을 가진 사람의 의견을 제시하는 게 훨씬 효과적이다. 예를 들어 민주당 쪽 유력인사가 나서서 민주당 의원의 스캔들이 거짓이라고 아무리 목 놓아 외친들 공화당 지지자의 생각을 바꾸지는 못한다. 오히려 극구 부인하는 모습을 보고 스캔들이 사실이라는 확신을 굳힐 뿐이다. 그러나 공화당 인사가 민주당 의원의 스캔들을 부인하면 얘기가 달라진다. 자신과 같은 관점을 가진 사람의 말이기에 다시 한 번 생각해보게 된다. 따라서 소문을 없애는 가장 좋은 방법은 당연히 소문을 믿어야 할 사람이 믿지 않는다는 모습을 보여주는 것이다.

난징대학살 사례로 돌아가 보자. 대학살이 일어나지 않았다고 믿는 비이성적 집단에게 난징대학살의 객관적 자료를 제공해봤자 이들은 십중팔구 자료의 신뢰도를 의심하며 끝까지 자신의 관점을 옹호할 것이다. 객관적 자료를 있는 그대로 받아들이면 내면에 인지부조화가 생기기 때문이다. 사람들은 인지부조화를 못 견딘다. 아무리 객관적인 사실이라도 인지부조화를 야기하면 그것을 부인해서라도 인지부조화를 해결하려고 한다. 심지어 자신의 관점을 바꾸려는 타인의 노력을 외려 자신이 옳다는 근거로 삼는다. 난징대학살이 진짜 일어났던 일이라면 왜 굳이 자료까지 만들어가며 자기들의 생각을 바꾸려 애쓰냐는 것이다. 그렇기 때문에 이러한 노력은 의도와 달리 사람들이 자신의 최초 입장과 관점을 더욱 신뢰하게 만드는 엉뚱한 결과를 초래할 수 있다.

이미 사람들이 두려워하는 일에 대해 두려워할 필요가 없다는 메시지를 굳이 제공하면 사람들을 더욱 두렵게 만들 수 있다. 주의력이 오히려 그곳에 집중되기 때문이다. 그러니 만약 어떤 거짓이나 낭설을 없애고 싶다면 올바른 정보를 제공하는 것보다는 그에 대해 아예 언급조차 하지 않는 편이 훨씬 효과적이다. 언급된다는 것만으로도 주의력이 집중되어서 잘못된 믿음을 강화하는 역효과를 낳을 수 있기 때문이다.

조급함에 휩쓸리지 말아야 하는 이유

'조급함'은 현대인의 여러 고질병 중 하나다. 우리가 의식하지 못한 사이 마음을 파고든 조급함은 불안, 스트레스, 울분 등의 정서와 결합해 판단력을 흐리고 스스로 막다른 길로 들어가게 만든다.

이강은 대학을 졸업하자마자 미국으로 유학을 떠났다. 힘든 타국 생활 중에도 불철주야 노력해서 마침내 박사학위까지 거머쥔 그는 자신 있게 취업 전선에 나섰다. 그리고 자신 같은 인재는 모두가 탐을 내리라 확신했기에 처음부터 관리직이나 임원직 채용에 도전했다.

그러나 그의 확신과 달리 경력 한 줄, 실전 경험 하나 없이 달랑 박사학위증만 가진 그를 원하는 기업은 없었다. 면접까지 가기는커녕 누워서 떡먹기라고 생각했던 서류심사조차 연속으로 미끄러지자 이강은 당황하기 시작했다. 어느새 자신감은 사라지고 초조함과 조급함이 그 자리를 채웠다. 박사학위까지 있으면서 일자리 하나 구하지 못하는 자신에게 실망하다 못해 화까지 날 지경이었다. 이강은 몇 날 며칠을 끙끙 앓고 난 뒤 마침내 냉정하게 현실을 받아들였다. 그는 차분히 생각했다.

'그래, 경력 한 줄 없는 나를 누가 처음부터 요직에 앉히겠어. 기준을 확 낮춰서 지원하자. 단순 업무라도 좋으니까, 일단은 취직해서 일을 시작하는 데 목표를 두는 거야.'

그는 결심을 곧장 실천에 옮겼다. 석박사 학위를 감추고 단순직인 데이터입력원에 지원한 것이다. 물론 이번에는 금방 채용되었다.

사람은 일이 뜻처럼 풀리지 않으면 불쾌함과 초조함, 조급함을 느낀다. 사실 살다 보면 만사가 술술 풀릴 때보다는 뭣 하나 제대로 풀리지 않을 때가 훨씬 많다. 억울한 일을 겪기도 하고, 답답한 처지에 처하기도 한다. 이럴 때마다 어떠한 마음가짐을 갖느냐에 따라 같은 상황이라도 전혀 다른 결과가 나올 수 있다. 따라서 평소에 어떤 상황에도 침착하게 대처할 수 있는 마음의 힘을 길러야 한다. 아무리 큰 역경이 닥쳐와도 초조해하거나 조급해하지 않고, 분노나 절망에 사로잡히지 않는 사람은 결국 난관을 극복해낸다. 무엇보다도 침착한 마음을 유지하는 것이 중요하다. 호랑이에게 물려가도 정신만 차리면 산다는 속담처럼 어떤 상황에서도 침착함만 잃지 않으면 얼마든지 문제를 해결할 길을 찾을 수 있다.

박사학위까지 가진 이강에게 데이터 입력은 누워서 떡 먹기만큼 단순하고 쉬운 일이었지만 그는 전혀 개의치 않고 처음부터 최선을 다해 업무에 임했다. 그리고 조금씩 팀에서 두각을 드러내기 시작했다. 남들은 놓치거나 찾아내지 못하는 오류를 발견해서 완벽하게 고쳐놓기도 하고 보통의 데이터입력원은 생각해낼 수 없는 기발한 아이디어를 제안하기도 하니 눈에 띄지 않을 수가 없었다. 팀장도 그의 능력을 높이 평가하며 조금이라도 어려운 일이 생기면 그부터 찾았다. 그러던 어느 날, 이강은 팀장과 대화를 나누다가 무심코 자신이 어느 대학을 나왔는지 말했고 팀장은 깜짝 놀라 즉시 사장에게 보고를 올렸다. 명문 대학을 졸업한 그에게 단순업무를 시키는 것은 능력 낭비라고 판단한 사장은 이강에게 좀 더 중요한 직책을 맡겼다.

이강은 새로운 업무에 금세 적응했을 뿐만 아니라 높은 성과까지 올렸다. 이강의 일하는 모습을 꼼꼼히 지켜본 사장은 그가 단순한 학부 졸업생이 아니라고 확신하고 이것저것 물었다. 이강은 그때서야 석사학위증을 내밀었다. 그러자 사장은 역시나 그럴 줄 알았다며 그를 당장 승진시켰다.

얼마간 시간이 흘렀다. 사장은 이강을 고위관리직에 앉히기로 마음먹고 다시 그를 불렀다. 사장의 의중을 들은 이강은 조심스레 박사학위증을 꺼내놓았다. 박사학위증을 본 사장은 환하게 웃으며 여태껏 왜 박사라는 사실을 숨겼느냐고 물었다. 이강은 이렇게 대답했다.

"제가 비록 고학력자이긴 하지만 업무경험이나 사회경험은 일천했습니다. 학력만 박사이지, 실제로는 애송이였던 셈이죠. 제가 실제로 얼마나 능력을 발휘할 수 있을지는 미지수였습니다. 그래서 실전 경험부터 쌓기 위해 데이터입력이라는 단순업무에 지원한 것입니다. 감사하게도 그때부터 지금 이 자리에 오기까지 정말 많은 것을 배울 수 있었습니다. 그리고 이제야 겨우 스스로를 박사라 해도 되겠다는 판단이 내려졌기에 박사학위증을 보여드린 것입니다."

사장은 지체 없이 그에게 중책을 맡겼고 이강은 드디어 자신의 능력을 마음껏 펼칠 공간과 기회를 얻게 되었다.

처음에 이강이 취업에 계속 실패했던 이유는 조급했기 때문이다. 하지만 그가 조급함을 내려놓자 모든 것이 조금씩 순차적으로 풀려갔다. 사장이 그를 중용한 까닭은 단순히 박사학위를 갖고 있어서가 아니라 그가 인품과 능력을 모두 갖춘 인재였기 때문이다. 이강은 실력이 아닌 학력을 근거로 교만에 빠지지 않았다. 또한 번번이 취업에 실패했을 당시 잠깐 조급함에 빠지긴 했지만 거기 사로잡혀 자기비하의 늪에 들어가지 않고 스스로 돌파구를 찾아냈다. 외부환경을 냉정히 분석하고 스스로를 객관적으로 파악하며 자신에게 맞는 길을 찾아낼 줄 아는 사람은 반드시 성공하기 마련이다.

실력이 있을수록 조급함을 경계해야 한다. 사실 돈과 재능, 인맥을 모두 갖춘 사람이라도 조급함의 덫을 피하기란 쉽지 않다. 이는 결국은 마음의 문제이기 때문이다. 이른바 명문대학을 졸업한 수많은 젊은이들은 대학졸업장이 탄탄대로를 보장하는 통행증이라도 되는 양 착각하기 쉬운데 안타깝게도 현실은 그리 녹록지 않다. 객관적이고 냉철한 자기판단과 자기평가가 없으면 냉엄한 현실에 부딪칠 때마다 조급함과 실망에 빠지게 된다. 그러나 실력과 함께 냉정과 겸손, 침착함과 성실함을 갖춘 사람은 어떠한 난관 속에서도 헤쳐 나갈 길을 찾아내고 만다. 따라서 실력을 갖추고 조급한 마음, 섣부른 자만을 피한다면 언젠가 반드시 스스로의 힘으로 성공의 피안에 가닿게 될 것이다.

편향동화를 피하려면 – 자신과의 대화

●

우리는 매순간 스스로를 평가하며 살아간다. 어떤 일을 해놓고 가장 먼저 잘잘못을 평가하는 것도 나 자신이고, 가장 먼저 조언을 하는 것도 나 자신이다. 우리는 무의식적으로 스스로와 끊임없는 대화를 나눈다. 만약 이러한 '자신과의 대화'가 외부환경과 사건, 사물을 정확하게 인식하고 낯선 환경에서 위로를 얻게 해준다면 이것만큼 좋은 일도 없을 것이다. 그러나 안타깝게도 대부분 사람은 스스로를 위로하기보다는 비난하는 데 더 익숙하다. 그래서 문제가 터지면 나의 내면에는 다정한 대화 대신 볼썽사나운 자아비판만 난무한다. 건설적 제안 대신 원색적 비난이 난무하고, 긍정이 부정으로 변한다. 스스로가 스스로에게 가장 잔인한 비난가가 되는 것이다. 이런 상태에 빠지면 상황을 객관적으로 판단하기가 어려울 뿐만 아니라 정보를 편향적으로 취사선택하게 된다.

닉은 IT 회사의 팀장이다. 지금 그는 회사에서 매우 곤란한 처지에 놓여있었다. 정기 인사 평가에서 그를 향한 팀원의 불만이 매우 높게 나타났기 때문이다. 팀원들은 그가 정보를 독점하고 공유하지 않으며 독단적으로 업무 결정을 내린다고 지적했다. 또한 마땅히 팀원에게 넘겨야 할 권한과 책임을 독차지하고 핵심적인 업무를 전부 혼자 결정한다며 불만을 토해냈다. 팀원들은 닉을 독불장군으로 표현했으며 자신들을 전혀 신뢰하지 않는다고 평가했다. 심각성을 느낀 인사부는 닉을 불렀고, 닉은 펄쩍 뛰며 자신은 누구보다도 팀원들을 신뢰한다고 강변했다. 다만 그의 입장에서는 중요한 프로젝트가 있을 때 통제권을 100퍼센트 가지고 있지 않으면 불안한 게 사실이었다. 인사부 담당자는 닉에게 유예기간을 주고 심리 상담을 권유했다.

심리상담사는 그에게 일기쓰기 과제를 내주었다. 특히 언제 어떤 상황에서 자신감이 흔들린다고 느끼는지, 그때의 감정이 어떠했는지 자세히 기록하고 스스로에게 묻고 답하는 '자신과의 대화'를 적으라고 했다.

일주일쯤 일기를 쓰자 닉의 '내면의 비평가'가 어떤 상황에 자극을 받아 튀어나오는지가 밝혀졌다. 바로 통제권을 잃었다고 느끼는 상황이었다. 그의 일기에는 팀원 두 명이 보고서를 완성해서 가져올 때까지 마냥 기다려야만 했던 순간에 느낀 무력감과 당혹감이 생생히 적혀있었다. 수동적으로 기다려야 하는 상황이 되자 닉은 아무 일도 하지 못했다. 이날 기록된 '자신과의 대화'를 통해 밝혀진 사실은 닉이 통제권을 잃었다고 느끼면 문제를 과도하게 부풀리면서 동시에 스스로의 문제해결 능력을 깎아내린다는 것이었다. 내면의 비평가는 그때마다 전면에 나서서 그를 비난하고 그의 자신감을 공격하며 불안을 조장했다. 그 결과 닉은 감정적 사고에 사로잡혀 자신의 부정적 생각이 객관적 상황에 대한 정확한 판단이라고 믿었다.

내면의 비평가가 어디서 비롯되었는지 명확히 밝히는 것은 결코 쉽지 않다. 하지만 몇 가지를 주의 깊게 관찰하고 분석하면 내면의 비평가도 얼마든지 통제 가능하다. 먼저 내면의 비평가가 어떤 상황에 자극을 받아 튀어나오는지 분석한다. 즉 어떤 일이 벌어졌을 때 내면의 비평가가 전면에 나서는지를 살핀다. 그리고 어떤 행위가 우리의 사고와 감정에 영향을 주는지 살펴보고, 거기에 내가 어떤 식으로 반응하는지 관찰한다.

닉은 전문가의 도움을 받아 내면의 비평가를 '파내어' 제거하는 일에 착수했다. 가장 마음에 긍정적인 이미지를 반복적으로 그렸다. 긍정적 자기이미지는 내면의 비평가가 전면에 나서지 못하도록 억제하는 데 상당한 도움이 되었다. 또한 닉은 자신과의 대화, 행동, 생각 등을 종이에 적으면서 자신이 스스로와 타인을 충분히 신뢰하지 못한다는 사실을 깨달았다. 그리고 바로 이 때문에 통제권 상실을 그토록 두려워했음을 알았다. 일련의 과정을 거치며 그는 점차 내면의 비평가가 아닌, 내면의 지도자의 목소리에 귀를 기울이기 시작했다. 내면의 지도자는 그가 자신의 감정과 느낌을 객관적으로 보고 판단할 수 있게 해주었고, 통제권을 상실했다는 불안감이 찾아와도 더 이상 감정적으로 대응하지 않도록 중심을 잡아주었다.

자기부정은 되도록 짧게 지나가야 정상이다. 그러나 본래 비관적인 성향이 있는 사람은 자기부정적 생각이 생활 전반의 자동적인 반응으로 고착되기 쉽다. 이런 상태에서는 객관적 사실과 상관없이 모든 일이 위협으로 느껴진다. 따라서 스스로의 마음을 다스리고 내면의 비평가 대신 내면의 지도자의 목소리에 귀를 기울이자. 부정보다는 긍정의 마음에 힘을 실어줌으로써 내면의 비평가가 나의 가치를 갉아먹지 않도록 경계해야 한다.

옮긴이 최인애
한국외국어대학교 통번역대학원 한중과를 졸업하였고, 현재 번역 에이전시 엔터스코리아에서 출판 기획 및 중국어 전문 번역가로 활동하고 있다. 주요역서에는『지금 나를 위로하는 중입니다』,『분투』,『심리를 처방합니다』,『논리적 사고훈련 : 탐정추리』,『착하게, 그러나 단호하게』,『당신에게 고양이를 선물할게요』,『강호의 도가 땅에 떨어졌도다』,『여자 심리, 남자 생각』,『웃지 않는 마녀』,『너와 부딪친 순간 행복이 시작되었다』,『느리게 더 느리게』,『스티브잡스, 생각확장의 힘』,『인생을 바르게 보는 법 놓아주는 법 내려놓는 법』,『생각 내려놓기』,『생각하는 남자 계산하는 여자』,『가장 좋은 것을 고르는 여자, 가장 맞는 것을 고르는 여자』,『내 남자 입문서』,『아우라』,『사장님이 원하는 건 소 같은 직원이 아니야』,『99% 성공한 1%의 사람들』,『사랑 항상 한발 늦게 깨닫게 되는 진실들』,『노자처럼 이끌고 공자처럼 행하라』,『마음의 암호에는 단서가 있다』,『품상인』,『역사가 기억하는 세계 100대 사상』,『인생역전 11가지 답』,『단숨에 읽는 세계박물관』,『기상천외한 탈옥 미스터리』,『THIS IS IT(디스 이즈 잇)영원한 팝의 황제 마이클 잭슨』,『술은 익어가고 도는 깊어지고』,『착하게, 그러나 단호하게 2(출간 예정)』,『논리적 수업 : 수수께끼(출간 예정)』등 다수가 있다.

괴짜 심리학

일상생활 속 숨겨진 불가사의한 비밀 파헤치기

초판 인쇄 2021년 07월 16일
초판 발행 2021년 07월 26일

지은이 바이원팅
옮긴이 최인애
기획 엔터스코리아(책쓰기 브랜딩스쿨)
펴낸곳 미래와 사람
펴낸이 송주호
편집 권윤주, 이충수
디자인 권희정, 음수연

등록 제2008-000024호. 2008년 4월 1일
주소 서울시 관악구 신림로 129-1
전화 02) 883-0202 팩스 02) 883-0208

※ 미래와 사람은 ㈜윌비스의 단행본 브랜드입니다.
※ 미래와 사람은 사람의, 사람에 의한, 사람을 위한 책을 추구합니다. 원고 투고를 원하시는 분은 willbesbook@daum.net로 보내주시기 바랍니다. 독자여러분의 무궁무진한 아이디어를 '미래와 사람'과 함께 펼쳐나가기를 희망합니다.
※ 잘못된 책은 구입하신 곳에서 바꾸어 드립니다.

책값은 뒤표지에 표기되어 있습니다.
ISBN 979-11-6618-186-3 13180